FREUD
e o inconsciente

Luiz Alfredo Garcia-Roza

FREUD
e o inconsciente

38ª reimpressão

ZAHAR

Capa
Adaptada da arte de Miriam Struchiner

Ilustração da capa
Hulton-Deutsch Collection/Corbis/LatinStock

Novo projeto gráfico: 1996

CIP-Brasil. Catalogação na fonte
Sindicato Nacional dos Editores de Livros, RJ

	Garcia-Roza, Luiz Alfredo, 1936-2020
G211f	Freud e o inconsciente / Luiz Alfredo Garcia-Roza. – 2ª ed. – Rio de Janeiro: Zahar, 1985.

Inclui bibliografia
ISBN 978-85-7110-003-9

1. Freud, Sigmund, 1856-1939. 2. Psicanálise. 3. Inconsciente. I. Título.

	CDD: 150-1952
09-4413	CDU: 159.964.2

Todos os direitos desta edição reservados à
EDITORA SCHWARCZ S.A.
Praça Floriano, 19, sala 3001 – Cinelândia
20031-050 – Rio de Janeiro – RJ
Telefone: (21) 3993-7510
www.companhiadasletras.com.br
www.blogdacompanhia.com.br
facebook.com/editorazahar
instagram.com/editorazahar
twitter.com/editorazahar

Para Livia, minha mulher

SUMÁRIO

INTRODUÇÃO

A partir das críticas de Nicolau de Cusa, Giordano Bruno e Galileu Galilei, o século XVII presenciou o progressivo declínio do modo de pensar aristotélico. O modelo mecânico da física de Newton foi aplicado a uma nova concepção do corpo e um novo saber sobre o homem começou a se constituir. Em meio a um mecanicismo que reunia o céu e a terra numa só explicação, emergiu a figura complexa de René Descartes, ao mesmo tempo revolucionário e herdeiro do pensamento grego e medieval. Enquanto a nova física nos transportava "do mundo fechado ao universo infinito", Descartes se propunha a investigar os domínios da subjetividade.

A subjetividade foi assim constituída e transformada em referencial central e às vezes exclusivo para o conhecimento e a verdade. A verdade habita a consciência: é o que proclamam racionalistas e empiristas. Desde Descartes, a representação é o lugar de morada da verdade, sendo o problema central o de saber se chegamos a ela pela via da razão ou pela via da experiência. Racionalistas e empiristas diferem sobretudo quanto ao caminho a tomar, mas ambos já sabem aonde querem ir: ao reino da verdade, da universalidade, da identidade. Platão é, ao mesmo tempo, o grande inspirador e o guia infatigável nessa caminhada. Se alguns participantes insistem em tomar caminhos desviantes ou mesmo em negar que haja caminhos pré-formados ou ainda em negar que o céu exista, a história da filosofia cuida de retraçar os seus percursos e de recolocá-los na via da verdade. Caso isso seja impossível, esses participantes são expulsos da excursão.

Assim é que a filosofia moderna constrói uma subjetividade-representação no interior da qual mantém as mesmas exigências e os mesmos objetivos do discurso platônico. Seu ideal continua sendo o da *episteme* platônica, isto é, o da constituição da Ciência, verdadeiro conhecimento e conhecimento da Verdade. Se os *eide* platônicos foram substituídos pelos conceitos da ciência moderna, isso em nada alterou a crença na universalidade da verdade. Sem dúvida, algumas modificações foram feitas, e à primeira vista parecem bastante grandes. O Mundo das Ideias foi substituído pela Subjetividade, o *Cogito* substituiu o *Topos Uranos*, mas em ambos os casos trata-se de determinar o lugar onde as cópias encontram os seus modelos e de onde os simulacros devem ser expulsos. O objetivo é um só: reduzir a horizontalidade dos acontecimentos à verticalidade do conhecimento. E isso é feito independentemente de um credo racionalista ou empirista. Por maiores que sejam as diferenças entre Descartes e Freud ou entre Locke e Hegel, todos são platônicos.

Num livro publicado há mais de uma década, Gilles Deleuze (1974b) nos diz que em relação ao pensamento ocidental podemos traçar, além de uma história, uma geografia; que esse pensamento pressupõe eixos e orientações segundo as quais ele se desenvolveu. Assim, em primeiro lugar, podemos pensá-lo em função de dois grandes eixos: o da verticalidade do conhecimento e o da horizontalidade dos acontecimentos. Sobre esses dois eixos se constituem três diferentes imagens do filósofo. A primeira delas, inscrevendo-se e valorizando a altura, constitui o platonismo. O objetivo do filósofo platônico é atingir as alturas da Ideia, da essência, do inteligível, do Modelo. Ainda sobre o eixo vertical, porém valorizando a profundidade, temos a segunda imagem do filósofo: a dos pré-socráticos. Seu objetivo é a *arché*, a substância. E finalmente, em contraposição à verticalidade, temos a horizontalidade da superfície. Este é o lugar dos estoicos, dos cínicos, dos megáricos, dos sofistas. Para eles, a verdade não reside nem no céu platônico, nem nas profundezas pré-socráticas, mas no acontecimento, na superfície.

Assim, a primeira característica que podemos apontar no platonismo é essa valorização da verticalidade, sobre cujo eixo vai se processar a chamada "dialética ascendente", aquela que nos remeterá da particularidade sensível à universalidade da essência. Mas a característica fundamental do pensamento platônico não reside na oposição entre a essência e a aparência, entre o modelo e a cópia, mas sim na diferenciação entre as cópias e os simulacros, isto é, entre as boas cópias feitas à imagem e semelhança do modelo e os simulacros, entendidos estes últimos como desvios ou dissimilitudes. Platão concebe o simulacro como a perversão da cópia, como uma imagem sem semelhança em relação ao modelo. As cópias platônicas são ícones feitos à semelhança da Ideia. Elas não são, porém, uma imitação do modelo, não estão em face deste numa relação de exterioridade, mas fundadas numa semelhança interna derivada da própria ideia.

A grande ameaça representada pelos sofistas era precisamente a de negarem a distinção entre a realidade e a aparência, destruindo dessa maneira a verticalidade ascensional da dialética platônica. Ao privilegiar a verticalidade do pensamento e com ela a relação modelo-cópia, o platonismo teria fundado, no entender de Deleuze (1974b, p.264), "todo o domínio que a filosofia reconhecerá como seu: o domínio da representação", domínio esse que será desdobrado por Aristóteles em toda a sua extensão, abrangendo os gêneros, as espécies, as diferenças, as propriedades e os acidentes, compondo dessa maneira o quadro da divisão e da demonstração.

Se relermos o *Teeteto* de Platão, encontraremos a afirmação de que a ciência (*episteme*) consiste na posse da verdade e que esta nada mais é do que a revelação do ser. Ora, essa definição da ciência coincide com a definição de *razão* (*logos*) e não podemos nos esquecer de que na língua grega a mesma palavra — *logos* — significa razão e discurso. Daí a definição platônica de ciência como sendo a revelação e a expressão do ser pelo discurso.

A decisão platônica de filosofar, isto é, de fazer ciência (*episteme*), implica duas atitudes básicas: 1ª) a de recusar ao acontecimento, ao fato, uma inteligibilidade própria; 2ª) a de impor uma reflexão sobre o estatuto da palavra.

Assim como é necessário distinguir os simulacros das cópias, faz-se também necessário distinguir entre os vários *dizeres* e o *discurso,* isto é, entre a multiplicidade das opiniões que retiram sua força apenas do enunciador e que portanto pertencem à ordem do dizer, e o discurso legitimado, cujo estatuto de universalidade é fundado no princípio da não contradição. A proposta platônica é que esse discurso universal, que não manifesta nenhum desejo particular, possa vir a se constituir em juiz de todos os demais discursos.

Se a opinião (*doxa*) é da ordem do dizer, ela inevitavelmente manifesta o desejo de uma pessoa, de um grupo, de uma classe, podendo dessa maneira tornar-se um veículo fácil da violência. O discurso filosófico, por ter sua legitimidade centrada nele mesmo, apresenta-se como "neutro", como não refletindo desejo nenhum, mas, ao contrário, como a realização da Razão. Dito de outra maneira:

se a ciência é a revelação do Ser pelo Discurso, é porque há uma correspondência necessária entre o Ser e o Pensamento (ou Discurso). Nisso consiste a Verdade. Isso é Metafísica.

O objetivo final do platonismo é, portanto, a produção do Discurso Universal, que coincidirá com a realização plena da Razão e a revelação do Ser em sua totalidade.

Vimos que esse projeto desenvolveu-se por mais de dois milênios, tendo seu acabamento (mas não seu fim) em Hegel. A filosofia e a ciência constituem-se numa grande iconologia. O eixo sobre o qual se movem é o da verticalidade, onde o que importa é o Modelo como fundamento último. O grande operador desse projeto é o *conceito*, que, com sua universalidade, nos aponta para a Ideia ou a essência. Estamos imersos no simbólico. Entre a *Ideia* platônica e o *Édipo* freudiano a diferença é menor do que pensamos. Em ambos os casos estamos lidando com estruturas que são o fundamento último dos acontecimentos e o princípio de sua inteligibilidade.

Mas não será mesmo assim? Não é o homem esse animal simbólico de que nos fala Cassirer? Não é pelo simbólico que o homem se constitui como homem rompendo com a natureza? Não é esse mesmo simbólico que possibilita a comunicação e portanto a intersubjetividade? Não é pela participação-reminiscência de um mesmo modelo, de uma mesma estrutura, que podemos superar o solipsismo a que estaria condenada a subjetividade individual? Enfim, não seria o projeto platônico o próprio projeto do homem?

Não pensavam assim os estoicos, os sofistas, os cínicos, os megáricos e tantos outros "marginais" da história do pensamento ocidental. Tomemos apenas o exemplo dos estoicos.

Os estoicos são os filósofos da superfície, do acontecimento. Para eles, "tudo o que existe é corpo" (Bréhier, 1970). Os corpos agem uns sobre os outros, isto é, somente um corpo pode ser causa e somente um corpo pode submeter-se à ação dessa causa. Isso não significa, porém, que um corpo seja causa de outro corpo; um corpo só pode ser causa, nunca efeito e tampouco pode produzir um efeito em outro corpo. Segundo a física estoica, um corpo é causa *para* outro corpo de algo que não é corpo, mas *efeito* da ação entre dois corpos. Este algo é o que os estoicos chamavam de *incorporal* (*Lekton*). Os incorporais não são portanto coisas ou estados de coisas, mas *acontecimentos*, dão-se na superfície do ser e são simplesmente um efeito, um "quase-ser".

No interior do pensamento filosófico-platônico, a noção de acontecimento sempre apontou para uma realidade menor, secundária, para aquilo que nem é ser nem propriedade de ser, mas para o que é dito sobre o ser. Para os estoicos, os incorporais não são realmente coisa, mas também não se identificam com o sentido; são, propriamente falando, *acontecimentos-sentido*.

Essa diferença na concepção física do mundo é acompanhada de uma diferença radical no plano lógico. Enquanto a dialética platônica tem seu fundamento na verticalidade dos conceitos, o que a transforma num procedimento de divisão (de gêneros em espécies) e de seleção (das cópias em face dos simulacros), a lógica estoica vai-se constituir como uma lógica dos acontecimentos.

Os estoicos são puramente nominalistas. Os universais, as essências, as Ideias, não existem. Para eles, as ideias gerais são abstrações que não expressam o ser das coisas, mas o pensamento dos homens sobre as coisas. O real só pode ser individual. Uma lógica — como a platônico-aristotélica — que se apoia na divisão dos conceitos, os mais universais englobando os menos universais, uma lógica que se propõe a estabelecer a adequação do predicado ao sujeito, uma lógica ainda que se encontra essencialmente ligada à metafísica, essa lógica, para eles, não possui nenhum sentido. Não é sobre as coisas ou sobre as essências que versa a lógica estoica, mas sobre o *sentido*, o "incorporal", o efeito-acontecimento.

No mundo estoico não há lugar para cópias, pelo simples fato de que não há lugar para modelos. Da mesma forma, desfaz-se a distinção essência-aparência e tudo o mais que constitui o mundo platônico da representação. Os estoicos estão no lugar do simulacro, de um simulacro que nega tanto o modelo quanto a cópia, que rejeita o Original, que destrói toda hierarquia, que escapa a todo fundamento.

O que me interessa ressaltar com essa confrontação entre o platonismo e o estoicismo é tão somente a oposição entre dois modos de pensamento com os quais a filosofia ocidental se defrontou nos seus começos e em face dos quais ela fez uma escolha. Esta, sem dúvida alguma, recaiu sobre o platonismo. A razão pela qual a escolha recaiu sobre um ou outro modo de pensar não é pertinente no momento, o fato é que a escolha foi feita e, uma vez feita, coube ao modo de pensar vencedor, se não eliminar, pelo menos reprimir o modo de pensar vencido. Na verdade, a história da filosofia ocidental é a história dessa repressão.

Feita a escolha, abriu-se um espaço de questões no interior do qual certos problemas emergiram, certos temas foram privilegiados, certos métodos foram desenvolvidos, certas soluções foram apresentadas. E aqui retorno ao nosso tema. A questão da subjetividade é uma das questões internas a esse modo de pensar — o platonismo —, e isso independentemente das diferentes soluções que ela tenha recebido dentro desse espaço. Não estou querendo dizer com isso que o problema da subjetividade tenha sido colocado diretamente por Platão — de fato, sua emergência só se deu com Descartes no século XVII —, mas sim, que foi no interior do platonismo que essa questão teve lugar. Se durante tantos séculos a filosofia esteve às voltas com o problema da substância, não foi devido ao fato de que a subjetividade não estava presente nesse discurso, mas porque ela ainda não se tinha constituído como problema.

É com Descartes que a questão recebe sua primeira formulação. Diante da incerteza quanto à realidade do mundo objetivo, ele afirma a certeza do *cogito*. Mas a resposta cartesiana ainda não é, como assinalou Hegel, uma resposta completa, pois, se ela nos diz o que é o pensamento, não nos diz o que é o Eu. O "Ego cogito" tem seu acento situado muito mais no *cogito* do que no *ego*. Ao nos oferecer uma *Selbstbewusstsein*, Descartes faz o discurso da *Bewusstsein*. O *Selbst*, o *Ich*, o *Eu*, ficou de fora. Quando fala do ego, não se refere a ele como um sujeito, mas como uma *substância* pensante que divide com as outras duas — a *res extensa* e a *res infinita* — o domínio do real. Quanto à subjetividade, ameaçada por um solipsismo irremediável, Descartes dota-a de ideias e princípios inatos, fornecendo-lhe a garantia divina contra o isolamento absoluto.

Pode soar como paradoxal a afirmação de que o "Penso, logo sou" assinala a emergência da subjetividade mas não a do sujeito, pois estamos acostumados a referir a subjetividade a um sujeito. Mas o fato é que, se a história da filosofia vê no *cogito* o fundamento reflexivo do pensamento sobre o homem, esse homem só está presente nesse momento como gênero ou como espécie. Em seguida à afirmação do *Eu penso*, Descartes se apressa em elidir esse *eu* e em retirar da subjetividade, do *penso*, toda concretude individual. Não é do homem concreto que Descartes nos fala, mas de uma natureza humana, de uma essência universal.

O cartesianismo supõe uma universalidade do espírito como fundamento do cogito. Se este é tomado como ponto de partida, não é para afirmar a singularidade do sujeito, mas a universalidade da consciência. O *logos* individual nada mais é do que um momento ou uma manifestação do *Logos* universal e supraindividual.

Estamos aqui em pleno platonismo. Este não é marcado apenas pelo recurso às ideias inatas e aos princípios lógicos universais como estruturadores da subjetividade; não é apenas a solução apresentada por Descartes que é platônica, mas a própria colocação do problema. Sabemos que a dúvida cartesiana não é total, que diz respeito apenas à questão do conhecimento, ou melhor, que seu objetivo não é colocar o mundo em questão, mas oferecer uma garantia sólida para o conhecimento. Não é ao nível da *doxa* que se coloca a questão cartesiana, mas ao nível da *episteme*. Como ele próprio assinala, não se pode, em face da realidade, duvidar de tudo, pois aquele que assim procede o faz a partir de algum lugar que está, por definição, aquém da dúvida.

Aquém da dúvida, está a *crença no mundo*. A dúvida estabelece os limites entre a crença e a verdade científica. O que portanto está sendo colocado é a questão platônica da cópia e do simulacro. Como distinguir um do outro? Como saber que não estou sonhando ou delirando? Como distinguir a representação verdadeira da falsa? A resposta nós já sabemos.

Em Descartes, o *penso* é ameaçado pelo *eu*. Na medida em que a subjetividade permaneça ligada a um sujeito individual, ela é ameaçada pelo solipsismo. Só Deus é garantia para o *nós,* para a intersubjetividade, e a Razão é a grande mediadora entre as várias subjetividades.

Aquilo que se convencionou chamar de Racionalismo apresentou várias soluções para o problema; algumas, como a teoria dos *compossíveis* de Leibniz, bastante elaboradas e sofisticadas, mas todas atravessadas pela questão fundamental da distinção entre as cópias e os simulacros. Kant, após um primeiro momento psicologizante, duvida da possibilidade de se afirmar o *eu penso* sem que este seja referido a uma realidade objetiva. No entanto, a unidade desse *eu* estaria ameaçada de dissolução se não houvesse uma síntese operada pelas categorias sobre o diverso captado pela sensibilidade. A experiência é sujeitada à universalidade e à necessidade dos enlaces constituídos pelas categorias. Mesmo quando Kant afirma a unidade do eu como sendo o que torna possível a representação do diverso, esse eu nada tem a ver com o sujeito individual e concreto, mas é por ele pensado como um eu transcendental, intemporal e permanente.

A subjetividade kantiana é uma subjetividade transcendental. A razão continua soberana.

O gênio de Hegel assinala o ponto final da grande caminhada filosófica. Isto não quer dizer que o platonismo esteja agonizante; muito pelo contrário, ao final da caminhada há a festa comemorativa da chegada. E no pórtico dessa cidade conquistada lê-se a frase retirada do prefácio da *Filosofia do direito*: "Tudo o que é real é racional, e tudo o que é racional é real." O Estado é a Razão realizada. Tendo partido da Cidade platônica, a Razão encontrou sua realização plena no Estado hegeliano, onde os governantes são cientistas-filósofos.

Mas se essa razão é assim tão dominadora, como justificar a ênfase dada por Hegel ao Desejo (*Begierde*) como o responsável pela gênese do humano? Afinal de contas, o que a *Fenomenologia do espírito* nos ensinou é que não é pela Razão que o indivíduo se tornou humano, mas pelo Desejo. É este, pela sua função "negatriz", que permite a passagem do natural ao cultural; é negando a Natureza, sobrepondo à vida um valor maior do que ela, que o indivíduo se constitui como humano. O homem seria, pois, esse efeito-desvio do Desejo. E a Razão? Perdeu seu papel de fundamentadora do real?

Hegel não se contentou com os compossíveis de Leibniz. A dialética do senhor e do escravo só se realiza em função de algo que está presente na relação, mas que é o não dito dessa relação: o simbólico. Sem a presença do código, a relação sequer se constituiria. Façamos aqui uma ligeira retrospectiva.

O que Hegel nos diz no capítulo IV da *Fenomenologia do espírito* é que é enquanto Desejo que o homem se revela a si mesmo como um Eu. O indivíduo absorvido pela contemplação do objeto é um indivíduo *sem* eu, ele se esgota no objeto contemplado. É o desejo que faz com que esse indivíduo se volte para si mesmo, constituindo, pela "negação" do objeto desejado, um eu que terá a mesma natureza que o não-eu negado. Vimos que o eu que surge nesse primeiro momento do processo não é ainda um eu humano, mas um eu animal (natural). Para que o eu se constitua como eu humano (não natural), é necessário que o desejo se volte para um objeto não natural. É portanto enquanto desejo de outro desejo que o indivíduo se constitui como indivíduo humano. A passagem do mero "sentimento de si" para a Autoconsciência ocorre quando o desejo se dirige para outro desejo. No entanto, essa Autoconsciência não é ainda uma autoconsciência plena, ela está aprisionada na "certeza subjetiva". Para que ela ultrapasse sua dimensão subjetiva individual, ela necessita do *reconhecimento* por parte de outra autoconsciência. Ora, é precisamente aqui que se coloca a nossa questão.

Dentro do modo de pensar hegeliano, esse reconhecimento só pode se dar na medida em que se admite a preexistência de um código que transcenda às subjetividades em questão. Cada subjetividade, cada autoconsciência, enquanto certeza subjetiva, é uma mônada. A comunicação entre essas duas mônadas — o reconhecimento — só se pode dar pela fala. Essa fala, no entanto, não pode obedecer a um código individual, pois neste caso as subjetividades continuariam incomunicáveis. Hegel tem de admitir portanto um código exterior a essas subjetividades que funcione como articulador entre elas. É porque participam desse mesmo código que essas autoconsciências podem se comunicar e constituir o reconhecimento necessário à constituição de suas verdades subjetivas. A passagem da certeza subjetiva à verdade objetiva é feita pelo código. Este, Hegel não nos explica como surgiu. A antropogênese pressupõe o simbólico. Permanecemos ainda prisioneiros da Ideia platônica.

Em face do inevitável dualismo a que somos remetidos pelo recurso à Lei, seria o caso de nos perguntarmos se o empirismo, pelo desprezo que tem pela Lei, não teria conseguido romper os limites impostos pelo platonismo.

Sabemos como a história da filosofia reduziu o empirismo a uma corrente do pensamento moderno preocupada com a questão da origem do conhecimento. "Todo conhecimento tem sua fonte na experiência" é a máxima com a qual geralmente se procura caracterizar o empirismo. Sabemos ainda que a afirmação não é, em si mesma, falsa; o que é falso é reduzir a problemática empirista ao problema do conhecimento. O próprio adjetivo "empirista" é por demais genérico para significar, com alguma propriedade, autores tão diversos como Locke, Berkeley, Hume, Hartley e Stuart Mill, cujas teses centrais nem sempre dizem respeito ao problema do conhecimento. Assim, por exemplo, enquanto o bispo Berkeley tem sua atenção voltada para a ameaça materialista que ele identificava com a ciência da época, Hume está preocupado em defender o atomismo e o associacionismo, e Hartley em articulá-lo com a fisiologia. Portanto, falar do empirismo em geral é ignorar as peculiaridades de cada autor, algumas suficientemente fortes para tornar suas posições irredutíveis às dos demais. O termo empirismo, se empregado genericamente, é muito mais um fator de ocultamento do que de esclarecimento, sem contar que reflete uma preocupação que não é a central dos discursos desses autores, mas da história da filosofia na sua função ordenadora do saber ocidental. A meu ver, dentre os empiristas, aquele que representa a ameaça maior ao projeto metafísico platônico é David Hume. A crítica à ideia de substância, insinuada por Locke, é levada por ele até as suas últimas consequências e tem por efeito a derrubada dos três monstros sagrados da filosofia moderna: o Eu, o Mundo e Deus. No entanto, a ferida maior produzida por Hume no platonismo é a sua afirmação de que "as relações são exteriores aos termos".

O associacionismo, enquanto lógica das relações, desloca por completo o centro de gravidade do projeto platônico-hegeliano. Se as relações são exteriores aos termos, a proposta de fazer coincidir o Pensamento e o Ser perde inteiramente o sentido. Podemos fazer uma *física do espírito* e uma *lógica das relações* (cf. Deleuze, 1974a), mas entre elas não há mediação possível e muito menos coincidência ou superposição. A inspiração estoica, ainda que longínqua, se faz sentir aqui.

No que se refere especificamente à questão da subjetividade, Hume subverte inteiramente a concepção cartesiana. O espírito em nada se distingue do conjunto das ideias; não há uma substância espiritual, uma natureza espiritual que funcione como suporte das ideias ou como um lugar onde as ideias se deem. As ideias, por sua vez, são o dado, a experiência. O espírito, portanto, é a experiência ou o dado tal como é dado. A subjetividade nada mais é do que uma coleção de dados sem ordem, sem estrutura, sem lei. Não há sujeito; este é um efeito das articulações às quais as ideias são submetidas. Infelizmente, esse atomismo das ideias foi transformado por outros empiristas em uma psicologia elementarista de cunho marcadamente fisiológico. De fato, Hume não se propõe a fazer psicologia e muito menos psicologia fisiológica; seu interesse estava muito mais voltado para o associacionismo do que para o elementarismo. Mas seu empirismo não foi marcado apenas pela negatividade, por um "não" ao eu substancial, ao apriorismo das ideias e dos princípios, à distinção entre o ser e a aparência, à Lei, ao Modelo etc., mas pela afirmação de um modo de pensar e de fazer filosofia que implica uma total subversão do saber dominante até então. Ao afirmar que as relações são exteriores aos termos, Hume não estabelece um novo princípio, mas coloca-se a distância de qualquer princípio (cf. Deleuze, 1980). O que está sendo subvertido é a questão do ser e da lógica predicativa que o acompanha. "Há que ir mais longe" — escreve Deleuze (1980, p.67): "Fazer que o encontro com as relações penetre e corrompa tudo, mine o ser, faça-o bascular. Substituir o *É* pelo *E*." A *e* B, no lugar de A *é* B. Este é o segredo maior de Hume. Poderíamos perguntar se, ao final dessa longa caminhada, a fenomenologia não teria rompido com o ideal platônico. Afinal de contas, ela não procura reduzir explicando, mas descrever extraindo. Seu propósito é extrair uma verdade que de alguma forma está presente na consciência. Além do mais, Husserl recupera o sentido contra a significação, isto é, não pretende percorrer o caminho que vai do significante ao significado, salvando o conceito, mas apreender o sentido da pura aparência. Poderíamos concluir, a partir daí, que a fenomenologia é a ciência do acontecimento, que seu lugar é o da horizontalidade dos acontecimentos puros e não o céu das ideias; mas, por outro lado, não podemos nos esquecer de que aquilo que a descrição fenomenológica pretende extrair é uma verdade implícita na consciência. Sua fé na consciência, na verdade e na essência continua inabalável. Surge então a pergunta: não seria a fenomenologia uma versão moderna da teoria platônica da reminiscência? A resposta a esta questão ficará, por enquanto, adiada. De momento, ficamos com a convicção de que, sendo revelação da verdade ou expressão do acontecimento, o fato é que a fenomenologia continua reverenciando a consciência e esta continua sendo o lugar da verdade.

A identificação da subjetividade com a consciência parece ser um ponto inabalável da filosofia moderna. Quando muito, encontramos em alguns autores a referência a uma região de opacidade da subjetividade, mas que não chega a se constituir como ameaça; pelo contrário, é a própria consciência expandindo seus domínios.

Com a filosofia moderna, posso duvidar da existência do mundo e até mesmo da existência de Deus, mas nada pode ameaçar a certeza inabalável do *cogito*. A consciência é o absoluto. Quase três séculos depois de Descartes, ainda é em torno dessa certeza que gira o pensamento filosófico. Da consciência individual à consciência transcendental, a problemática permanece a mesma. Não é sem razão que Husserl denomina sua filosofia "neocartesianismo" ou "cartesianismo do século XX". Logo no segundo parágrafo de suas *Meditações cartesianas*, Husserl escreve:

Desenvolveremos as nossas meditações de um modo cartesiano, como filósofos que principiam pelos fundamentos mais radicais; procederemos, naturalmente, com uma prudência muito mais crítica e prontos para introduzir qualquer modificação no antigo cartesianismo. Teremos também de esclarecer e evitar certos erros aliciantes em que caíram Descartes e seus continuadores.

Ora, não é um relaxamento do cartesianismo o que encontramos nessas palavras, mas, ao contrário, uma exigência de radicalização. O *cogito* cartesiano não é ainda absoluto, pois guarda em si um resto do mundo. É preciso ascender à consciência transcendental, à consciência pura. Descartes foi um tímido, precisamos ir muito mais longe, precisamos fazer da consciência o próprio absoluto.

Nesse mundo, cartesianamente concebido e conduzido, o ideal narcísico de uma consciência idêntica a si mesmo é plenamente atingido. Nele, como disse Althusser, os nascimentos teóricos estão perfeitamente regulados: "O pré-natal é institucional. Quando nasce uma nova ciência, está já o círculo de família preparado para o espanto, o júbilo e o batismo" (Althusser, 1965). Acontece, porém, que não há dominação que consiga ser total e não há controle que consiga ser absoluto. E o saber continuou produzindo "filhos naturais". Destes, muitos foram aceitos apenas pelos próprios pais e por um círculo restrito de amigos; outros foram abandonados e viveram uma amarga solidão; outros foram adotados pela comunidade científica com a condição de aceitarem um nome familiar e de se vestirem e se comportarem respeitosamente.

Onde situar a psicanálise?

Primeiramente, não me parece que seu lugar possa ser o cartesiano. O próprio Freud apontou a psicanálise como a terceira grande ferida narcísica sofrida pelo saber ocidental ao produzir um descentramento da razão e da consciência (as outras duas feridas foram as produzidas por Copérnico e por Darwin). Sem dúvida alguma, a psicanálise produziu uma derrubada da razão e da consciência do lugar sagrado em que se encontravam. Ao fazer da consciência um mero efeito de superfície do Inconsciente, Freud operou uma inversão do cartesianismo que dificilmente pode ser negada. Mas, depois de tanto tempo e de tanta revolução prometida, aprendemos a ser cautelosos. Em primeiro lugar, aprendemos que inversão não é diferença; em segundo lugar, aprendemos também que revolução não é guerra. Enquanto a primeira é disfarçadamente cartesiana, implicando promessas, planos, programas e realizações futuras, enquanto implica uma continuidade (ainda que dialética), a guerra é realmente produtora de rupturas. Creio, porém, que não corro um risco muito grande de erro se afirmar que a psicanálise não é cartesiana; mas que fique claro, no entanto, que isso não significa afirmar que ela não é platônica.

Se a psicanálise não há de ser localizada no lugar cartesiano, se ela é prevaricadora, se ela ofende a razão e os bons costumes, se aponta a consciência não como o lugar da verdade mas da mentira, do ocultamento, da distorção e da ilusão; se ela coloca a consciência e a razão sob suspeita, não por um procedimento análogo ao da dúvida cartesiana que visava recuperar a consciência em toda a sua pureza racional, mas por considerar que ela é essencialmente farsante, então a psicanálise só pode ser vista como um "filho natural".

Dizer, porém, como no primeiro caso citado, que a psicanálise foi aceita apenas pelos próprios pais — no caso, apenas pelo pai, já que Freud rejeitava qualquer parceria na produção do filho —, e por um círculo "restrito" de amigos, pode ser verdadeiro apenas no que se refere à sua infância vienense, pois logo a criança cresceu forte e sadia, contando atualmente com um círculo de amigos nada restrito.

Afirmar de outra forma que a psicanálise foi abandonada e que viveu numa amarga solidão também não creio ser verdadeiro. Uma coisa foi a solidão teórica de Freud, às voltas com um descobrimento que às vezes parecia escapar-lhe pela importância e pelo alcance que insinuava ter, outra coisa é terem a teoria e a prática psicanalíticas sido lançadas numa marginalidade solitária e amarga. Em pouco tempo a psicanálise foi transformada numa das mais prestigiosas práticas encontradas pela burguesia para recuperar os seus resíduos; assim como, teoricamente, transformou-se num dos objetos privilegiados de análise e crítica do saber contemporâneo. Poucas foram as teorias que gozaram de popularidade igual à desfrutada pela teoria psicanalítica.

Finalmente, resta a última hipótese: a adoção, por parte da comunidade científica, dessa criança que parecia ser tão ameaçadora ao nascer, mas que, por ter-se mostrado dócil, comportada e eficiente, transformou-se rapidamente em objeto de disputa de várias famílias que reivindicavam o direito de adoção. A fenomenologia, as filosofias da existência, a antropologia, o culturalismo norte-americano, a biologia, a linguística e a psicologia foram alguns desses saberes oficiais que exigiram o direito de adoção, sendo que alguns deles chegaram mesmo a se declarar pais legítimos. Mas essa criança, que chegava a apresentar semelhanças acentuadas com esses candidatos a pais, escapava às exigências que lhe eram feitas e se recusava a submeter-se ao reducionismo que lhe era imposto. Volto, pois, à questão: onde situar a psicanálise? A resposta pode ser: em nenhum lugar preexistente. A psicanálise teria, nesse caso, operado uma ruptura com o saber existente e produzido o seu próprio lugar. Epistemologicamente, ela não se encontra em continuidade com saber algum, apesar de arqueologicamente estar ligada a todo um conjunto de saberes sobre o homem, que se formou a partir do século XIX.

O fato é que, ao percorrermos o caminho empreendido por Freud — caminho esse que jamais poderá ser o "original", mas um caminho recorrido —, verificamos que seu começo, irredutível a qualquer origem estrangeira, é a produção do conceito de inconsciente que resultou numa clivagem da subjetividade. A partir desse momento, a subjetividade deixa de ser entendida como um todo unitário, identificado com a consciência e sob o domínio da razão, para ser uma realidade dividida em dois grandes sistemas — o Inconsciente e o Consciente — e dominada por uma luta interna em relação à qual a razão é apenas um efeito de superfície.

No que se refere à questão da subjetividade, a psicanálise representa uma mudança significativa em face da filosofia moderna. Esta, com suas concepções excessivamente generalizantes, ignorava o indivíduo. Mesmo quando apontava o Eu como um de seus objetos privilegiados, a metafísica moderna se recusava a concebê-lo como uma singularidade concreta.

Diante do saber dos séculos XVII e XVIII, a psicanálise se apresenta como uma teoria e uma prática que pretendem falar do homem enquanto ser singular, mesmo que afirme a clivagem inevitável a que esse indivíduo é submetido. Antes do advento da psicanálise, o único lugar institucional onde o discurso individual tinha acolhida eram os confessionários religiosos.

A psicanálise vem ocupar, no século XX, este lugar de escuta. Claro está que isso não ocorreu independentemente das condições que tornaram urgente o aparecimento das ciências do homem: a necessidade de controle e de distribuição das forças de trabalho. O surgimento da psicanálise é contemporâneo ao surgimento do homem, e este só surgiu com o desenvolvimento da economia capitalista e sua exigência de controle dos corpos e dos desejos. Porém, mesmo em se descartando de qualquer inocência quanto aos compromissos sociais da psicanálise, o fato é que ela se constituiu como uma das práticas mais eficazes de escuta do discurso individual.

Uma outra mudança significativa operada por ela foi o descentramento do sujeito. Desde Descartes, o sujeito ocupava um lugar privilegiado: lugar do conhecimento e da verdade. A subjetividade, identificada com a consciência, devia se fazer clara e distinta para que o Modelo fizesse seu aparecimento. Nessa transparência, o desejo era visto como perturbação da Ordem, era ele que modificava o pensamento tornando-o inadequado à realidade que pretendia representar. Se a alma fosse puramente passiva, isto é, cognitiva, não haveria erro. Este surge apenas porque o desejo introduz deformações no material adquirido pelo conhecimento.

É esse sujeito do conhecimento que a psicanálise vai desqualificar como sendo o referencial privilegiado a partir do qual a verdade aparece. Melhor ainda: a psicanálise não vai colocar a questão do sujeito da verdade mas a questão da verdade do sujeito. Ela vai perguntar exatamente por esse sujeito do desejo que o racionalismo recusou. Contra a unidade do sujeito defendida pelo racionalismo, a psicanálise vai nos apontar um sujeito fendido: aquele que faz uso da palavra e diz "eu penso", "eu sou", e que é identificado por Lacan como sujeito do enunciado (ou sujeito do significado), e aquele outro, sujeito da enunciação (ou sujeito do significante), que se coloca como excêntrico em relação ao sujeito do enunciado. Paralelamente à clivagem da subjetividade em Consciente e Inconsciente, dá-se uma ruptura entre o enunciado e a enunciação, o que implica admitir-se uma duplicidade de sujeito na mesma pessoa. Essa divisão não se faz em nome de uma unidade, uma espécie de *Gestalt* harmoniosa do indivíduo, mas produz uma fenda entre o dizer e o ser, entre o "eu falo" e o "eu sou". Daí a conhecida inversão lacaniana da máxima de Descartes: "Penso onde não sou, portanto sou onde não me penso." O que essa fórmula denuncia é a pretensa transparência do discurso perseguida pelo cartesianismo e a suposta unidade do sujeito sobre a qual ela se apoia. O sujeito do enunciado não é aquele que nos revela o sujeito da enunciação, mas aquele que produz o desconhecimento deste último. Dito de outra maneira: o *cogito* não é o lugar da verdade do sujeito, mas o lugar do seu desconhecimento.

Apesar da marca hegeliana de que a psicanálise é portadora, não há lugar para a *Selbstbewusstsein* toda consciente na teoria psicanalítica.

O inconsciente permanece sendo o irredutível. Essa irredutibilidade não é devida, porém, a uma irracionalidade do inconsciente, ele não é o "lugar das trevas" por oposição à racionalidade da consciência. A concepção freudiana do homem não opõe, no interior do mesmo indivíduo, o caos do inconsciente à ordem do consciente, mas sim duas ordens distintas. Aquilo a que ela se propõe é precisamente explicitar a lógica do inconsciente e o desejo que a anima.

CAPÍTULO I

A PRÉ-HISTÓRIA DA PSICANÁLISE — I

Se epistemologicamente a psicanálise pode ser apresentada como uma teoria e uma prática que rompe com a psiquiatria, a neurologia e a psicologia do século XIX, do ponto de vista arqueológico[1] ela pode ser apresentada como o efeito de uma série de articulações entre saberes e práticas que constituíram o solo histórico que possibilitou sua emergência.

O que me proponho a fazer, nesta introdução, não é traçar as origens da psicanálise, isto é, não é mostrar de que modo ela já estava presente numa série de discursos e práticas dos séculos XVIII e XIX, mas apontar a articulação de alguns elementos que, dentre outros, foram a pré-condição de sua emergência. Faço questão de enfatizar que a indicação desses elementos não implica uma negação da irredutibilidade da teoria psicanalítica — tema que pretendo discutir mais adiante. Meu propósito não é traçar continuidades, mas assinalar articulações e seus efeitos.

A CONSCIÊNCIA DA LOUCURA

Vimos, no início deste trabalho, o que representou o século XVI como um século de incertezas e de confusão resultantes da derrubada das grandes verdades que haviam sido acumuladas por mais de dois milênios. Desde a autoridade de Aristóteles até a fé na Igreja e nas grandes instituições do mundo ocidental, tudo foi abalado por este século crítico, aturdido pelas grandes descobertas, pelas invenções e

---

1 O termo é empregado aqui num sentido próximo ao de Foucault. Ver a esse respeito: M. Foucault — *Arqueologia do saber*. Petrópolis, Vozes, 1971.

pelas transformações políticas e religiosas. O resultado foi um semi-caos no interior do qual o homem ficou entregue à perplexidade e à dúvida.

O que restou da destruição do Mundo e de Deus?

O Eu, responde Montaigne. Destruída a garantia da exterioridade, sobrou a certeza da interioridade. Assim é que Montaigne volta-se para si próprio, para sua consciência, e tenta desesperadamente encontrar nela a garantia da distinção entre o verdadeiro e o falso. Mas não encontra nada. Das cinzas do mundo, de Deus e das verdades estabelecidas, o que ele encontrou foi o vazio do ceticismo e a ausência de qualquer garantia (cf. Koyré, 1980). A dúvida com relação à transcendência foi transformada em dúvida quanto à possibilidade de se chegar a alguma verdade na imanência. Montaigne permaneceu na dúvida e no ceticismo. Descartes faz da dúvida de Montaigne, não o ponto final, mas o ponto de partida de seu pensamento. Como disse Koyré: "A dúvida, o cético e Montaigne *sofrem-na*. Descartes *exerce-a*" (op.cit., p.51). Partindo da dúvida, Descartes chega à certeza do *cogito* feito razão.

Ao desvario e às incertezas da consciência no século XVI, seguiu-se a ordem da racionalidade da consciência no século XVII. Esta oposição não se verificou apenas no âmbito do discurso filosófico, ela fazia parte de uma divisão mais ampla que colocou frente a frente a identidade e a diferença.

O século XVII foi aquele que realizou a partilha entre a razão e a desrazão; foi o momento de emergência da loucura, ou melhor, foi o momento em que a razão produziu a loucura. Desde o trabalho realizado por Michel Foucault (1978), temos uma descrição minuciosa das condições em que isso se deu. A reprodução esquemática do estudo paciente e detalhado que Foucault empreendeu só faria falsear a sua proposta. Remeto, portanto, o leitor a esse estudo. Para os meus propósitos, pretendo reter apenas alguns aspectos da relação entre a loucura e o asilo, e da relação entre o saber e o poder psiquiátrico.[2]

---

2 A referência para esse item e para os dois seguintes são o livro de M. Foucault — *História da loucura na Idade Clássica*, e as anotações de um curso dado por ele no Collège de France em 1973-74 sobre "O Poder Psiquiátrico". Essas anotações, porém, não reproduzem fielmente as palavras de Foucault e não foram submetidas a

O fundamental a se destacar no estudo de Foucault é o fato de de que, para ele, a loucura não se apresenta como uma substância que, tendo permanecido longo tempo oculta pela ignorância, fez finalmente seu aparecimento sob a visada aguda da racionalidade do século XVIII. Literalmente, a loucura não existia, o que existia era a diferença e o lugar da diferença. É apenas recorrentemente que podemos falar no louco como um dos ocupantes desse espaço juntamente com a alcoólatra, o vagabundo, o delinquente, o sifilítico ou o que restava dos leprosos. Antes do século XVII não havia o louco como uma entidade diferenciada. O que se tem, nessa época, é a consciência da diferença, mas de uma diferença que não era perfeitamente delimitada, que não possuía um estatuto definido e que frequentemente era vista como forma de suprema sabedoria para se perder em seguida no mistério da diferença pura.

O que se tinha era a denúncia da loucura, mas não a definição de sua especificidade ou das formas de sua aparição. Foi a visão cartesiana do mundo a que impôs que a denúncia da loucura fosse seguida de uma partilha tornando irredutíveis os termos da oposição razão-desrazão. Era fundamental, naquele momento, que se estivesse de um lado ou de outro. Não poderia mais haver lugar para a dúvida.

Claro está que Descartes não foi o produtor da loucura no século XVII; o que ele fez foi situar, ao nível do discurso filosófico, uma realidade que transcendia esse discurso e da qual ele próprio era um dos registros. O ponto mais significativo a ser destacado na visão cartesiana da loucura é que, segundo ela, como já vimos, a loucura não atingia o pensamento, mas apenas o homem. Não havia, segundo Descartes, um pensamento louco. Loucura e pensamento eram dois termos que podiam ser definidos por exclusão, pois o pensamento era exatamente aquilo que, por ser regulado pela razão, opunha-se à loucura. O homem pode ficar louco, o pensamento não. E o ficar louco implica exatamente a perda da racionalidade. Se prosseguirmos na mesma linha de raciocínio, chegaremos facilmente ao ponto a que chegou a consciência da loucura no século XVII: se o que distingue o homem do animal é a racionalidade, o louco identifica-se com o

_____

sua apreciação. (Nota: Somente quando fazia a revisão final deste trabalho, tomei contato com o livro de Roberto Machado — *Ciência e saber,* Rio, Graal, 1982, onde o autor analisa de forma exemplar a *Histoire de la folie* e aborda alguns tópicos comuns a esse livro e às conferências acima citadas.)

animal. Daí as práticas de dominação da loucura, num certo período, terem adquirido características idênticas às empregadas para se domar um animal bravio. Loucura, além de desrazão — ou precisamente por isso — é furor. A partir da denúncia da loucura, surge a consciência dos seus modos de aparição. Esse é o momento em que a loucura emerge como objeto do saber e não apenas como diferença a ser segregada e asilada. Ora, produzir o saber sobre a loucura não é, como já foi dito, descobrir uma realidade oculta que se insinuava de várias formas, mas que não era identificada; produzir o saber sobre a loucura é produzir a própria loucura. É nesse sentido que Foucault diz que a loucura é uma produção do século XVIII, através dos seus saberes, das suas práticas, das suas instituições etc. O louco é o efeito da convergência de, principalmente, duas séries: a série asilar e a série médica. Usando um termo pertencente a Deleuze, podemos dizer que ele é o efeito do "agenciamento" entre essas duas séries. Isso não significa dizer que a loucura não exista, ou melhor, que ela não tenha passado a existir desde então; significa dizer que ela foi fabricada, sendo que a grande fábrica foi o hospital e que o grande artesão foi o psiquiatra. Se é possível falarmos numa substância louca, esta foi produzida no grande laboratório em que se transformou o hospital do século XVIII. Escreve Foucault:

> O hospital do século XVIII devia criar as condições para que a verdade do mal explodisse. Donde um lugar de observação e demonstração, mas também de purificação e de prova. Constituía uma espécie de aparelhagem complexa que devia ao mesmo tempo fazer aparecer e produzir realmente a doença. Lugar botânico para a contemplação das espécies, lugar ainda alquímico para a elaboração das substâncias patológicas. (Foucault, 1979a)

O SABER PSIQUIÁTRICO

A produção da loucura implica tanto um conjunto de práticas de dominação e controle, como a elaboração de um saber. Segundo Foucault, a característica fundamental da relação entre o saber e o poder psiquiátricos, nessa época, é que nela a verdade do saber psiquiátrico nunca é colocada em questão. Seu objetivo exclusivo é justificar o conjunto de práticas que se articulam no interior do espaço asilar. Mais do que a pureza epistêmica do seu discurso, importava à psiquiatria apresentar o louco como um indivíduo perigoso e o psiquiatra como aquele que poderia resguardar a sociedade da ameaça que ele representava.

O saber, nesse caso, não funcionava no sentido de procurar alguma razão na loucura ou de determinar as formas diferenciais segundo as quais ela se manifestava, mas no sentido de apontar, de forma absoluta, se o indivíduo era ou não louco. O diagnóstico psiquiátrico, como salienta ainda Foucault, não era diferencial, mas absoluto.

O passo seguinte ao da denúncia da loucura não era propriamente a cura, mas o controle disciplinar do indivíduo. O louco não era curado, mas domado. Esse é o momento em que a loucura deixa de ser vista apenas como desrazão, para ser vista também como paixão descontrolada. A cura não é mais a recuperação da verdade, mas o retorno à ordem. Perversão da paixão e da vontade e não mais erro da razão, a loucura é encarcerada para poder ser domada. Esse é também o momento em que o poder psiquiátrico se sobrepõe ao saber psiquiátrico.

O INTERROGATÓRIO E A CONFISSÃO

O interrogatório é uma das formas privilegiadas da articulação entre o poder e o saber psiquiátricos. Seu objetivo é a busca de antecedentes e a obtenção de uma confissão.

Na impossibilidade de apontar um substrato material da loucura, isto é, de localizar no corpo do indivíduo a substância louca, a psiquiatria procurava esse substrato na família do louco. A loucura era doença sem corpo, ela era literalmente uma doença mental. Se a marca de sua realidade não se inscrevia no corpo, deveria aparecer sob a forma de predisposições que se revelariam através de lembranças infantis. Daí o *interrogatório*: ele era a forma de se chegar a essas lembranças, individuais e familiares, que indicariam os antecedentes da doença. Antes de aparecer no indivíduo, a loucura já estava presente como disposição hereditária. A hereditariedade familiar passa a ser, desta forma, o modo de substancialização da loucura. A família é a loucura hipostasiada.

Mas o saber obtido pelo interrogatório não era suficiente, ele não tinha nenhum valor terapêutico; funcionava apenas como prova de verdade. O objetivo final do interrogatório era a obtenção de uma confissão, isto é, o reconhecimento, por parte do paciente, de sua própria loucura. A confissão, uma vez obtida, tinha um duplo valor: era indicativa da submissão do paciente à vontade do médico e, além disso, possuía uma função catártica. Através dela o doente se livrava do mal.

A LOUCURA EXPERIMENTAL

O problema principal não estava, porém, resolvido: o que é a loucura? Todo o esforço da psiquiatria, no século XIX, ainda estava voltado no sentido de se encontrar um critério seguro para se distinguir a loucura da simulação. Mas como encontrar essa garantia, se a loucura permanecia um mistério? O psiquiatra era capaz de identificar a loucura, mas não sabia o que ela era; sua relação com o louco era uma relação de exclusão: "Sei que não sou louco e sei quem é louco, mas não sei o que é a loucura." Esta permanecia sendo a diferença absoluta, o impensável.

A possibilidade de compreensão da loucura é propiciada por Moreau de Tours com seus experimentos sobre o haxixe. Já há algum tempo se faziam experimentos com o ópio no sentido de se determinar a verdade ou a falsidade da loucura do paciente. Moreau de Tours inverte o procedimento: ele aplica a droga (o haxixe) em si próprio. O objetivo era produzir os mesmos sintomas da loucura e poder retornar ao estado normal, adquirindo dessa forma um saber direto sobre a loucura e não indireto como o obtido pela observação do outro ou pelo interrogatório. É a loucura produzida experimentalmente.

A partir de Moreau de Tours, a relação do psiquiatra com a loucura deixa de ser uma relação de exterioridade para ser uma relação com a própria loucura, e este era o caminho para a sua compreensão. Fica criado um espaço comum ao normal e ao patológico, espaço esse produzido pela ingestão experimental da droga. Essa é a razão pela qual Foucault se refere a Moreau de Tours como sendo o Claude Bernard da psiquiatria.

Mas Moreau de Tours via mais longe ainda. Esse fundo homogêneo ao normal e ao patológico nem sequer precisa ser produzido artificialmente. Encontramo-lo em nós mesmos cada vez que sonhamos. O sonho reproduz as mesmas características da loucura. O sonho é a loucura do indivíduo adormecido enquanto os loucos são sonhadores acordados.

Dessa forma, o sonho é o acontecimento que, mais do que qualquer outro, aproxima-se da loucura e permite sua compreensão.

Está quebrada a heterogeneidade entre o normal e o patológico. O que Freud fez foi tomar esse fato como um princípio de análise.

A HIPNOSE

A hipnose foi precedida historicamente pelo mesmerismo. O pressuposto do mesmerismo era o de que os seres animados estavam sujeitos às influências magnéticas, pois os corpos dos animais e do homem são dotados das mesmas propriedades que o ímã. Essas ideias levaram Anton Mesmer, doutor em medicina pela Universidade de Viena, a experimentar clinicamente a eficácia do magnetismo. A novidade de Mesmer residiu em substituir o ímã, que era comumente empregado com fins terapêuticos, pelo seu próprio corpo. Não há necessidade de ímãs, basta o contato de sua mão para que o efeito terapêutico seja alcançado.

O êxito obtido por Mesmer em alguns casos iniciais torna-o famoso e a fama chega a tal ponto que era impossível atender a todas as solicitações. Como as filas à porta de seu consultório começaram a crescer, Mesmer inventa uma forma de magnetização em grupo. Esta consistia em colocar várias pessoas dentro de uma tina com água, e magnetizá-las em conjunto, pois, segundo ele, o fluido magnético espalhava-se pela tina e atingia todos os que nela se encontravam mergulhados.

A popularidade do *fluidismo* chegou a tal ponto que o governo, juntamente com a comunidade científica da época, decretou a condenação de Mesmer por charlatanismo. O surpreendente é que a razão, alegada pela comissão encarregada de julgá-lo, para a sua condenação implicava uma descoberta que os próprios juízes não foram capazes de perceber. A conclusão da comissão foi que não existia nenhum fluido magnético e que a cura se dava por efeito da imaginação (cf. Foulquié, 1960, p.213-4). Ora, é exatamente esse efeito da sugestão o que vai se constituir no princípio da técnica hipnótica empregada inicialmente por Freud.

O mesmerismo é abandonado e, a partir da metade do século XIX, impõe-se uma nova técnica inventada por James Braid: a *hipnose*, conhecida durante muito tempo como "braidismo". O importante da técnica hipnótica é que ela não faz apelo a nenhum fluido magnético nem a nenhum poder especial do hipnotizador; o efeito obtido depende apenas do estado físico e psíquico do paciente. Ocorre, porém, que, uma vez obtido o efeito hipnótico, o poder é todo ele depositado no médico, que passa a dispor inteiramente do corpo do paciente. Esse domínio sobre o corpo permite tanto a eliminação de sintomas como a domesticação do comportamento. O psiquiatra passa a dispor de um controle sobre a mente e sobre o corpo do doente. É essa domesticação que, reforçada pela neurologia, vai se transformar no grande empreendimento de Charcot.

CHARCOT E A HISTERIA

A existência ou não de lesão anatômica relativa a determinados sintomas era, para a psiquiatria do século XIX, um fator de extrema importância. A anatomia patológica começava a ser vista, nessa época, como o único meio de inclusão da medicina no campo das ciências exatas, sendo esperado do médico que suas investigações clínicas fossem acompanhadas por investigações anatomopatológicas que oferecessem, ao nível do corpo, a lesão referente aos distúrbios observados.

Formam-se, então, dois grandes grupos de doenças: aquelas com uma sintomatologia regular e que remetiam a lesões orgânicas identificáveis pela anatomia patológica, e aquelas outras — as neuroses — que eram perturbações sem lesão e nas quais a sintomatologia não apresentava a regularidade desejada.

Essa crença na eficácia da anatomia patológica foi compartilhada por Charcot, que, além de neurologista, se tornou professor de anatomia e patologia da Faculdade de Medicina de Paris. A abordagem inicial de Charcot ao problema da histeria foi feita de acordo com esse ponto de vista, isto é, de que há um correlato orgânico das manifestações histéricas. Posteriormente, ele modifica seu ponto de vista ao afirmar que a histeria é, "como tantas outras esfinges", uma doença que escapa às mais penetrantes investigações anatômicas (citado por Levin, 1980, p.48). No entanto, apesar da ausência de um referencial anatômico, a histeria apresentava aos seus olhos uma sintomatologia bem definida, obedecendo a regras precisas. Esse reparo é importante, porque lhe permite afastar a hipótese de simulação, o grande fantasma da psiquiatria do século XIX.

Ao produzir a separação da histeria com respeito à anatomia patológica, Charcot a introduz no campo das perturbações fisiológicas do sistema nervoso, e em função disso procura novas formas de intervenção clínica, dentre as quais a hipnose vai se constituir na mais importante. Durante algum tempo, Charcot realizou estudos no sentido de mostrar que a hipnose envolvia mudanças fisiológicas no sistema nervoso, o que a aproximava da histeria.

No inverno de 1885, Freud vai a Paris e assiste ao curso de Charcot, cujas aulas práticas eram ministradas na Salpêtrière, e adere entusiasticamente ao modelo fisiológico oferecido por ele para a histeria. Os aspectos mais salientados tanto por Charcot como por Freud, nesse período, eram os que diziam respeito ao fato de que a histeria não era uma simulação, que ela era uma doença funcional com um conjunto de sintomas bem definido e na qual a simulação desempenhava um papel desprezível. Outro ponto enfatizado por ambos foi que a histeria era tanto uma doença feminina como masculina, desfazendo dessa forma a ideia de que apenas as mulheres padeciam de manifestações histéricas (como sugeria o próprio termo "histeria", que deriva da palavra grega *hystéra*, que significa "útero").

Mas, entre essas afirmações e a realidade da prática hospitalar, havia uma distância considerável. Na verdade, Charcot foi o santo milagroso da histeria, sendo que em suas encenações realizadas na Salpêtrière, as inalações de nitrato de amilo ministradas por seus assistentes às pacientes desempenhavam um papel tão importante quanto o ritual do hipnotismo.

O problema continuava sendo apresentar uma sintomatologia regular para a histeria. Caso isso fosse obtido, a histeria seria incluída no campo das doenças neurológicas; caso a tentativa não fosse coroada de êxito, o histérico seria identificado ao louco. Persistia, portanto, a questão do diagnóstico diferencial *versus* diagnóstico absoluto.

O papel desempenhado por Charcot passa a ser o de produzir, através de drogas e da hipnose, a regularidade do quadro histérico, trazendo a histeria para o campo da neurologia e retirando-a das mãos do psiquiatra. O lugar do histérico deveria ser o hospital e não o asilo. Mas é exatamente nesse ponto que o histérico passa a ser investido de um poder sobre o médico equivalente ao que este possuía sobre ele. Por efeito da imposição médica, os pacientes histéricos passam a fornecer os sintomas que lhes eram exigidos. A crise histérica passa a ser fabricada com grande eficácia nas apresentações clínicas de Charcot. Aconteceu, porém, o inesperado: os pacientes passaram a oferecer muito mais do que lhes era solicitado e, dessa forma, passaram a constituir o próprio médico. Esclarecendo melhor: se os histéricos apresentavam um conjunto de sintomas bem definido e regular, eles constituíam o médico como neurologista; se esses sintomas variavam em número e qualidade, rompendo dessa maneira a regularidade das crises, o médico era transformado em psiquiatra (Foucault, 1973-74). O emprego da hipnose tinha por objetivo o controle da situação. Através da sugestão hipnótica, o médico podia obter um conjunto de sintomas histérico bem definido e regular; mas isso evidencia, ao mesmo tempo, que a histeria nada tinha a ver com o corpo neurológico, mas com o desejo do médico. É numa tentativa de superar esse impasse que Charcot vai elaborar a teoria do trauma.

Segundo Charcot, o sistema nervoso pode ser dotado de uma predisposição hereditária para, em decorrência de um trauma psíquico, produzir um estado hipnótico que torna a pessoa suscetível à sugestão (cf. Levin, 1980, p.50). O trauma formaria uma injunção permanente, um estado hipnótico permanente, que poderia ser objetivado corporalmente por uma paralisia, uma cegueira ou qualquer outro tipo de sintoma. O estado hipnótico que o médico produzia na clínica seria uma injunção desse tipo, só que temporária. Nela, o papel da sugestão é idêntico ao desempenhado na situação traumática, com a diferença apenas de não ser permanente.

Ora, na medida em que o trauma em questão não é de ordem física, ressurge a necessidade de o paciente narrar sua história pessoal para que o médico possa localizar o momento traumático responsável pela histeria.

O que Charcot não esperava era que dessas narrativas surgissem sistematicamente histórias cujo componente sexual desempenhasse um papel preponderante. Estava selado o pacto entre a histeria e a sexualidade; pacto esse que foi recusado por Charcot e que se transformou em ponto de partida e núcleo central da investigação freudiana.

TRAUMA E AB-REAÇÃO

A teoria do trauma psíquico vai ter profunda repercussão sobre os escritos iniciais de Freud e, paradoxalmente, vai se constituir no impedimento maior à elaboração da teoria psicanalítica. Enquanto persistir a teoria do trauma, a sexualidade infantil e o Édipo não poderão fazer sua entrada em cena, visto que nela os sintomas neuróticos permanecem dependentes de um acontecimento traumático real que os produziu e não das fantasias edipianas da criança (cf. Mannoni, 1976, p.35-6).

A concepção de Charcot sobre a histeria está integralmente presente no artigo que Freud escreve, em 1888, para a Enciclopédia Villaret (*Handwörterbuch der gesamten Medizin*). Nesse artigo, Freud recomenda dois tipos de tratamento para a neurose histérica. O primeiro consiste no afastamento do paciente de seu ambiente familiar, considerado por ele como gerador de crises, e sua internação num hospital. A internação teria como objetivo mais imediato uma mudança de ambiente, afastando dessa maneira a possibilidade de as crises serem deflagradas pela expectativa ansiosa dos familiares; e, em segundo lugar, a internação criaria condições ideais de observação e de controle das crises. Após um ou dois meses de repouso, o paciente deveria ser submetido à hidroterapia e à ginástica. O emprego de massagem e de eletroterapia não deveria ser desprezado. O segundo tipo de tratamento consiste na remoção das causas psíquicas dos sintomas histéricos. Como essas causas são inconscientes para o paciente, o método para eliminar os sintomas consiste em dar ao paciente, sob hipnose, uma sugestão que remova o distúrbio.

Esse procedimento, porém, apenas elimina o sintoma, mas não remove a causa. Freud propõe, então, que se empregue um método elaborado por Joseph Breuer e que consiste em fazer o paciente remontar, sob efeito hipnótico, à pré-história psíquica da doença a fim de que possa ser localizado o acontecimento traumático que originou o distúrbio (Freud, ESB, vol.I, p.99).

Em dezembro de 1892, Freud publica o artigo *Um caso de cura pelo hipnotismo* (ESB, vol.I), no qual a influência de Breuer é bem maior do que a de Charcot, e no ano seguinte publicam em conjunto "Sobre o mecanismo psíquico dos fenômenos histéricos: comunicação preliminar", que foi transformado no primeiro capítulo dos *Estudos sobre a histeria*.

O caso clínico que deu origem à *Comunicação preliminar* foi o de Anna O. (Bertha Pappenheim), paciente de Breuer. Na época em que Breuer se dedicou ao tratamento de Anna O., Freud estava se formando em medicina e todo o seu interesse estava voltado para os estudos sobre anatomia do sistema nervoso, e somente cinco anos mais tarde iria a Paris assistir aos cursos dados por Charcot na Salpêtrière.

Anna O. era filha de um paciente de Breuer e começou a apresentar uma série de sintomas histéricos enquanto cuidava do pai.

Breuer submeteu-a à hipnose e verificou que os sintomas desapareciam sempre que o acontecimento traumático que estava ligado a ele era reproduzido sob hipnose. Após dois anos de tratamento, todos os sintomas de Anna O. haviam desaparecido. Breuer narrou o caso a Freud e este, muito impressionado, contou-o a Charcot por ocasião de seu curso em Paris. Mas Charcot não demonstrou nenhum interesse pelo relato de Freud e este resolveu não pensar mais no assunto.

Vários anos mais tarde, depois de seu retorno de Paris e de ter estabelecido uma clínica de doenças nervosas em Viena, Freud recebeu para tratamento Frau Emmy von N., em quem resolve aplicar a técnica de Breuer de investigação pela hipnose. Breuer havia chamado seu método de "catártico" (de *kátharsis* = purgação), pois o que ocorria durante o tratamento era uma "purgação" ou uma descarga do afeto que originalmente estava ligado à experiência traumática. A função da hipnose era a de, por sugestão, remeter o paciente ao seu passado, de modo que ele próprio encontrasse o fato traumático, produzindo-se, em decorrência disso, a "ab-reação", isto é, a liberação da carga de afeto.

Freud acrescenta uma novidade à técnica empregada por Breuer. Enquanto este permanecia passivo diante da torrente de fatos narrados pela sua paciente, não procurando influenciá-la em nada, mas apenas esperando que ela própria chegasse às suas retensões e produzisse a ab-reação, Freud passou a empregar a sugestão diretamente como meio terapêutico. Assim, a hipnose era empregada para se chegar aos fatos traumáticos — tal como o fazia Breuer — mas, uma vez esses fatos tendo sido identificados, Freud fazia uso da sugestão para eliminá-los ou pelo menos para debilitá-los em sua força patogênica.

TRAUMA E DEFESA PSÍQUICA

O interesse de Breuer pelo assunto não vai além deste ponto. Ao que parece, Anna O. foi a primeira e única paciente tratada por ele pelo método catártico, e sua retomada do problema só se deu anos mais tarde quando Freud o pressiona nesse sentido. O próprio emprego da sugestão hipnótica como forma de intervenção direta sobre as ideias patogênicas não foi feito por influência de Breuer, mas de Bernheim, com quem Freud esteve durante algumas semanas no ano de 1889. A prática da sugestão foi abandonada posteriormente por Freud, que retornou ao método mais "investigador" de Breuer, "incomparavelmente mais atraente do que as proibições monótonas e forçadas usadas no tratamento pela sugestão, proibições que criavam um obstáculo a qualquer pesquisa" (Freud, ESB, vol.XIV, p.19).

Após várias experiências com pacientes histéricos, Freud propõe a Breuer uma publicação conjunta sobre o assunto. Em 1893 surge a *Comunicação preliminar* e em 1895 os *Estudos sobre a histeria*, reunidos posteriormente. É no primeiro desses trabalhos que Freud lança uma noção que vai desempenhar um papel fundamental na elaboração da teoria psicanalítica: a noção de *defesa*. É nesse momento também que começa o afastamento entre os dois autores.

Entre a *Comunicação preliminar* (1893) e os *Estudos sobre a histeria* (1895), Freud publicou o artigo *As neuropsicoses de defesa* (1894), no qual sua independência com relação a Breuer e aos seus contemporâneos já se manifesta de forma acentuada. Embora a noção de defesa já tivesse sido lançada no artigo de 1893, o termo "defesa" só aparece no artigo de 1894 e é nele que o problema é tratado de maneira mais extensa.

Freud só teve pleno acesso ao fenômeno da defesa quando abandonou a técnica da hipnose. Até então, uma série de indícios poderiam sugerir-lhe a existência de algo que lhe era vedado pelo próprio método que empregava, mas esses indícios só se transformariam em evidência após o abandono desse método. Assim, o procedimento hipnótico era, sem que ele soubesse, o obstáculo maior ao fenômeno que será transformado num dos pilares da teoria psicanalítica: a defesa (ou, como ele chamará mais tarde, o *recalcamento*).

Referindo-se muito mais tarde a este momento da gênese da psicanálise, Freud escreve:

> A teoria do recalque é a pedra angular sobre a qual repousa toda a estrutura da psicanálise. É a parte mais essencial dela e todavia nada mais é senão a formulação teórica de um fenômeno que pode ser observado quantas vezes se desejar se se empreende a análise de um neurótico sem recorrer à hipnose. Em tais casos encontra-se uma resistência que se opõe ao trabalho de análise e, a fim de frustrá-lo, alega falha de memória. O uso da hipnose ocultava essa resistência; por conseguinte, a história da psicanálise propriamente dita só começa com a nova técnica que dispensa a hipnose. (Freud, ESB, vol.XIV, p.26)

Quando Freud abandona a hipnose e solicita de seus pacientes que procurem se lembrar do fato traumático que poderia ter causado os sintomas, verifica que tanto a sua insistência quanto os esforços do paciente esbarravam com uma resistência destes a que as ideias patogênicas se tornassem conscientes. Qual seria a natureza dessas ideias e por que geravam essa resistência? Analisando detalhadamente os casos de análise completa de que já dispunha, chegou à conclusão de que todas essas ideias eram de natureza aflitiva, capazes de despertar emoções de vergonha, de autocensura e de dor psíquica. "De tudo isso surgia, como que automaticamente, a ideia de defesa" (Freud, ESB, vol.II, p.19). A defesa aparece, assim, como uma forma de censura por parte do ego do paciente à ideia ameaçadora, forçando-a a manter-se fora da consciência; e a resistência era o sinal externo dessa defesa. O mecanismo pelo qual a carga de afeto ligada a essa ideia (ou conjunto de ideias) é transformada em sintomas somáticos é chamado por Freud de *conversão*.

De fato, os termos "defesa" e "recalcamento" não são sinônimos, apesar de, na época em que Freud publica *As neuropsicoses de defesa*, eles poderem ser quase que identificados. "Defesa" é um termo mais amplo que designa, em sua primeira acepção, o mecanismo pelo qual o ego se protege de uma representação desagradável e ameaçadora.

A conversão é, portanto, o modo de defesa específico da histeria. O termo recalcamento (ou recalque), como veremos mais à frente, está ligado a uma conceituação mais precisa, de vez que apenas parcialmente pode ser tomado como sinônimo de defesa.

De posse das noções de *resistência*, *defesa* e *conversão*, a própria concepção de terapia tinha de ser modificada. Seu objetivo não poderia mais consistir simplesmente em produzir a ab-reação do afeto, mas em tornar conscientes as ideias patogênicas possibilitando sua elaboração. Nesse momento, começa a se operar a passagem do método catártico para o método psicanalítico.

O artigo *As neuropsicoses de defesa*, assim como os *Estudos sobre a histeria*, já contêm alguns dos elementos mais importantes do *Projeto* de 1895, obra que permanecerá inédita até o ano de 1950. Freud não se contentava com generalizações decorrentes de suas observações clínicas; desde os seus trabalhos iniciais, encontramos um esforço de sua parte no sentido de fornecer um modelo teórico capaz de conferir inteligibilidade às suas descobertas. Na verdade, essas "descobertas" não eram propriamente descobertas, mas já transformações produzidas no real por efeito de uma teoria ainda incipiente. Assim, a noção de *defesa* já implica uma concepção quantitativa do aparelho psíquico que, embora só fosse desenvolvida em seu *Projeto*, já se encontrava implícita nos trabalhos acima citados. O artigo *As neuropsicoses de defesa* termina com a afirmação de Freud de que

> nas funções mentais deve ser distinguida alguma coisa — uma quota de afeto ou soma de excitação — que apresenta todas as características de uma quantidade (embora não disponhamos de meios para medi-la), capaz de crescimento, diminuição, deslocamento e descarga, e que se espalha sobre traços de memória das ideias, tal como uma carga elétrica se expande na superfície de um corpo. (Freud, ESB, vol.III, p.73)

Foi essa carga de afeto ou soma de excitação que Freud denominou *Bezetzung* e que Strachey traduziu por "catexia". Em torno dessa noção vai se desenvolver grande parte do *Projeto* de 1895, como veremos adiante.

Mas há ainda um ponto dos *Estudos sobre a histeria* para o qual eu gostaria de chamar atenção, e para isso é necessário que retornemos ao caso de Anna O.

A SEXUALIDADE

Quando Breuer narrou para Freud a história de sua jovem e bela cliente, não narrou a história completa; o final foi cuidadosamente ocultado. Nos *Estudos sobre a histeria*, Breuer termina a exposição do caso de Anna O. dando-a como liberta de seus sintomas e atribuindo o término do tratamento ao desejo de sua paciente de encerrá-lo numa data específica, quando completava um ano que ela se havia mudado para uma casa de campo nos arredores de Viena por questões de segurança (Anna morava num terceiro andar e tinha impulsos suicidas). O que de fato aconteceu nos é relatado por E. Jones em seu livro sobre a vida de Freud (1979, p.237) e pelo próprio Freud através de reconstituições que fez e que foram confirmadas por Breuer.

O que motivou o término do tratamento foi um fenômeno que, apesar de ser hoje em dia bastante conhecido, impossibilitou Breuer de continuar a relação terapêutica com Anna O.: o fenômeno da transferência e da contratransferência. O interesse de Breuer pela sua paciente era vivido por ele como sendo de caráter puramente clínico e científico, e o fato de falar nela com uma frequência acima do comum não lhe parecia indício de nenhum envolvimento emocional, mas sim desse interesse "neutro" que deveria existir na relação médico-paciente. Essa não era, porém, a maneira como a mulher de Breuer vivia a situação. Cansada de ouvir o marido falar apenas em sua paciente, ela se tornou triste e ciumenta. Quando Breuer percebeu o que estava se passando, ficou extremamente embaraçado e resolveu encerrar rapidamente o tratamento. A decisão foi comunicada a Anna O. e o caso foi dado por terminado. Nesse mesmo dia, Breuer foi chamado com urgência à casa de Anna O., que se encontrava numa de suas piores crises. A paciente apresentava contrações abdominais de uma crise de parto histérica e nesse momento teria dito a Breuer: "Agora chega o filho de Breuer." Muito chocado com o fato, Breuer hipnotizou-a e ela saiu da crise. No dia seguinte, Breuer e sua mulher viajaram de férias para Veneza.

O que havia escapado a Breuer, até então, era exatamente esse componente sexual que havia estado presente o tempo todo na sua relação com Anna O., mas que era rejeitado por ambos. Segundo o relato que fez de sua paciente, ela era uma pessoa assexual e que nunca, durante o tratamento, havia feito alusões a questões sexuais. Quando a evidência do fato se tornou irrecusável, Breuer abandonou horrorizado a cliente e fugiu. Nesse momento, segundo Freud, Breuer deixou cair a chave que poderia decifrar o grande segredo oculto das neuroses.

Anos mais tarde, Freud comenta que, se dependesse dos *Estudos sobre a histeria*, a importância concedida à sexualidade na etiologia das neuroses seria praticamente nula ou, pelo menos, bastante secundária. Mas o caso Breuer, aliado às experiências de Charcot na Salpêtrière (nas quais o componente sexual do comportamento das histéricas era evidente) e ao comentário de Chroback segundo o qual o remédio a ser receitado para uma histérica deveria ser *Penis normalis* (Freud, ESB, vol.XIV, p.24), juntamente com a experiência clínica, levaram Freud à hipótese de que não era qualquer espécie de excitação emocional que se encontrava por trás dos sintomas neuróticos, mas sobretudo uma excitação de natureza sexual e conflitiva. A importância concedida à sexualidade, tanto para a compreensão da neurose como para a compreensão do indivíduo normal, torna-se cada vez mais central em Freud, tendo sido este um dos motivos de seu rompimento com Breuer.

Freud, o sexólogo. Assim ele foi visto pelos seus contemporâneos e assim ele ainda é visto mesmo por aqueles para quem a psicanálise é algo mais do que informação erudita. Para muitos, Freud foi aquele que descobriu a sexualidade, sobretudo aquele que descobriu a sexualidade infantil. E não há nada mais falso do que isso. Na verdade, a sexualidade já era bastante tematizada pela medicina, pela psiquiatria, pela pedagogia e por vários campos de discurso no século XIX. Mais uma vez remeto o leitor a Michel Foucault e sua *História da sexualidade* (Foucault, 1977).

O que verificamos pela análise de Foucault é que os séculos XVIII e XIX conheceram uma verdadeira explosão discursiva sobre o sexo. A colocação do sexo em discurso não é uma prerrogativa de Freud, mas aquilo que se transformou na grande injunção dos últimos dois séculos. O fenômeno da histeria, a familiarização, a preocupação com a masturbação das crianças, a organização física e funcional dos colégios, a confissão religiosa, o controle sobre a procriação, a psiquiatrização dos perversos, e tantas outras práticas mais, falavam do sexo. Nunca se falou tanto sobre o sexo. "A colocação do sexo em discurso", como diz Foucault, não é uma novidade da psicanálise e sequer é uma novidade para o homem do século XIX:

A grande originalidade de Freud não foi descobrir a sexualidade sob a neurose. A sexualidade estava lá, Charcot já falara dela. Sua originalidade foi tomar isto ao pé da letra e edificar a partir daí a *Traumdeutung*, que é algo diferente da etiologia sexual das neuroses (...) o forte da psicanálise é ter desembocado em algo totalmente diferente que é a lógica do inconsciente. (Foucault, 1979b, p.261 e 266)

CAPÍTULO II

A PRÉ-HISTÓRIA DA PSICANÁLISE — II:
O Projeto de 1895

Logo em seguida à publicação dos *Estudos sobre a histeria*, no início de 1895, Freud começa a redação de um trabalho que vai gozar de um estatuto bastante peculiar na genealogia da psicanálise: o *Projeto para uma psicologia científica*. Embora ele tenha sido escrito em 1895, sua publicação só foi feita meio século depois, quando seu autor já havia morrido há mais de uma década. Durante todo esse tempo, o manuscrito esteve "escondido" do público, tanto do público leigo quanto do próprio círculo de amigos de Freud, exceção feita a Wilhelm Fliess, que não apenas teve um papel relevante no que diz respeito ao conteúdo do *Projeto*, como foi o guardião do manuscrito original.

A importância do *Projeto* é exagerada por uns, que encontram nele o essencial da teoria psicanalítica, e minimizada por outros, que o consideram um texto ainda pré-psicanalítico. Esse caráter ambíguo do *Projeto* parece ter sido compartilhado pelo próprio Freud, que, nas cartas a Fliess, ora o apresenta como o seu mais importante e ambicioso trabalho teórico, ora lhe retira todo o valor. O próprio fato de Freud não se ter interessado pela sua publicação é um índice bastante significativo da dúvida que pairava sobre a validade das teses nele sustentadas.

Um outro aspecto é o do papel efetivamente desempenhado pelo *Projeto* na gênese da teoria psicanalítica. Na medida em que ele não tenha sido publicado, nem tenha circulado restritamente nos meios psicanalíticos da época, ele objetivamente não existia, a não ser como um segredo entre dois amigos. O *Projeto* foi, durante mais de 50 anos, uma espécie de segredo de alcova: muito importante para os amantes, mas inócuo para os demais. E na medida em que um discurso vale não pela intenção do autor mas pela sua materialidade concreta, é o caso de perguntarmos qual foi a concretude do *Projeto* durante sua fase de incubação.

Poderíamos argumentar que essa questão é, no mínimo, bizarra, visto que para Freud o *Projeto* existia concretamente nos manuscritos enviados a Fliess. Portanto, quando *A interpretação de sonhos* foi escrita, Freud já conhecia o *Projeto*, e isso é o que importa. Mas sabemos também o quanto o desenvolvimento de uma teoria depende da resposta dada pela comunidade científica aos primeiros passos dessa teoria. E, nesse sentido, o único público de Freud foi seu amigo Fliess. Quando o *Projeto* veio à luz, toda a teoria psicanalítica já estava elaborada. Ele não acrescenta nada aos textos publicados posteriormente à sua elaboração. O que se fez foi, recorrentemente, projetar sobre o seu conteúdo os conceitos elaborados posteriormente e tentar traçar uma linha contínua do *Projeto* até os textos metapsicológicos.

Para os continuístas, a psicanálise começa com o *Projeto* — sendo que, para alguns, ela começa e termina —; para os descontinuístas, o *Projeto* não é o ponto de partida da psicanálise, mas a última e desesperada tentativa de Freud de falar uma linguagem neurológica ou física. O *Projeto* assinalaria, dessa maneira, não o início de um novo saber, mas o último suspiro de um saber já existente.

A proposta de Freud no *Projeto* é a de elaborar uma teoria do funcionamento psíquico segundo uma abordagem quantitativa, "uma espécie de economia da força nervosa" (Freud, ESB, vol.I, p.382), e a transposição de certas conclusões retiradas da psicopatologia para a psicologia do indivíduo normal. Em setembro de 1895, Freud vai a Berlim visitar Fliess e discute com ele as ideias do *Projeto*. O estímulo do amigo foi de tal ordem que Freud sequer esperou chegar em casa. Começou a escrever no trem, durante a viagem de volta, razão pela qual as primeiras páginas do manuscrito estão a lápis e em papel pequeno (cf. Jones, 1960, vol.I, p.393). O ensaio possui cem páginas e ficou sem título. Freud se refere provavelmente a ele, quando fala de uma monografia cujo título seria *Psicologia para neurólogos*. Sua primeira edição alemã teve como título *Entwurf einer Psychologie* (*Projeto de uma psicologia científica*) e foi publicada em *Aus den Anfängen der Psychoanalyse* (*Dos primórdios da psicanálise*) no ano de 1950.

Ernest Jones[1] nos fornece uma descrição detalhada das circunstâncias que cercam a elaboração do *Projeto*, sobretudo no que se

---

1 A tradução de que dispomos em português do trabalho de E. Jones é a da edição organizada e resumida por L. Trilling e S. Marcus, e que não contém vários capítulos do texto original, dentre eles, o capítulo XVII ("A teoria do psiquismo"), que trata

refere à formação intelectual de Freud e de como essa formação deve
ter influído no conteúdo do *Projeto*, já que entre ambos podemos
encontrar uma continuidade dificilmente recusável. Procurarei ser o
mais breve possível nestes preliminares ao texto.

A formação intelectual de Freud se deu no interior de uma
atmosfera cientificista e positivista, típicas do século XIX. Para ele,
a ciência é a produção suprema do homem e a única que pode
conduzi-lo ao conhecimento. Seu mestre mais próximo é Theodor
Meynert, professor de neuropsiquiatria na Universidade de Viena e
orientador dos estudos de Freud durante sua formação médica.
Meynert, por sua vez, está ligado à tradição que remonta, através de
Fechner, a Herbart.

Herbart se coloca em oposição à tradição kantiana e tenta uma
abordagem matemática da psicologia. Em seu *Compêndio de psicologia* (1816) e na *Psicologia como ciência* (1821), Herbart propõe
uma psicologia inteiramente baseada na experiência e quantitativa,
característica essa que será reforçada posteriormente por Fechner e
transformada por Freud em ideia central do *Projeto* de 1895. É, porém,
a concepção dinâmica que Herbart tem do psiquismo, e particularmente do inconsciente, que nos permite aproximá-lo do Freud de
1895.

Segundo Herbart, toda ideia (*Vorstellung*) é regulada pelo que
ele chama de princípio de autopreservação. Essa autopreservação não
se opõe a uma possível destruição da ideia, mas à sua inibição.

> Cada movimento das ideias está configurado entre dois pontos fixos: "seu
> estado de completa inibição e seu estado de completa liberdade", havendo
> "um esforço natural e constante por parte de todas as ideias para retornar
> ao seu estado de liberdade total (ausência de inibições)". (cit. por Boring,
> 1979, p.278)

Cada ideia é dotada, portanto, de uma certa *intensidade*, que a
faz romper ou não o *umbral* da consciência. Se rompem o umbral,
são *apercebidas*, em caso contrário, permanecem em estado de
tendência, lutando para se tornarem conscientes.

Se, por um lado, Herbart nos aponta para Leibniz e sua noção
de inconsciente, por outro, ele nos remete diretamente a Freud. Na

---

do *Projeto* de 1895 e da formação teórica de Freud. A edição utilizada por mim foi
a da Ed. Paidos de Buenos Aires, em três volumes.

opinião de E. Jones, Herbart foi o único a oferecer um conceito de inconsciente dinâmico antes de Freud. De fato, Herbart antecipa uma série de ideias que são, hoje em dia, consideradas exclusivamente freudianas. É o caso da noção de conflito intrapsíquico, que opõe uma ideia reprimida (*Verdrängt*) a outra que é consciente, a primeira lutando por se tornar consciente e a segunda impedindo que isso aconteça; é o caso também da postulação de um princípio de equilíbrio segundo o qual os processos psíquicos se caracterizam por um esforço constante para obter o equilíbrio; é a afirmação de que as ideias se conservam integralmente; é também o caso da noção de "ressonância fisiológica", que é extremamente semelhante à "facilitação somática" de Freud; é o caso ainda da função seletiva da consciência em face das ideias reprimidas. E poderíamos assinalar mais pontos coincidentes entre os dois autores (cf. Jones, 1960, p.383-5).

Naturalmente, essas coincidências não fazem de Herbart um precursor de Freud — mesmo para aqueles que admitem a figura do "precursor" —, posto que a maneira com que Freud articulou seus conceitos numa teoria integrada é exclusivamente sua. Essas semelhanças expressam muito mais um solo comum a ambos do que uma linha teórica contínua ligando a concepção herbartiana à teoria psicanalítica. O fundamental a se destacar em Herbart, e que é um ponto em comum que ele indiscutivelmente possui com Freud, é a sua crença inabalável de que os processos psíquicos são passíveis de serem expressos por leis científicas. Além do mais, não é apenas em Herbart que encontramos pontos semelhantes com a doutrina freudiana. Já assinalei alguns que se refere a Fechner e podemos fazer o mesmo com Helmholz, Theodor Meynert, Brücke e, sobretudo, com Sigmund Exner, assistente de Brücke no laboratório de fisiologia da Universidade de Viena. Em 1894, um ano antes de Freud iniciar a redação do *Projeto*, Exner publica um trabalho (*Entwurf zu einer physiologischen Erklärung der psychischen Erscheinungen*) que indubitavelmente deve ter-se constituído na influência imediata mais forte sofrida por Freud para empreender a redação de sua "psicologia". Tal como no caso de Herbart, a obra de Exner mantém vários pontos em comum com o texto do *Projeto*. Trata-se também de uma concepção quantitativa do funcionamento do sistema nervoso, na qual termos como "soma de excitações", "canalização da excitação", "função de inibição", assim como a afirmação do princípio de prazer-desprazer como um princípio regulador do psiquismo, são elementos centrais do trabalho. E Exner foi professor de Freud. O

Projeto não é, pois, uma obra estranha à sua época; sua leitura não deveria causar mais surpresa do que a de qualquer dos autores citados. Vejamos seus pontos básicos.

O APARELHO PSÍQUICO

Escreve Freud logo no primeiro parágrafo:

> A finalidade deste projeto é estruturar uma psicologia que seja uma ciência natural: isto é, representar os processos psíquicos como estados quantitativamente determinados de partículas materiais especificáveis, dando assim a esses processos um caráter concreto e inequívoco. Há duas ideias principais em jogo: 1. O que distingue a atividade do repouso é de ordem quantitativa; a quantidade (Q) encontra-se submetida às leis gerais do movimento. 2. As partículas materiais em questão são os neurônios (N). (Freud, ESB, vol.I, p.395)

O *Projeto* é dividido em três partes: a primeira delas é o "Esquema geral", em que Freud desenvolve os principais conceitos teóricos; a segunda parte trata da psicopatologia da histeria; a terceira é uma tentativa de representar os processos psíquicos normais.

No *Projeto*, Freud concebe o psiquismo como um "aparelho" capaz de transmitir e de transformar uma energia determinada. O funcionamento desse "aparelho" (psíquico) é explicado a partir de duas hipóteses: 1ª) a de que existe uma *quantidade* (Q) que distingue a atividade do repouso das partículas materiais; 2ª) a identificação dessas partículas materiais com os *neurônios*. Essas duas hipóteses supõem um princípio de regulação do aparelho psíquico, que é o *Princípio de Inércia Neurônica,* segundo o qual os neurônios tendem a descarregar completamente toda a quantidade (Q) que recebem. Freud afirma ainda um outro princípio, segundo o qual o sistema de neurônios se estrutura de tal modo que forma "barreiras de contacto" que oferecem resistência à descarga total.

O "aparelho psíquico" não possui, portanto, realidade ontológica; trata-se de um modelo explicativo que não supõe qualquer sentido denotativo do real. Esse modelo é tomado de empréstimo à física, particularmente à termodinâmica. O próprio emprego do termo "modelo" deve ser feito com reservas, já que o emprego de um modelo teórico implica certo rigor formal que Freud está longe de poder cumprir, dada a sua limitação (declarada) quanto à física de sua época. Assim, o "aparelho psíquico" é concebido segundo um referencial termodinâmico (e não mecânico, como sugere o primeiro parágrafo do *Projeto*) que nem sempre é obedecido com rigor. Da mesma forma, os "neurônios" — "as partículas materiais que compõem esse aparelho" — não correspondem aos dados da histologia e da neurologia de sua época. Não quero dizer com isso que o modelo oferecido por Freud no *Projeto* não seja um modelo neurológico, mas sim que essa neurologia e a "anatomia" que ele nos apresenta são "fantásticas". O *Projeto* não é um trabalho descritivo baseado em observações e experimentos, mas um trabalho teórico de natureza fundamentalmente hipotética.

Sem dúvida alguma, Freud se beneficiou das descobertas feitas pela ciência de sua época, mas não lhe prestou obediência estrita. Assim, em 1891, Wilhelm Waldeyer publicou um trabalho, resultado de uma longa série de estudos experimentais, no qual introduz o termo "neurônio" para designar o elemento constituinte do tecido nervoso. O próprio Freud já havia chegado, com absoluta independência de Waldeyer, a conclusões semelhantes às dele, o que o torna um dos pioneiros da teoria neuronal (cf. Jones, 1960, p.61). No entanto, os neurônios aos quais ele se refere como constituindo a base material do aparelho psíquico não correspondem às descobertas da histologia do século XIX. O *Projeto* não é, portanto, uma tentativa de explicação do funcionamento do aparelho psíquico em bases anatômicas, mas, ao contrário, implica uma renúncia à anatomia e a formulação de uma "metapsicologia".

A NOÇÃO DE QUANTIDADE (Q)

Vimos que uma das duas hipóteses fundamentais do *Projeto* é a de uma quantidade (Q) de que os neurônios estão investidos e da qual tendem a se ver livres. Freud se refere a dois tipos de Q: a Q e a Q'n. A distinção entre ambas não é feita de modo muito preciso e o emprego que ele faz de ambos os termos é também ambíguo. A diferença entre os dois tipos de Q parece ser a de que a primeira (Q) se refere a quantidades de excitação ligada à estimulação sensorial externa, enquanto a segunda (Q'n) é de ordem interna, intercelular. Portanto, Q'n é psíquica, enquanto Q indica uma "quantidade externa" (Freud, ESB, vol.I, p.475). Como a quantidade a que Freud se refere é quase sempre a Q'n e como ele próprio se confunde às vezes no emprego dos termos (muitas vezes ele fala apenas em *Quantitat*), deixarei o mistério dos dois Qs para os estudiosos do *Projeto*, e empregarei a letra Q maiúscula para designar a quantidade em geral, especificando, quando necessário, seu emprego particular (por exemplo: no caso de uma "Q livre" ou de uma "Q ligada").

Já vimos que a proposta de quantificação em psicologia remonta a Herbart e que está ligada à própria exigência de cientificidade dos saberes do século XIX. Freud não se esquivou a essa exigência, sendo que sua experiência clínica sugeriu um caminho a ser tomado. Partindo da análise dos casos de histeria e neurose obsessiva, Freud levanta a hipótese de que haveria uma proporcionalidade entre a intensidade dos traumas e a intensidade dos sintomas por eles produzidos. A hipótese de Freud não traz, em si mesma, grande novidade, já que, desde as primeiras décadas do século XIX, Weber e em seguida Fechner procuravam, com a psicofísica, estabelecer uma relação exata entre a magnitude do estímulo e a da resposta. A novidade de Freud consistiu apenas em transportar essa possibilidade para o campo da psicopatologia. Escreve ele que a concepção quantitativa "deriva-se diretamente de observações clinicopatológicas, sobretudo das relativas às ideias excessivamente intensas (...)" (Freud, ESB, vol.I, p.395).

Os neurônios poderiam estar mais ou menos "carregados" de Q. Freud emprega o termo *Besetzung* para designar essa "ocupação" do neurônio pela Q, termo esse que foi traduzido por Strachey como "catexia" e que em português é traduzido por "investimento" (*investissement* em francês).

É a maneira como Q circula no sistema de neurônios, passando de um para outro e tomando os vários caminhos possíveis através das múltiplas bifurcações neuronais, que vai caracterizar o *ponto de vista econômico* em Freud. Essa economia é regulada por dois princípios básicos: o *princípio de inércia* neurônica e o *princípio de constância*.

O PRINCÍPIO DE INÉRCIA

O princípio de inércia é uma formulação específica do *Projeto* de 1895, não reaparecendo nos textos metapsicológicos posteriores. Segundo esse princípio, "os neurônios tendem a se desfazer de Q". Freud referencia esse princípio ao modelo de funcionamento do arco reflexo, segundo o qual a quantidade de excitação recebida pelo neurônio sensitivo deve ser inteiramente descarregada na extremidade motora. Segundo Freud, essa descarga regulada pelo princípio de inércia representa a função primordial do sistema nervoso, sendo que a essa função primordial soma-se uma outra função secundária segundo a qual o sistema neurônico procura não apenas livrar-se de Q, mas conservar aquelas vias de escoamento que o possibilitam manter-se afastado das fontes de excitação. Portanto, além da função de descarga, há também a *fuga do estímulo*.

No entanto, o princípio de inércia não atua sozinho. Desde o início, como salienta Freud, ele é entravado por outro modo de funcionamento do aparelho psíquico, cuja característica é evitar o livre escoamento da energia. Isso ocorre porque o sistema nervoso recebe não apenas estímulos originários do exterior, mas também estímulos de natureza endógena, isto é, provenientes do próprio organismo. Esses estímulos são os que criam as grandes necessidades, tais como a fome, a respiração e a sexualidade. Ao contrário dos estímulos externos que podem ser evitados, os estímulos internos não oferecem possibilidade de fuga. Eles só desaparecem após a realização da ação específica que possibilita a eliminação do estímulo.

Ocorre, porém, que se o sistema nervoso, em função do princípio de inércia, descarregasse toda a quantidade de energia de que fosse investido, ele não disporia de energia para realizar essas ações específicas destinadas a satisfazer as exigências decorrentes desses estímulos endógenos. Assim, ele é obrigado a tolerar um acúmulo de Q para essa finalidade. Como essa tendência se opõe à tendência inicial à inércia (que implicaria reduzir Q a zero), o sistema neurônico procura manter essa quota de Q num nível mais baixo possível ao mesmo tempo que procura se proteger contra qualquer aumento da mesma, isto é, procura mantê-la constante (Freud, ESB, vol.I, p.398). Esta é a *lei da constância*, que aparece no *Projeto* como uma lei secundária, não sendo ainda enunciada como um princípio independente. É somente em *Além do princípio de prazer* (1920) que Freud vai enunciar de forma explícita um *princípio de constância* como princípio independente. No entanto, desde a época de sua colaboração com Breuer, o princípio de constância está presente, de forma não totalmente explícita, nos escritos de Freud. O princípio de inércia e o princípio de constância estão relacionados a uma das distinções mais fundamentais que Freud faz no *Projeto*: a distinção entre processos primários e processos secundários. Tratarei dessa distinção um pouco mais à frente.

OS NEURÔNIOS Φ, ψ E ω

Vimos que existem duas tendências básicas no sistema neurônico: uma que o impele à descarga total de Q, e outra que o obriga a armazenar e investir uma certa quantidade destinada a reduzir as tensões decorrentes dos estímulos internos. Essa memória neurônica, constituída pelo acúmulo de Q, é possibilitada pelo que Freud denomina _barreiras de contato_. As barreiras de contato são resistências localizadas nos pontos de contato entre os neurônios, impedindo a passagem da energia que deveria ser escoada.

A hipótese das barreiras de contato impõe, no entanto, a existência de duas classes de neurônios: os neurônios _permeáveis_ e os neurônios _impermeáveis_, os primeiros sendo os que deixam passar Q como se não tivessem barreiras de contato e que depois de cada passagem retornam ao mesmo estado anterior, e os segundos sendo os que opõem uma resistência ao livre escoamento de Q através das barreiras de contato. Estes, depois de cada excitação, podem ficar diferentes do que eram anteriormente, constituindo assim uma memória. Formam-se, dessa maneira, dois sistemas de neurônios: 1. O primeiro sistema de neurônios — os neurônios fi (Φ) — formado de neurônios permeáveis, que não oferecem resistência ao escoamento de Q e destinados à percepção; 2. O segundo sistema de neurônios — os neurônios psi (ψ) — formado de neurônios impermeáveis, dotados de resistência, retentivos de Q e portadores de memória.

A impermeabilidade dos neurônios ψ não é, porém, total. A existência de barreiras de contato não significa o represamento total de Q; parte de Q fica retida pelas barreiras de contato e parte consegue ser escoada. Foi em função dessa passagem parcial de excitação que Freud elaborou a noção de "facilitação" (_Bahnung_); quando há uma passagem parcial de Q pelas barreiras de contato, essas barreiras ficam alteradas (ou marcadas). Essa alteração consiste numa diminuição da resistência, de tal modo que daí por diante a excitação tende a percorrer o mesmo caminho através do qual houve uma facilitação, isto é, uma menor resistência das barreiras. É essa maior ou menor facilitação que vai caracterizar a memória neurônica, existente apenas entre os neurônios ψ. O grau de facilitação depende da maior ou menor quantidade (Q) com a qual o neurônio tem de se defrontar.

A diferença entre os neurônios Φ e ψ, no que se refere à permeabilidade do primeiro em oposição à impermeabilidade do segundo, pode ser devida à posição que eles ocupam em face da fonte de excitação e não a uma diferença inata. Os neurônios Φ são alimentados diretamente de fonte externa, enquanto os neurônios ψ são estimulados por fonte endógena. Isso faz com que a carga de Q nos neurônios Φ seja muito maior do que a carga nos neurônios ψ. Esse volume maior de Q em Φ não permite a criação de barreiras de contato, pois estas seriam imediatamente destruídas pelo excesso de Q. Os neurônios ψ, por serem menos carregados, podem formar barreiras mais ou menos fortes, constituindo, dessa forma, uma memória (Freud, ESB, vol.I, p.405).

A função primordial dos dois sistemas neurônicos — Φ e ψ — é manter afastadas as grandes Qs externas através da descarga. Essa função de descarga está ligada à tendência básica do sistema nervoso, que é a de evitar a dor ou desprazer resultante de um acúmulo excessivo de Q no sistema formado pelos neurônios ψ. Isso faz com que Freud praticamente identifique, no *Projeto*, o princípio de prazer com o princípio de inércia. Se o desprazer é identificado com a tensão decorrente do acúmulo de Q, o prazer consiste na descarga dessa Q excessiva. O prazer é a própria sensação da descarga, sendo que qualquer manutenção de Q no sistema nervoso é apenas tolerada, o que significa dizer que implica sempre uma certa dose de desprazer. O prazer total resultaria da descarga total de Q. É essa concepção que fará Freud perguntar de si para si, vinte e cinco anos depois, se o princípio de prazer não estaria a serviço da pulsão de morte, já que a ausência completa de tensão só é possível com a morte. Veremos mais adiante como Freud substitui essa identificação do princípio de prazer com o princípio de inércia pela identificação com o princípio de constância.

A natureza primária dessa tendência para evitar a dor (e não para buscar o prazer) decorre do fato de que não há barreira de contato capaz de deter um estímulo doloroso, sendo que a própria lembrança desse estímulo é capaz, por si só, de provocar desprazer. A importância concedida ao trauma encontraria aqui seu suporte neuronal.

Tudo o que foi dito até agora se refere ao nível inconsciente do funcionamento dos sistemas neuronais, além do fato de ter sido tomado sempre um ponto de vista quantitativo. A consciência vai introduzir o fator "qualidade" e com ele o problema de sua origem. Se o mundo externo é pensado (pela ciência natural) apenas em termos de quantidade e se os neurônios Φ e ψ são entendidos também apenas em termos quantitativos, de onde se originam as diferenças qualitativas que a consciência percebe em relação à realidade?

Freud postula então um terceiro tipo de neurônios, responsáveis pela qualidade e não pela quantidade: os neurônios ω. Os neurônios ω formam um sistema de neurônios que são excitados junto com a percepção e que são responsáveis pelas "sensações conscientes". Esses neurônios têm de ser inteiramente permeáveis (tal como os neurônios Φ), já que, como veículos da consciência, implicam a mutabilidade do seu conteúdo, na transitoriedade que caracteriza os fatos de consciência, na fácil e rápida combinação de qualidades simultaneamente percebidas etc. Isso só é possível com um sistema de neurônios possuidores de completa permeabilidade, possibilitando o seu retorno ao estado anterior. Nesses neurônios não há lugar para a memória, eles se comportam como órgãos de percepção.

Nesse ponto, Freud se depara com um problema. Foi dito anteriormente que a permeabilidade ou impermeabilidade dos neurônios dependia não de sua constituição, mas da maior ou menor quantidade de excitação a que eles estavam expostos. Dessa maneira, os neurônios que estavam em contato direto com a fonte exógena, e portanto com uma quantidade maior de Q, não podiam formar barreiras de contato, daí sua permeabilidade ser completa. É o caso dos neurônios Φ. Os neurônios ψ, alimentados diretamente por fonte endógena e apenas indiretamente pela exógena, estavam expostos a menor quantidade Q, podendo, em decorrência disso, formar suas barreiras de contato. Ocorre, porém, que agora Freud nos fala de um tipo de neurônio que não é alimentado diretamente nem por fonte endógena nem exógena, mas que retira toda a sua energia dos neurônios ψ, e que, no entanto, são permeáveis, isto é, não formam barreiras de contato e não têm memória. Seria lógico admitir que, pelo fato de sua carga de Q ser muito mais fraca do que a dos neurônios Φ e ψ, eles constituíssem barreiras muito mais fortes e numerosas. No entanto, Freud afirma que eles são absolutamente permeáveis, pois funcionam como órgãos de percepção, o que implica total fluidez.

Essa questão será resolvida, no *Projeto*, através da introdução da temporalidade ou periodicidade nos neurônios ω. Assim, os neurônios ω não são capazes de receber Q; o que eles recebem é uma temporalidade ou um período de excitação que lhes possibilita uma carga mínima de Q necessária para a consciência. É numa carta a Fliess, datada de 1º de janeiro de 1896, que Freud esclarece melhor o tipo de articulação dos neurônios ω com os Φ e os ψ. Nessa carta ele faz uma correção do esquema anterior e afirma que existem três formas segundo as quais os neurônios se podem afetar mutuamente: 1º) transferindo quantidade (Q) entre si; 2º) transferindo qualidade entre si e 3º) exercendo uma forma de excitação recíproca (Freud, ESB, vol.I, p.507-10). É essa possibilidade de excitação recíproca, que não implica um acúmulo de carga energética, que vai possibilitar uma compreensão melhor da temporalidade dos neurônios ω. A resistência oferecida pelas barreiras de contato só se aplica a transferência de Q, mas não a essa excitação recíproca. "O período do movimento neurônico", escreve Freud, "se propaga a todas as partes sem nenhuma inibição, como se fosse um processo de indução" (ESB, vol.I, p.412). O que acontece com os neurônios ω é que eles, apesar de não receberem Q, assumem o período de excitação decorrente de sua articulação com os neurônios ψ. Quando há um aumento de Q em ψ, aumenta a catexia de ω, quando diminui a Q em ψ, a catexia em ω também diminui. Os neurônios ω não necessitam, portanto, de descarga; seu nível de investimento aumenta e diminui pela excitação recíproca que mantém com ψ. São os neurônios ω, por sua vez, que guiam a descarga da energia livre dos neurônios ψ.

É ao tratar dos neurônios ω que Freud aborda a questão do prazer-desprazer. Dentre as sensações que constituem o conteúdo da consciência, Freud destaca a série de sensações de prazer e desprazer. Aqui, em seu esboço inicial, o que viria a ser mais tarde chamado de princípio de prazer é praticamente identificado com o princípio de inércia.

> Já que temos um certo conhecimento de uma tendência da vida psíquica no sentido de *evitar o desprazer*, ficamos tentados a identificá-la com a tendência primária à inércia. Nesse caso, o *desprazer* teria que coincidir com um aumento de nível de Q ou com um aumento quantitativo da pressão. (...) O prazer corresponderia à sensação de descarga.

E, logo em seguida, ele completa:

> O prazer e o desprazer seriam as sensações correspondentes à própria catexia de ω, ao seu próprio nível; e aqui ω e ψ funcionariam, por assim dizer, como vasos comunicantes. (Freud, ESB, vol.I, p.415)

Os resíduos das experiências de satisfação e de dor vão constituir os *afetos* e os *estados de desejos*.

A EXPERIÊNCIA DE SATISFAÇÃO

A experiência de satisfação, a partir da qual poderemos entender os *afetos* e os *estados de desejo*, está ligada à concepção freudiana de um *estado de desamparo* original do ser humano. Ao contrário da maioria dos animais, o ser humano possui uma vida intrauterina de duração reduzida, o que lhe confere um despreparo para a vida logo ao nascer. Sua fragilidade em face das ameaças decorrentes do mundo externo o coloca numa total dependência da pessoa responsável pelos seus cuidados. Vimos que o aparelho psíquico, regulado pelo princípio de inércia, funciona no sentido de se ver livre dos estímulos e vimos também que isso só é possível através da descarga de Q que ele recebe. Ocorre, porém, que um recém-nascido não é capaz de executar a *ação específica* que põe fim à tensão decorrente do acúmulo de Q. Isso é particularmente notável no caso da excitação decorrente dos estímulos internos, como no caso da fome. A ação específica só pode ser realizada com o auxílio de outra pessoa (a mãe, por exemplo) que lhe fornece o alimento, suprimindo assim a tensão. É a eliminação da tensão interna causada por um estado de necessidade que dá lugar à *experiência de satisfação*. A partir desse momento, a experiência de satisfação fica associada à imagem do objeto que proporcionou a satisfação assim como à imagem do movimento que permitiu a descarga. Como decorrência dessa associação que é estabelecida quando se repete o estado de necessidade, surgirá imediatamente um impulso psíquico que procurará reinvestir a imagem mnemônica do objeto, reproduzindo a situação de satisfação original. "Um impulso desta espécie", escreve Freud (ESB, vols.IV-V, p.602), "é o que chamamos de desejo; o reaparecimento da percepção é a realização do desejo e o caminho mais curto a essa realização é uma via que conduz diretamente da excitação produzida pelo desejo a uma catexia completa da percepção." Ocorre, porém, que o que é reativado é o traço mnemônico da imagem do objeto sem que essa reativação seja acompanhada da presença real do objeto. O que se produz, portanto, é uma alucinação. Mas, como o recém-nascido não é capaz de distinguir o objeto real do objeto alucinado, desencadeia-se o ato reflexo cujo objetivo é a posse do objeto, sobrevindo assim a frustração. Veremos mais adiante como a formação do ego é o que vai possibilitar essa distinção e a consequente inibição da resposta motora.

O mesmo vai acontecer com a experiência da dor. Já vimos que uma das tendências mais fundamentais do aparelho psíquico é a de evitar o desprazer e que este é identificado com um aumento excessivo do nível de Q. Assim, se esse aumento ocorre, surge de imediato uma propensão à descarga juntamente com uma associação desta com a imagem do objeto que produz a dor. Tal como no caso da experiência de satisfação, se a imagem do objeto hostil é reinvestida, surge um estado de desprazer acompanhado de uma tendência à descarga.

Essas duas experiências — a de satisfação e a de dor — vão constituir, portanto, dois resíduos: os *estados de desejos* e os *afetos,* ambos caracterizados por um aumento da tensão no sistema de neurônios ψ, produzido, no caso de um afeto, pela liberação súbita de Q, e, no caso de um desejo, por somação (Freud, ESB, vol.I, p.426). Os desejos e os afetos vão, por sua vez, produzir dois mecanismos básicos para o funcionamento do aparelho psíquico, que são a *atração de desejo* primária e a *defesa primária* (que, no *Projeto*, Freud identifica com o recalcamento).

Gostaria de salientar ainda um aspecto da concepção freudiana dos desejos e dos afetos. Estes últimos aparecem no *Projeto* com um sentido praticamente idêntico ao de "soma de excitação". Convém assinalar, porém, que a noção de afeto não é uma noção quantitativa, mas qualitativa; um afeto inclui processos de descarga, mas inclui também manifestações finais que são percebidas como sentimentos. Esses sentimentos podem ser tanto de prazer como de desprazer, o que elimina também a noção um tanto vaga, presente no *Projeto*, de que os afetos se referem apenas a experiências desagradáveis.[2]

A EMERGÊNCIA DO "EGO"

Vimos, em relação ao item anterior, que a experiência de satisfação produz um traço mnêmico que é reativado quando surge novamente o estado de tensão. Esse traço mnêmico, que é a imagem do objeto que proporcionou a satisfação, é então reinvestido, produzindo-se algo análogo à percepção, isto é, uma alucinação, já que o objeto está ausente. O problema está no fato de o recém-nascido não ter condição de distinguir o objeto real do objeto alucinado, ocorrendo então uma frustração, já que ele reage ao objeto alucinado como se este fosse

---

2 A esse respeito, ver o Apêndice de J. Strachey ao artigo *As neuropsicoses de defesa.* (ESB, vol.III)

real. É para impedir o desprazer decorrente dessa confusão que uma formação do sistema ψ se diferencia e passa a desempenhar a *função de inibição* do desejo quando se trata de um objeto alucinado. Essa formação é chamada por Freud de *ego*. O ego é, portanto, uma formação do sistema ψ e não do sistema ω. Seu objetivo fundamental é dificultar as passagens de Q que originalmente foram acompanhadas de satisfação ou de dor.

É preciso, porém, não confundirmos o ego do *Projeto* com o ego da segunda tópica. O ego do *Projeto* nada tem que ver com o ego sujeito. Ele é muito mais um objeto, uma formação particular interior ao sistema ψ, não possuindo acesso à realidade, não sendo sujeito da percepção, da consciência ou do desejo. O acesso à realidade é realizado pelo sistema perceptivo formado pelos neurônios ω e não pelos neurônios ψ. "Imaginemos o ego como uma rede de neurônios (ψ) catexizados e bem facilitados entre si", escreve Freud (ESB, vol.I, p.428), ele pode ser definido "como a totalidade das catexias ψ existentes em determinado momento, nas quais cumpre diferenciar uma porção permanente e outra variável". Portanto, não se trata do ego entendido como sujeito, como indivíduo ou como a totalidade do aparelho psíquico, mas como uma parte do sistema ψ que possui uma função essencialmente inibidora. Sua função é impedir que o investimento da imagem mnêmica do primeiro objeto satisfatório se faça, isto é, evitar a alucinação e a consequente decepção.

No entanto, esse ego objeto é tanto ativo quanto passivo; ele é aquilo que deve ser protegido e, ao mesmo tempo, agente dessa proteção. Segundo Freud, ele pode sofrer danos decorrentes de duas condições: a primeira, quando em estado de desejo, recatexiza a lembrança de um objeto, colocando em ação o processo de descarga. Neste caso, não pode haver satisfação porque o objeto não é real, está presente apenas enquanto ideia imaginária; o segundo tipo de dano que o ego pode sofrer é quando, ao recatexizar uma imagem mnêmica hostil, não conseguir realizar uma inibição adequada, resultando daí uma liberação excessiva de desprazer (Freud, ESB, vol.I, p.430-1).

Em ambos os casos, os danos são decorrentes da falta de um indicador de realidade, pois, como já vimos, o sistema ψ é incapaz de distinguir o real do imaginário. Essa função de *indicação da realidade* é fornecida pelos neurônios ω. É essa função de inibição exercida pelo ego que vai levar Freud a fazer uma das contribuições mais importantes do *Projeto*: a distinção entre *processo primário* e *processo secundário*.

PROCESSO PRIMÁRIO E PROCESSO SECUNDÁRIO

A distinção entre os dois modos de funcionamento do aparelho psíquico — o processo primário e o processo secundário — constitui uma das concepções mais estáveis no interior da teoria psicanalítica. Ela corresponde aos dois modos de circulação da energia psíquica: a energia livre e a energia ligada, assim como corresponde também à oposição entre o princípio de prazer e o princípio de realidade. O ego tem, pois, uma dupla função: a de inibição e a de defesa. Escreve Freud:

> A catexia de desejo levada ao ponto da alucinação e a completa produção do desprazer, que implica o total consumo da defesa, foram por nós consideradas como *processos psíquicos primários*. Em compensação, aqueles processos que só se tornam possíveis mediante uma boa catexia do ego e que representam versões atenuadas dos mencionados processos psíquicos primários foram considerados como *processos psíquicos secundários*. (Freud, ESB, vol.I, p.432-3)

A oposição entre os dois processos tem, no *Projeto,* um sentido tanto econômico como genético-temporal. Veremos mais adiante como Freud lhe confere um sentido tópico ao relacionar o processo primário com o sistema inconsciente e o processo secundário com o sistema pré-consciente-consciente.

Do ponto de vista econômico, o processo primário corresponde a uma forma de energia livre, enquanto o secundário corresponde a uma forma de energia ligada. A energia psíquica é dita livre quando tende para a descarga da forma mais direta possível, e é dita ligada quando sua descarga é retardada ou controlada. No entanto, essa correspondência não nos deve levar à identificação dos *processos* primário e secundário com as *funções* primária e secundária.

Já vimos como, nas primeiras páginas do *Projeto,* Freud distingue duas funções básicas do sistema nervoso: a primeira funcionando segundo o modelo do arco reflexo e visando à descarga total de Q, e a segunda caracterizada pela fuga do estímulo; função primária e função secundária, respectivamente. Essas duas funções dizem respeito, porém, ao funcionamento do sistema nervoso em geral ou mesmo a todo o organismo, enquanto a distinção entre processos primário e secundário se refere a representações e corresponde especificamente ao sistema de neurônios ψ.

Do ponto de vista genético, o processo secundário resulta de uma transformação do processo primário. Escreve Freud:

> Não pode haver dúvida de que o aparelho psíquico só atingiu sua perfeição atual após longo período de desenvolvimento. (...) A fim de chegar a um dispêndio mais eficaz da força psíquica, é necessário dar um alto à regressão antes que ela se torne completa, de maneira que não avance além da imagem mnemônica e seja capaz de buscar outros caminhos que finalmente a conduzam à desejada identidade perceptiva que está sendo estabelecida a partir do mundo externo. (Freud, ESB, vols.IV-V, p.602-3)

Os dois processos correspondem, pois, a duas etapas na diferenciação do aparelho psíquico que originariamente eram indiferenciadas.

É nos sonhos e nos sintomas que os processos primários se apresentam de forma privilegiada para Freud, enquanto o pensamento da vigília, a atenção, o raciocínio e a linguagem são exemplos de processos secundários. Como ainda vou voltar a abordar a questão dos processos primários e secundários de forma mais extensa, prefiro manter-me no momento dentro dos limites do *Projeto*. E é no interior desses limites que Freud faz os primeiros delineamentos de sua teoria dos sonhos.

OS SONHOS

O sonho é o exemplo privilegiado de processo primário para Freud, pois é acompanhado de uma diminuição das necessidades orgânicas e por um desligamento dos estímulos externos que tornam supérflua a função secundária do ego. A precondição essencial do sono, e portanto do sonho, é a queda da carga endógena em ψ. O bebê dorme quando não está atormentado por nenhuma necessidade (fome, sede) ou por algum estímulo externo (frio, por exemplo). Assim como ele adormece depois da mamada, o adulto também adormece depois da refeição e da cópula (Freud, ESB, vol.I, p.444). "No sono o indivíduo se encontra no estado ideal de inércia, livre do acúmulo de Q" (ibid.). É a reserva de Q acumulada no ego que, ao ser descarregada, possibilita o sono. A condição prévia dos processos psíquicos primários é, pois, a descarga do ego. Durante o estado de sono, a catexização de ψ a partir de Φ é extremamente reduzida, já que boa parte do contato com os estímulos externos não se faz. No entanto, durante o sono há a ocorrência de um processo em ψ ao qual Freud dedica especial atenção: é o *sonho*.

O esboço de uma teoria do sonho que Freud elabora ao final da primeira parte do *Projeto* é, juntamente com a distinção feita entre processos primários e secundários, uma das contribuições mais importantes e mais duradouras desse manuscrito. Encontramos enunciadas aqui algumas das características dos sonhos que veremos desenvolvidas posteriormente em *A interpretação de sonhos*.

Freud apresenta no *Projeto* seis características que distinguem o processo onírico: 1) *Os sonhos são realizações de desejos*. Esta foi, sem dúvida, uma das descobertas mais importantes de Freud e que lhe foi sugerida pelo sonho da "injeção de Irma", sonhado por ele próprio. Os sonhos são processos primários que reproduzem o modelo da experiência de satisfação. 2) *As ideias oníricas são de caráter alucinatório*. "Fecha-se os olhos e alucina-se; torna-se a abri-los e pensa-se com palavras" (ESB, vol.I, p.447). A explicação que Freud dá para o caráter alucinatório dos sonhos esboça seu futuro conceito de *regressão*. Durante a vigília, a corrente de Φ que conduz à motilidade impede a catexia retroativa dos neurônios Φ a partir de ψ, o que não acontece durante o sono, quando essa corrente cessa, fazendo com que Φ seja retroativamente catexizado. 3) Nos sonhos, as conexões são absurdas, contraditórias ou estranhamente loucas. Segundo Freud, isso pode ser devido a dois fatores: o primeiro é o que ele chama de "compulsão associativa", isto é, o fato de que duas catexias coexistentes devem necessariamente pôr-se em mútua conexão. O segundo fator mencionado por ele para explicar o caráter absurdo dos sonhos é o do esquecimento que atinge parte das experiências psíquicas do sonhador (por insuficiente catexia do ego). Assim, o que é recordado é necessariamente fragmentário e, portanto, desconexo. 4) Os sonhos carecem de descarga motora. "Nos sonhos ficamos paralisados" (ESB, vol.I, p.446). 4) Como a lembrança dos sonhos é fraca, pouco dano causam em comparação com outros processos primários. Os sonhos seguem velhas facilitações e, além disso, por causa da paralisia da motilidade, não deixam rastro de descarga. Daí seu caráter não lesivo. 6) Nos sonhos a consciência fornece qualidade tal como na vida desperta. Em função disso, Freud escreve: "Eis aqui dois conselhos preciosos para o futuro!" (ESB, vol.I, p.449). O de que a consciência não se restringe ao ego e o de que os processos primários não se identificam com os processos inconscientes.

Certas ideias do *Projeto*, e dentre elas algumas referentes à natureza do processo onírico, serão retomadas no famoso capítulo VII de *A interpretação de sonhos*. Isso fala a favor da tese continuísta a que me referi no início deste capítulo. No entanto, apesar da semelhança temática, veremos como a problemática freudiana sofre um giro que propriamente instaura o discurso psicanalítico. O *Projeto* é, como diz O. Mannoni, um último esforço de resistência, é ainda uma tentativa de colocar a teoria psicológica numa linguagem neurológica, ainda que essa neurologia seja uma neurologia fantástica. O lugar ocupado por essa neurologia será ocupado posteriormente pela metapsicologia (Mannoni, 1976, p.40). É o próprio capítulo VII da *Traumdeutung*, herdeiro do *Projeto*, que vai romper essa resistência, e o giro teórico já se anuncia no próprio título do livro: *A interpretação de sonhos*. O sonho tem um *sentido, e esse sentido é correlativo do trabalho de interpretação. A explicação "neurológica" cede lugar a uma decifração do sentido. É nesse momento que se articulam o desejo e a linguagem. E é por essa pertença à linguagem que o sonho vai tornar-se o modelo para a compreensão dos sintomas, dos mitos, das religiões, da obra de arte como formas dissimuladas do desejo. Essa é a razão pela qual Freud afirma que o sonho é o pórtico real da psicanálise.*

CAPÍTULO III

O DISCURSO DO DESEJO:

A interpretação de sonhos

A respeito da *Traumdeutung*, Freud escreve o seguinte: "Contém ela (...) a mais valiosa de todas as descobertas que tive a felicidade de fazer. Compreensão dessa espécie só ocorre uma vez na vida" (ESB, vols.IV-V, Prefácio à 3ª ed. inglesa). Essa declaração, feita mais de 30 anos depois da publicação da primeira edição, soa como um desabafo tardio por parte de quem viu serem vendidos apenas 351 exemplares de seu livro nos seis primeiros anos após sua publicação.

De fato, *A interpretação de sonhos* foi muito mal recebida pelos psiquiatras, pela crítica e pela *intelligentsia* da época. "A atitude adotada por críticos nos periódicos científicos", escreve Freud, "poderia apenas fazer com que se supusesse que minha obra estava condenada a ficar submersa em completo silêncio" (Prefácio à 2ª ed.). No entanto, após esse fracasso inicial de vendagem, a obra foi conhecendo sucessivas edições a partir de 1909 e em pouco tempo a avaliação feita por Freud, transcrita acima, era compartilhada pela quase totalidade dos estudiosos da psicanálise.

A interpretação de sonhos é, sem dúvida alguma, um dos livros mais importantes deste século e Freud de certa maneira vislumbrou esse fato ao exigir que a primeira edição viesse datada com o novo século, apesar de estar pronta desde novembro de 1899. A ideia de escrevê-lo data de três anos antes de sua publicação, à época em que Freud empreendia sua autoanálise e que, abandonando os problemas neurológicos e metapsicológicos do *Projeto*, retomava a ênfase sobre os problemas clínicos.

Entre a elaboração do *Projeto* e *A interpretação de sonhos* acontece, porém, um fato da maior importância para o desenvolvimento futuro da psicanálise: a descoberta do complexo de Édipo. Numa carta a Fliess, datada de 31 de maio de 1897, Freud escreve que os impulsos hostis dirigidos contra os pais são um elemento integrante das neuroses e que, no filho, esse desejo de morte está voltado contra o pai, enquanto na filha está voltado contra a mãe. Esta é a primeira indicação feita por Freud daquilo que mais tarde passará a ser conhecido como o "complexo de Édipo". A referência à lenda de Édipo só aparecerá numa carta escrita cinco meses depois (Freud, ESB, vol.I, p.356-9), na qual ele confessa a Fliess a importância essencial que a autoanálise que estava empreendendo tinha adquirido.

> Ser completamente honesto consigo mesmo é uma boa norma. Um único pensamento de valor genérico revelou-se a mim. Verifiquei, também no meu caso, o apaixonamento pela mãe e ciúmes do pai, e agora considero isso como um evento universal do início da infância. (...) Sendo assim, podemos entender a força de *Œdipus Rex*, apesar de todas as objeções levantadas pela razão contra sua pressuposição do destino; e podemos entender por que os ulteriores "dramas do destino" não tinham senão como fracassar lamentavelmente. (...) Mas a lenda grega apreende uma compulsão que toda pessoa reconhece porque sente sua presença dentro de si mesma. Cada pessoa da plateia foi um dia, em ponto menor ou em fantasia, exatamente um Édipo e cada pessoa retrocede horrorizada diante da realização de um sonho, aqui transposta para a realidade, com toda a carga de repressão que separa seu estado infantil do seu estado atual. (ibid.)

Freud não fala ainda em "Complexo de Édipo": este termo só aparecerá em 1910 (Freud, ESB, vol.XI, p.154); o que ele faz nessas cartas a Fliess é uma referência à lenda de Édipo como um modelo da relação das crianças com os pais, sendo que, nessa época, ele não fazia ainda distinção entre a forma positiva e a forma negativa da situação edipiana. Como a questão do Édipo será examinada de forma mais extensa e aprofundada alguns capítulos adiante, deixo assinalada, de momento, sua importância no que se refere à sexualidade infantil e à superação da teoria do trauma, sobretudo a importância das fantasias infantis e sua articulação com o desejo. Voltemos, pois, à *Traumdeutung*.

"A interpretação dos sonhos", escreve Freud (ESB, vols.IV-V, p.647), "é a via real que leva ao conhecimento das atividades inconscientes da mente", e não apenas isso, mas também é o melhor caminho para o estudo da neurose. A razão disso está em que o sonho dos neuróticos não difere do sonho das pessoas normais, e Freud chega a dizer que a diferença entre a neurose e a saúde vigora apenas durante o dia, não se estende à vida onírica (ESB, vols.XV-XVI, p.532). Uma pessoa sadia é virtualmente um neurótico, só que os únicos sintomas que ela consegue produzir são os seus sonhos. Assim, os sonhos não são apenas a via privilegiada de acesso ao inconsciente, eles são também o ponto de articulação entre o normal e o patológico.

Vamos tomar como ponto de partida para esta exposição da *Traumdeutung* duas afirmações de Freud: a primeira é que os sonhos não são absurdos mas possuem um sentido; e a segunda é que os sonhos são realizações de desejos. Enquanto fenômenos psíquicos, os sonhos são produções e comunicações da pessoa que sonha, e é através do relato feito pelo sonhador que tomamos conhecimento dos seus sonhos. O que é interpretado psicanaliticamente não é o sonho, mas o seu relato. Por outro lado, o relato do sonho nos parece ininteligível assim como ao próprio sonhador. O pressuposto de Freud é que a pessoa que sonha sabe o significado do seu sonho, apenas não sabe que sabe, e isso ocorre porque a censura a impede de saber. A função da interpretação é exatamente a de produzir a inteligibilidade desse sentido oculto.

Portanto, o que temos aqui não são mais neurônios catexizados, mas *sentidos* a serem interpretados. Esse é o ponto em que a psicanálise se articula com a linguagem e rompe definitivamente com o referencial neurológico do *Projeto*. Mesmo quando no capítulo VII a temática do *Projeto* é retomada, o tipo de tratamento que ela recebe é outro, totalmente diferente daquele que caracterizou os manuscritos de 1895. Examinemos, pois, a primeira das afirmações: a de que os sonhos possuem um sentido.

SENTIDO E INTERPRETAÇÃO

"Devo afirmar", escreve Freud, "que os sonhos têm realmente um sentido e que um método científico de interpretá-los é possível" (ESB, vols.IV-V, p.107). Ocorre, porém, que o sentido do sonho não é imediatamente acessível nem ao sonhador, nem ao intérprete. A razão disso reside no fato de o sonho ser sempre uma forma disfarçada de realização de desejos e que nessa medida incide sobre ele uma censura cujo efeito é a deformação onírica. O sonho que recordamos após o despertar e que relatamos ao intérprete foi submetido a uma deformação cujo objetivo é proteger o sujeito do caráter ameaçador dos seus desejos. O sonho recordado é, pois, um substituto deformado de outra coisa, de um conteúdo inconsciente, ao qual se pretende chegar através da interpretação.

O sonho se inscreve portanto em dois registros: o que corresponde ao sonho lembrado e contado pela pessoa, e um outro oculto, inconsciente, que pretendemos atingir pela interpretação. Ao material do primeiro, Freud chama *conteúdo manifesto do sonho*, e ao do segundo dá o nome de *pensamentos oníricos latentes*. Encontrar o sentido de um sonho é percorrer o caminho que nos leva do conteúdo manifesto aos pensamentos latentes, e o procedimento que nos permite isso é a interpretação.

Convém recordarmos, porém, que o que se interpreta não é o sonho sonhado, mas o relato do sonho. Isso, pelo menos, é o que ocorre numa situação analítica em que o intérprete não é o próprio sonhador, mas o seu analista. O trabalho de interpretação é realizado ao nível da linguagem e não ao nível das imagens oníricas recordadas pelo paciente. O que se oferece à interpretação são enunciados, e estes devem ser substituídos pelo analista por outros enunciados, mais primitivos e ocultos, que seriam a expressão do desejo do paciente.

Para Freud, a questão do sentido do sonho prende-se aos vários elementos oníricos que funcionam como *significante* e que, uma vez estruturados, fornecerão o sentido do sonho. Essa é a razão pela qual Freud distingue dois métodos de interpretação anteriores àquele que ele vai apresentar em *A interpretação de sonhos*: o *método da interpretação simbólica* e o *método da decifração*. Ambos esses métodos são anteriores ao seu, e enquanto o primeiro considera o sonho como uma totalidade, procurando substituí-lo por outro que lhe seja análogo e inteligível, o método da decifração considera o sonho em seus elementos constituintes, cada um dos quais funcionando como um sinal criptográfico que deve ser substituído por outro, segundo uma chave fixa. Ambos os procedimentos padecem de defeitos graves. O método simbólico é restrito, impreciso e difícil de ser colocado em termos gerais.

> O bom êxito deve constituir uma questão de alcançar-se uma ideia arguta, de intuição direta, e, por esse motivo, foi possível à interpretação do sonho, por meio do simbolismo, ser exaltada numa atividade artística dependente da posse de dons peculiares. (op.cit., p.104)

O segundo método tem por defeito principal a questão da confiabilidade da "chave" de interpretação (algo análogo a um dicionário de

sonhos), além de ignorar os mecanismos de deslocamento e condensação que veremos mais à frente. É, porém, desse segundo método
que a psicanálise vai se aproximar mais.

A interpretação de sonhos proposta por Freud também considera
os sonhos em seus elementos. Escreve Freud:

> Nosso primeiro passo no emprego desse método nos ensina que o que
> devemos tomar como objeto de nossa atenção não é o sonho como um
> todo, mas parcelas isoladas de seu conteúdo. (...) Assim, o método de
> interpretação dos sonhos que já pratico difere, sob esse primeiro aspecto
> importante, do método popular, histórico e lendário de interpretação por
> meio de simbolismo e aproxima-se do segundo método ou de "decifra-
> ção". Como o segundo, ele emprega a interpretação *en détail* e não *en
> masse*; como o segundo, considera os sonhos, desde o início, como
> sendo de caráter múltiplo, como sendo conglomerados de formações
> psíquicas. (op.cit., p.111)

Dizer que cada elemento do sonho funciona como um significante
de algo oculto e inconsciente significa dizer que o sentido do sonho
não está presente, desde o início, no conteúdo manifesto, mas que
surgirá a partir de um trabalho de estruturação cujos operadores Freud
não tardará em explicitar. O conteúdo manifesto é uma transcrição
dos pensamentos oníricos latentes cuja sintaxe é dada pelo Inconsciente. O importante é compreendermos, desde já, que esse Inconsciente
não é uma *coisa* no interior da qual os pensamentos latentes são
transformados e distorcidos; tampouco ele é algo comparável às
"profundezas" do psiquismo de cujas entranhas emergirá um material
misterioso e inacessível ao pensamento consciente. Como diz O.
Mannoni, o Inconsciente comumente aparece como aquilo de que se
fala, quando, na realidade, ele fala à sua maneira, com sua sintaxe
particular. Daí a frase famosa de Lacan segundo a qual o inconsciente
"é estruturado como uma linguagem" (Mannoni, 1976, p.53).

Os significantes são, pois, tributários de uma sintaxe que não
lhes pertence ou pelo menos que não pertence ao sistema Pré-cons-
ciente/Consciente. São as distorções a que os pensamentos oníricos
latentes são submetidos que vão nos servir de meio para chegarmos
à sintaxe do Inconsciente. Nosso próximo passo será, portanto, a
análise do mecanismo de transformação dos pensamentos latentes em
conteúdo manifesto.

ELABORAÇÃO ONÍRICA E INTERPRETAÇÃO

Sabemos o quanto, para Freud, a linguagem, longe de ser o lugar transparente da verdade, é o lugar do ocultamento. O sentido que se apreende oculta um outro sentido mais importante, e essa importância será tanto maior quanto maior for a articulação entre a linguagem e o desejo. Enquanto o discurso chamado racionalista procurava afastar o desejo para que a verdade pudesse aparecer na sua pureza essencial, a psicanálise vai procurar exatamente a verdade do desejo. Sua função é fazer aparecer o desejo que o discurso oculta, e esse desejo é o da nossa infância, com toda a carga de interdições a que é submetido. O único modo de esse desejo aparecer, de transpor a barreira imposta continuamente pela censura, é de uma forma distorcida, cujo exemplo privilegiado é o sonho manifesto. O sonho manifesto, assim como os sintomas, são o efeito de uma distorção cuja causa é a censura. É a esse trabalho de distorção que Freud dá o nome de "elaboração onírica" ou "trabalho do sonho".

Freud compara a censura dos sonhos à censura da imprensa (ESB, vols.XV-XVI, p.168-9). Esta última opera de duas maneiras: sobre o texto já pronto ou, previamente, sobre sua elaboração. No primeiro caso, impõe ao jornal cortes sobre certas notícias que, por essa razão, serão retiradas, ficando apenas o espaço em branco no papel. Se o jornal for da oposição, o número de espaços em branco pode ser de tal ordem que sua leitura se torna ininteligível, ou então ficará para ser lido exatamente aquilo que não interessa ou cujo interesse é bastante reduzido. A outra forma de censura é a que opera antes de o jornal estar pronto. Nesse caso, os redatores sabem, de antemão, quais as notícias que são objeto de censura, podendo assim modificá-las, substituí-las por alusões vagas ou escrevê-las de forma deliberadamente obscura. Nesse caso, ao invés dos espaços em branco, serão as obscuridades do texto os indicadores de que houve uma censura prévia.

A censura dos sonhos funciona de maneira análoga. As partes omitidas do sonho ou aquelas que aparecem de forma estranhamente confusa são os indícios de sua ação. O trabalho que transforma os pensamentos latentes em conteúdo manifesto, impondo-lhes uma distorção que os torna inacessíveis ao sonhador, é o que Freud chama de *elaboração onírica*; e o trabalho inverso, que procura chegar ao conteúdo latente partindo do manifesto que visa decifrar a elaboração onírica, é o trabalho de *interpretação*. A interpretação é, pois, o oposto simétrico da elaboração onírica. Enquanto esta tem por objetivo impor uma cifra aos pensamentos oníricos, a interpretação tem por objetivo o seu deciframento.

Esse caminho inverso ao da elaboração onírica que a interpretação tem de percorrer coloca uma questão de extrema importância, mas que não possuímos ainda meios para explicitar adequadamente: trata-se do fenômeno da *regressão*. Para sua perfeita compreensão, faz-se necessária a concepção tópica do aparelho psíquico que Freud vai apresentar no famoso capítulo VII. Por enquanto, vamos nos contentar com o trajeto progressivo da elaboração onírica para depois então realizarmos o regressivo. Freud aponta quatro mecanismos fundamentais do trabalho do sonho: condensação, deslocamento, figuração e elaboração secundária (esta, correspondendo mais propriamente a um segundo momento da elaboração onírica).

A *condensação* (*Verdichtung*) diz respeito ao fato de o conteúdo manifesto do sonho ser menor do que o conteúdo latente, isto é, de o conteúdo manifesto ser uma "tradução abreviada" do latente. O inverso não se dá nunca; jamais o conteúdo manifesto pode ser maior do que o latente. A condensação pode operar de três maneiras: primeiro, omitindo determinados elementos do conteúdo latente; segundo, permitindo que apenas um fragmento de alguns complexos do sonho latente apareça no sonho manifesto; terceiro, combinando vários elementos do conteúdo latente que possuem algo em comum num único elemento do conteúdo manifesto.

O mecanismo da condensação não ocorre apenas nos sonhos, ele também está presente no dito espirituoso, nos lapsos, nos esquecimentos de palavras etc. Um exemplo de condensação no sonho pode ser dado pelo fato de uma pessoa do sonho manifesto poder estar representando várias pessoas do conteúdo latente. Assim, essa pessoa do sonho manifesto pode ser parecida com a pessoa A do conteúdo latente, mas estar vestida como a pessoa B, ter gestos parecidos com os da pessoa C e ter a mesma profissão da pessoa D. Características pertencentes a quatro pessoas distintas podem estar reunidas numa única pessoa do sonho manifesto.

O segundo mecanismo da elaboração onírica é o *deslocamento* (*Verschiebung*). Tal como a condensação, o deslocamento é obra da censura dos sonhos, e opera basicamente de duas maneiras: a primeira, pela substituição de um elemento latente por um outro mais remoto que funcione em relação ao primeiro como uma simples alusão; a segunda maneira é quando o acento é mudado de um elemento

importante para outros sem importância, é uma forma de descentramento da importância. Freud conta a seguinte anedota para exemplificar
o sentimento de estranheza causado pelo mecanismo de deslocamento:

> Numa aldeia havia um ferreiro que cometera um crime capital. O júri decidiu
> que o crime devia ser punido; porém, como o ferreiro era o único na aldeia
> e era indispensável, e como, por outro lado, lá havia três alfaiates, um
> *destes* foi enforcado em seu lugar. (Freud, ESB, vols.XV-XVI, p.209)

No capítulo VIII, voltarei a falar da condensação e do deslocamento
e de como esses mecanismos foram reconhecidos por Lacan como
correlatos das duas figuras fundamentais da linguística: a metonímia
e a metáfora.

O terceiro mecanismo da elaboração onírica é a *figuração* ou
consideração à figurabilidade (Rücksicht auf Darstellbarkeit). Consiste ela na seleção e transformação dos pensamentos do sonho em
imagens. Freud chama atenção para o fato de que essa transformação
não afeta a totalidade dos pensamentos oníricos; alguns deles conservam sua forma original e aparecem no sonho manifesto também como
pensamentos. Esse mecanismo é, por si só, um dos responsáveis pela
distorção resultante da elaboração onírica. Para se ter uma ideia desse
efeito de distorção, basta tomarmos o exemplo de Freud e que consiste
em nos entregarmos à tarefa de substituir um editorial político de um
jornal por uma série de ilustrações. O editorial foi feito com palavras
e frases, agora temos de transcrevê-lo apenas com imagens. No que
se refere a certas passagens do editorial, essa substituição poderia até
ser vantajosa, mas para outras, sobretudo aquelas que fizessem uso
de palavras abstratas ou de partes do discurso que implicassem
relações, a representação figural seria extremamente difícil e inevitavelmente o significado do texto original apareceria distorcido mesmo
que essa intenção não estivesse presente.

Finalmente, temos a *elaboração secundária (sekundäre Bearbei-
tung)*, que consiste numa modificação do sonho a fim de que ele
apareça sob a forma de uma história coerente e compreensível. A
finalidade da elaboração secundária é fazer com que o sonho perca
sua aparência de absurdidade, aproximando-o do pensamento diurno.
Em seu artigo "Psicanálise", escrito para o *Handwörterbuch* de M.
Marcuse, Freud declara que, "estritamente falando, este último processo (a elaboração secundária) não faz parte da elaboração onírica"
(Freud, ESB, vol.XVIII, p.293), pois ela incide sobre um material já

elaborado pelos outros mecanismos. No entanto, em *A interpretação de sonhos* (ESB, vols.IV-V, p.525-7), ele confere à elaboração secundária um papel ativo na própria formação do sonho ao apossar-se de um material já pronto — o das fantasias diurnas — e introduzi-lo no conteúdo do sonho.

Os mecanismos de elaboração do sonho, particularmente a condensação e o deslocamento, nos remetem a uma questão cuja importância foi ressaltada pelo próprio Freud e que hoje em dia transformou-se em objeto privilegiado de estudo: a questão da *sobredeterminação* e, como decorrência, a questão da *superinterpretação*.

SOBREDETERMINAÇÃO
E SUPERINTERPRETAÇÃO

O sentido de um sonho nunca se esgota numa única interpretação, e isso porque todo sonho é sobredeterminado, isto é, um mesmo elemento do sonho manifesto pode nos remeter a séries de pensamentos latentes inteiramente diferentes.

A sobredeterminação não é uma característica apenas dos sonhos mas de qualquer formação do inconsciente. Estas nos remetem sempre a uma pluralidade de fatores determinantes, tornando impossível esgotarmos o sentido de um sonho ou de um sintoma numa única explicação. A sobredeterminação atinge tanto o sonho considerado como um todo, como seus elementos considerados isoladamente, e isso acontece porque o sonho é construído a partir de uma massa de pensamentos oníricos na qual aqueles elementos que possuem articulações mais fortes e numerosas passam a formar o conteúdo onírico.

Ocorre, porém, que os pensamentos que formam o conteúdo latente do sonho em nada diferem dos pensamentos da vigília; o fato de serem censurados e inaceitáveis pode ser, inclusive, tomado como um indício de que são construídos da mesma forma e com a mesma correção dos pensamentos da vigília. E é precisamente por não diferirem destes últimos que eles têm de ser submetidos a uma deformação por exigência da censura. Esse é o papel da elaboração onírica. É, portanto, a elaboração onírica que constitui propriamente o sonho, e não o conteúdo manifesto ou os pensamentos latentes. É sobretudo através da condensação e do deslocamento que os pensamentos oníricos portadores de um valor psíquico muito elevado são transformados no conteúdo manifesto. A sobredeterminação diz res-

peito à relação do conteúdo manifesto com os pensamentos latentes
e não aos pensamentos latentes entre si. Os elementos do conteúdo
latente que estão associados, por exemplo, a um determinado conteúdo manifesto não precisam estar associados entre si a nível de
conteúdo latente, eles podem pertencer às mais diversas regiões da
contextura dos pensamentos oníricos.

O problema da sobredeterminação já existia para Freud desde a
época dos *Estudos sobre a histeria*. Nessa época, ele já afirmava que
a gênese das neuroses é sobredeterminada, isto é, que vários fatores
devem convergir para a sua formação. Essa multiplicidade de fatores
pertencia a duas ordens distintas: uma que se referia às predisposições
constitucionais, e outra que dizia respeito à pluralidade dos acontecimentos traumáticos. Freud foi concedendo cada vez mais importância
teórica a esse segundo grupo de fatores. Já ao final dos *Estudos*, ele
escreve:

> A cadeia lógica (que liga o sintoma ao núcleo patogênico) corresponde não
> somente a uma linha em ziguezague, retorcida, mas antes a um sistema em
> ramificação de linhas e mais particularmente a uma linha convergente.
> Contém pontos nodais nos quais dois ou mais fios se reúnem e daí continuam
> como um só; e em geral vários fios que se estendem independentemente,
> ou são ligados em vários pontos por caminhos laterais, desembocam no
> núcleo. Expressando-o em outras palavras, é notável como muitas vezes
> um sintoma é determinado de várias maneiras, é *sobredeterminado*. (ESB,
> vol.II, p.346-7)

Volto a lembrar que, apesar de Freud ter desenvolvido o problema
da sobredeterminação mais a nível dos processos oníricos, ela se aplica
a toda a formação do inconsciente e não apenas aos sonhos e aos
sintomas.

A questão da sobredeterminação nos remete diretamente à questão da *superinterpretação*. Esta diz respeito a uma segunda interpretação
que se sobrepõe à primeira e que nos fornece um outro significado do
sonho distinto daquele que foi obtido pela interpretação original. A
superinterpretação não ocorre em virtude de ter a primeira interpretação sido malfeita ou por ter revelado de forma incompleta o sentido
do sonho. Mesmo que a primeira interpretação tenha sido correta, ela
se reveste de uma incompletude que lhe é essencial, e isso não porque
ela tenha sido incompleta, mas pela natureza sobredeterminada do
sonho. A rigor, não há interpretação completa (e isso não apenas pela
sobredeterminação do sonho, como veremos mais à frente). Escreve
Freud:

> É somente com a maior dificuldade que o principiante na matéria de interpretar sonhos pode ser persuadido de que sua tarefa não chegou ao fim quando tem em mãos uma interpretação completa, uma interpretação que faz sentido, que é coerente e lança luz sobre todos os elementos do conteúdo do sonho. Porque o mesmo sonho pode talvez possuir uma outra interpretação também, uma "superinterpretação" que lhe escapou. (Freud, ESB, vols.IV-V, p.558)

O emprego que Freud faz da noção de superinterpretação não é, porém, muito preciso. Assim é que ela tanto pode aplicar-se aos sonhos pelo seu caráter sobredeterminado, como pode ser decorrente do fato de o analisando apresentar novas associações ao material oferecido originalmente ao analista. No primeiro caso, a superinterpretação é imposta pela elaboração onírica; no segundo, ela é imposta pela multiplicação do material associativo. Se empregarmos a noção de superinterpretação num sentido ampliado, abarcando tanto a sobreposição das significações quanto o aumento do material por decorrência de novas associações, podemos dizer que o trabalho de interpretação pode prosseguir indefinidamente. Esse caráter de inacabamento essencial da interpretação não decorre de uma deficiência do método, mas é constitutivo dele. Significa, sobretudo, que não há começo nem fim absolutos, que não há uma verdade essencial e imutável a ser descoberta, e, mais do que tudo, que não há sentido sem interpretação, assim como não há interpretação sem sentido. Sentido e interpretação não são duas realidades exteriores entre si e que se encontram na situação analítica, eles não possuem nenhuma existência prévia quando considerados isoladamente. Não há sentido original, todo sentido já é uma interpretação, assim como toda interpretação é uma forma de constituição de sentido.

Em duas passagens exemplares de *A interpretação de sonhos*, Freud faz referência ao fato de que "existe pelo menos um ponto em todo sonho no qual ele é insondável — um umbigo, por assim dizer, que é seu ponto de contato com o desconhecido" (op.cit., p.119, nota 2). Esse ponto do sonho deve ser deixado na obscuridade, ele é constituído por um emaranhado de pensamentos oníricos que não deve nem pode ser desemaranhado e que não pode acrescentar nada ao nosso conhecimento do conteúdo do sonho (op.cit., p.560). A aproximação a esse "umbigo do sonho" é a aproximação ao ponto de ruptura da própria interpretação.

Há ainda um outro aspecto da sobredeterminação e da superinterpretação que deixei deliberadamente para o fim: é aquele decorrente do simbolismo inerente ao sonho. Deixarei esse aspecto para ser examinado num item à parte. A razão dessa separação é que a sobredeterminação do simbolismo do sonho não é decorrente da elaboração onírica, mas um produto da própria cultura.

O SIMBOLISMO NOS SONHOS

A questão do simbolismo nos sonhos não recebeu, de início, grande importância por parte de Freud e foi graças à influência de Wilhelm Stekel que ele se propôs reformular sua apresentação inicial do tema, introduzindo na quarta edição de *A interpretação de sonhos* (1914) uma nova seção sobre o simbolismo. A importância menor atribuída ao simbolismo, antes dessa data, pode ser atestada pela oposição feita por Freud, por ocasião da primeira edição da *Traumdeutung*, entre a *interpretação simbólica* e o *método de decifração*, e a afirmação de que este último era o que estava mais próximo do método psicanalítico.

Não pretendo entrar aqui na discussão sobre a natureza do símbolo nem apresentar as várias teorias existentes sobre o assunto. No entanto, dada a extrema diversidade de sentido de que se revestem termos tais como *símbolo, simbólico, simbolismo, simbolização, função simbólica* etc., vejo-me na obrigação de estabelecer alguns referenciais para o seu emprego neste trabalho e, sobretudo, para o emprego que Freud faz de alguns deles.

Etimologicamente, a palavra "símbolo" vem do grego (*symbolon*) e era empregada, dentre outras maneiras, para designar as duas metades de um objeto partido que se aproximavam (Lalande, 1968). Esse significado etimológico é interessante por indicar que, desde suas origens, o emprego do termo já era feito não no sentido de expressar uma qualidade de objeto, mas uma relação, e, mais ainda, o símbolo já era, desde Aristóteles, visto como um signo convencional (não natural). É essa natureza convencional do símbolo que, para além das divergências teóricas, pode ser apontada como sua característica fundamental.

Tomemos como referencial a distinção feita por C.S. Peirce (1977, p.63-76) entre *ícones, índices* e *símbolos*. Todos três são *signos*, e um signo é considerado por ele como sendo aquilo que, sob certo aspecto ou modo, representa alguma coisa (seu objeto). Em função de sua relação com o objeto, um signo pode ser denominado *índice*, *ícone* ou *símbolo*. Um signo é denominado *índice* (ou sinal) quando mantém uma relação direta com o objeto que ele representa. Assim, uma rua molhada pode ser índice ou sinal de que choveu. Um signo é denominado *ícone* quando sua relação com o objeto é de semelhança. É o caso, por exemplo, da relação existente entre um retrato e o retratado. Um signo pode ainda ser denominado *símbolo*, e isso acontece quando sua relação com o objeto é arbitrária ou convencional, isto é, não natural. É o caso das palavras.

Ao contrário dos índices e dos ícones, os símbolos "não são procuradores de seus objetos, mas veículos para a concepção de objetos", como diz S. Langer (1970, p.70). Isso quer dizer que um símbolo não indica nenhuma coisa em particular; ele apenas denota uma espécie de coisa (Peirce, 1977, p.73).

É esse caráter arbitrário do símbolo que faz com que ele seja tomado num sentido mais ou menos amplo. O termo "arbitrário" referido ao símbolo não designa gratuidade ou ausência de ordem, mas o fato de que o símbolo não pertence ao universo físico ou biológico e sim ao universo do sentido. Ele é arbitrário ou convencional porque não é natural. Ocorre, porém, que para alguns autores todo fenômeno social é considerado também como sendo arbitrário, o que pode fazer com que, por identificação, a noção de símbolo adquira a mesma extensão. Para Marcel Mauss, por exemplo,

> todo fenômeno social tem na verdade um atributo essencial: seja um símbolo, uma palavra, um instrumento, uma instituição; seja mesmo a língua, e até a ciência mais benfeita; seja ele o instrumento mais bem-adaptado aos melhores e mais numerosos fins, seja ele o mais racional possível, o mais humano, *ele é ainda arbitrário*. (cit. p. Bourdieu, 1974, p.XXVI)

Na mesma linha de pensamento, Lévi-Strauss vai colocar o simbólico como o próprio *a priori* do social. Para ele, não há fatos sociais que são, em seguida, simbolizáveis, mas, ao contrário, a vida social só pode emergir a partir do pensamento simbólico. O simbólico não é o ponto de chegada do social, mas seu ponto de partida. A própria comunicação não é possível senão em função de um sistema simbólico que funda a linguagem e torna possível o social. Essa *função simbólica*, especificamente humana e sujeita a leis, é o que Lévi-Strauss chama de *inconsciente*. Voltarei ainda a esse ponto.

A noção de símbolo recebe, no entanto, sua extensão máxima com E. Cassirer, que faz da "função simbólica" o mediador entre a subjetividade e o real. Para Cassirer, em lugar de definirmos o homem como sendo um animal racional, deveríamos defini-lo como um animal simbólico, pois não é a racionalidade que torna possível a simbolização, mas, ao contrário, esta é que é a precondição da racionalidade humana (Cassirer, 1945a, b). Assim, não somente a linguagem verbal, mas a cultura na sua totalidade, incluindo os ritos, as instituições, os costumes etc., são considerados *formas simbólicas*. Como a questão do símbolo será analisada de forma mais ampla quando estudarmos a contribuição de J. Lacan para a psicanálise, limitar-me-ei a assinalar, por enquanto, a transformação que o conceito de símbolo sofreu nos primeiros escritos de Freud e o que representou o momento de *A interpretação de sonhos*.

O primeiro emprego que Freud faz da noção de símbolo é em seu artigo de 1894: *As neuropsicoses de defesa*. Utiliza-o como sinônimo de "sintoma mnêmico" ou "sintoma histérico", querendo com isso dizer que o fenômeno em questão funciona como "símbolo" de um traumatismo patogênico (Freud, ESB, vol.III, p.61). Ao apresentar o caso de Elizabeth von R., Freud escreve que poderíamos supor "que a paciente fizera uma associação entre as suas impressões mentais dolorosas e as dores corporais que sentia, e que agora, em sua vida de lembranças, estava usando suas sensações físicas como símbolo das mentais" (ESB, vol.II, p.193). Fica claro, pelo exemplo, que Freud emprega o termo "símbolo" como sinônimo de "sinal", ao fazer das lembranças de Elisabeth von R. um mero sinal temporal de um acontecimento traumático. Nesse caso, o código que permitiria decifrar o "símbolo" é absolutamente privado, individual, nada tendo de universal. Um sinal dessa espécie não pode ser interpretado simbolicamente; a única forma de chegarmos ao seu significado é através das associações feitas pelo paciente, já que apenas ele detém a chave que permite articular o sinal e o sinalizado.

Paralelamente a esse primeiro emprego da noção de símbolo, Freud faz uso do mesmo termo com um sentido que já demonstra certa independência com relação ao de "símbolo mnêmico": é o que ele denomina "ato sintomático simbólico", do qual nos oferece um excelente exemplo em *A psicopatologia da vida cotidiana* (cit. p. Lorenzer, 1976, p.17). Apesar de longo, vale a pena transcrevê-lo:

Eu estava almoçando num restaurante com meu colega H., doutor em filosofia. Falou das dificuldades dos estudantes antes da formatura, e mencionou de passagem que, antes de terminar seus estudos, havia trabalhado como secretário do embaixador ou, mais exatamente, do ministro plenipotenciário e extraordinário do Chile. "Mas então o ministro foi transferido e não me apresentei ao seu sucessor." Enquanto dizia a última sentença, ergueu um pedaço de bolo até a boca, mas deixou-o cair da faca de modo aparentemente desajeitado. Entendi logo o significado oculto desse ato sintomático e, como que casualmente, intervim, dizendo ao meu colega não familiarizado com a psicanálise: "Você certamente perdeu um bom bocado." Ele, no entanto, não percebeu que minhas palavras podiam igualmente referir-se ao seu ato sintomático, e repetiu as mesmas palavras com uma vivacidade surpreendente e peculiarmente deleitável, como se minha observação lhe tivesse tirado a palavra da boca: "Sim, certamente perdi um bom bocado", e em seguida aliviou-se com uma descrição detalhada do modo desajeitado pelo qual perdera aquele emprego bem pago. O significado do ato sintomático simbólico torna-se mais claro tendo em vista que meu colega tinha escrúpulos de descrever, a um conhecido bastante distante como eu, a precariedade da sua situação material. Portanto, tal pensamento intrometido disfarçou-se em ato sintomático que exprimiu simbolicamente aquilo que estava para permanecer oculto, e dessa maneira lhe deu alívio proveniente de fontes inconscientes. (Freud, ESB, vol.VI, p.246)

A diferença entre o *ato sintomático simbólico* e o *símbolo mnêmico* é que no primeiro podemos detectar uma analogia de conteúdo entre o signo e o referente, enquanto no segundo essa analogia não precisa estar presente. A analogia entre "perder um bom emprego" e "deixar cair um bom pedaço de bolo da boca" é bastante clara, ao passo que nos símbolos mnêmicos não existe qualquer semelhança entre o signo e o referente; o signo não expressa o ato traumático, apenas associa-se a ele temporalmente.

É, porém, em *A interpretação de sonhos* que Freud vai se referir a símbolos que se distinguem fundamentalmente dos referidos antes. A existência desses símbolos foi-lhe sugerida pelo fato de que certos desejos ou certos conflitos eram representados no sonho de forma semelhante, independentemente do sonhador. A esses sonhos Freud chamou "sonhos típicos". Esses sonhos (e não apenas eles) lançam mão de símbolos já existentes e presentes no inconsciente de cada indivíduo. Encontramos esses símbolos não apenas nos sonhos, mas na arte, nos mitos, na religião, e sua característica básica é a constância da relação entre o símbolo e o simbolizado, relação essa que pode ser de forma, de função, de ritmo etc. Freud chama a esses símbolos "elementos mudos" do sonho, pois sobre eles o paciente é incapaz de fornecer associações.

A existência desses símbolos nos sonhos faz com que sejam exigidas duas formas distintas de interpretação: uma que faz uso das associações fornecidas pelo paciente e outra que se exerce diretamente sobre os símbolos. A razão disso está em que, no primeiro caso, a chave que permite ao intérprete decifrar o sentido do sonho é individual e pertence ao sonhador. O único meio de burlar a censura e chegar ao significado oculto é através das associações que o sonhador realizar. Não existe, nesse caso, código geral ou universal. O código é privado. No caso dos sonhos que empregam símbolos, o sonhador se serve de algo já pronto. Apesar de o sonho ter sido uma produção sua, o símbolo utilizado pertence à cultura e seu significado transcende ao sonhador. A interpretação nesse caso depende do conhecimento que o intérprete possui dos símbolos e não das associações fornecidas.[1]

Freud chama atenção para o fato de que, apesar de os símbolos empregados nos sonhos serem muito numerosos, os campos aos quais se confere uma representação simbólica são relativamente reduzidos. O corpo humano, os pais, os filhos, o nascimento e a morte, a nudez e a sexualidade, são campos privilegiados pelo simbolismo onírico.

O CAPÍTULO VII E A PRIMEIRA TÓPICA

Já foi dito que o capítulo VII de *A interpretação de sonhos* é o herdeiro do *Projeto* de 1895 (Ricœur, 1977, p.83). Devemos entender por isso que no capítulo VII Freud retoma um ponto de vista "metapsicológico" e não que entre o *Projeto* e *A interpretação de sonhos* exista uma linha teórica contínua. Entre os dois textos há, na verdade, uma diferença profunda: no lugar da energia postulada no *Projeto* e dos neurônios que lhes servem de suporte material, *A interpretação de sonhos* fala do *desejo* e de ideias investidas. Uma outra diferença fundamental entre os dois textos é a ausência completa de qualquer referencial anatômico em *A interpretação de sonhos*. A tópica do ca-

---

1 Na Conferência X das *Conferências introdutórias*, Freud fornece numerosos exemplos de simbolismo nos sonhos.

pítulo VII refere-se aos vários modos e graus de distribuição do desejo, sendo que os lugares aos quais ele se refere são lugares metafóricos e não lugares anatômicos. É verdade, porém, que o próprio Freud estabelece, no decorrer do texto, várias analogias que levam o leitor a ver esses lugares como sendo lugares físicos. Assim, são estabelecidas analogias do aparelho psíquico com um aparelho ótico, com o esquema do arco reflexo e mesmo com a estrutura anatômica do sistema nervoso. Permanece, no entanto, inabalável a afirmação de que os lugares a que se refere a concepção tópica são lugares *psíquicos*.

A verdade é que o capítulo VII da *Traumdeutung* é um texto de leitura difícil. Seu desligamento com relação ao *Projeto* não é tão evidente como dei a entender acima, sua articulação com os demais capítulos é complexa e sua conclusão só vai se fazer, a rigor, com os escritos da *Metapsicologia*, em 1915. O núcleo essencial do texto permanece sendo, porém, o que ficou conhecido como constituindo a 1ª tópica freudiana, isto é, a concepção do aparelho psíquico formado por instâncias ou sistemas: o sistema inconsciente, o pré-consciente e o consciente. Esse "aparelho" é orientado no sentido progressivo-regressivo e é marcado pelo conflito entre os sistemas, o que torna a concepção tópica inseparável da concepção dinâmica. É no item B ("Regressão") do capítulo VII que Freud apresenta, pela primeira vez, sua tópica do aparelho psíquico.

OS SISTEMAS Ics, Pcs E Cs

Freud inicia a exposição de sua concepção tópica dizendo:

> Desprezarei inteiramente o fato de que o mecanismo mental em que estamos aqui interessados é-nos também conhecido sob a forma de preparação anatômica e evitarei cuidadosamente a tentação de determinar a localização psíquica por qualquer modo anatômico. (ESB, vols.IV-V, p.572)

Essa declaração de fé numa explicação "psicológica" dos fenômenos psíquicos exclui qualquer possibilidade de vermos os "lugares" a que se refere Freud, como sendo lugares anatômicos, físicos ou neurológicos. Podemos concordar com a suposição de que essa teoria dos

lugares psíquicos foi sugerida pelo contexto científico da época, que
tentava, a todo custo, encontrar lugares anatômicos para os distúrbios
mentais e para os fenômenos psíquicos normais. A doutrina das
localizações cerebrais, assim como os estudos sobre a afasia, são
exemplos proeminentes desse tipo de postura teórica. No entanto, a
tópica freudiana escapa a esse tipo de empreendimento, já que os
lugares de que ela trata não são lugares físicos, não podem ser
localizados anatomicamente e não possuem nenhuma realidade
ontológica. Podemos mesmo dizer que a tópica freudiana importa
menos pelos lugares que ela estabelece do que pela direção do
funcionamento do aparelho. O que em primeiro lugar essa tópica
pretende expressar é o sentido progressivo-regressivo do funcionamento do aparelho psíquico, e é nessa medida que o conceito de *regressão*
se impõe como conceito fundamental nesse momento da teoria
psicanalítica.

A importância maior do caráter orientado do funcionamento do
aparelho psíquico pode ser avaliada pela afirmação de Freud de que

> não há necessidade de hipótese de que os sistemas psíquicos sejam realmente
> dispostos numa ordem *espacial*. Seria suficiente que fosse estabelecida uma
> ordem fixa pelo fato de, num determinado processo psíquico, a excitação
> passar através dos sistemas numa sequência *temporal* especial. (op.cit.,
> p.573)

O aparelho psíquico é, portanto, formado por *sistemas* cujas
posições relativas se mantêm constantes de modo a permitirem um
fluxo orientado num determinado sentido. O que importa não são,
pois, os lugares ocupados por esses sistemas, mas a posição relativa
que cada um mantém com os demais. O conjunto dos sistemas tem
um sentido ou direção, isto é, nossa atividade psíquica inicia-se a
partir de estímulos (internos ou externos) e termina numa descarga
motora. A primeira representação do aparelho psíquico seria, pois, a
de um conjunto formado por dois sistemas: um que receberia os
estímulos e que ficaria localizado na extremidade sensória do aparelho
(Sistema perceptivo — Pcpt), e outro sistema que ficaria localizado
na extremidade motora e que daria acesso à atividade motora (Sistema
motor — M). A representação gráfica deste aparelho seria a seguinte
(fig. 1):

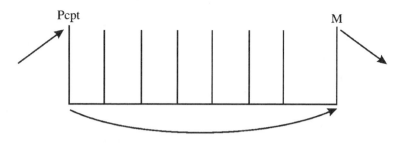

Figura 1

Esse esquema é, porém, demasiadamente simples e não dá conta da complexidade dos fenômenos que Freud pretende explicar. A razão mais imediata para a sua modificação era a de que as percepções deixavam *traços* de memória na extremidade sensória e estes traços eram considerados por Freud como *modificações permanentes* dos elementos do sistema. Como o mesmo sistema não poderia reter modificações e continuar sempre aberto à percepção, isto é, como ele não poderia desempenhar, simultaneamente, as funções de percepção e de memória, impunha-se uma distinção entre a parte responsável pela recepção dos estímulos (Pcpt) e a parte responsável pelo armazenamento dos traços (Mnem). A representação inicial fica, dessa forma, modificada para a seguinte (fig. 2):

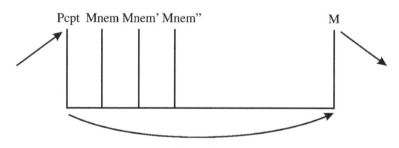

Figura 2

Assim, um sistema (Pcpt), situado na frente do aparelho psíquico, recebe os estímulos perceptivos, mas não os registra nem os associa, isso porque ele necessita ficar permanentemente aberto aos novos estímulos, o que seria impossível se ele desempenhasse também as funções de armazenamento e de associação. Essas funções ficam reservadas aos vários sistemas mnêmicos que recebem as excitações do primeiro sistema e as transformam em traços permanentes. As associações entre os traços ocorre apenas no interior dos sistemas mnêmicos. Uma associação ocorre tanto pela diminuição das resistências quanto pelo estabelecimento de caminhos facilitadores. Quando isso acontece, uma excitação é mais prontamente transmitida de um elemento Mnem a outro. No entanto, essa representação era ainda vista por Freud como insuficiente. Desde o momento em que ele havia proposto a noção de elaboração onírica (trabalho do sonho), tinha ficado evidente a existência de uma instância crítica cuja função era excluir da consciência a atividade da outra instância. Essa instância crítica só poderia ser localizada na extremidade motora do aparelho por causa da sua maior relação com a consciência; que era a instância criticada. Essa instância é também responsável por nossas ações voluntárias e conscientes. Substituindo-se essas instâncias por sistemas, teremos o esquema final do aparelho psíquico representado da seguinte maneira (fig. 3):

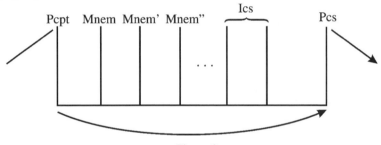

Figura 3

Esse foi o momento em que o termo "Inconsciente" deixou de ser empregado como adjetivo, designando a propriedade daquilo que estava fora do campo atual da consciência, para ser empregado como substantivo (*das Unbewusste*), designando um sistema do aparelho psíquico. A substituição da noção *descritiva* de inconsciente pelo conceito de inconsciente sistemático é um dos momentos fundamentais da construção teórica de Freud.

Já foi dito que a representação esquemática do aparelho psíquico apresentada por Freud não pretende ser a transcrição de nenhuma estrutura anatômica existente, mas sim uma construção topológica que visa oferecer uma descrição do funcionamento do aparelho. Mais do que tudo, importa a sua orientação progressivo-regressiva e a posição relativa dos sistemas. Assim, pela posição que ocupa no interior do aparelho, o sistema Ics só pode ter acesso à consciência através do sistema Pcs/Cs, sendo que nessa passagem seus conteúdos se submetem às exigências deste último sistema. Qualquer que seja o conteúdo do Ics, ele só poderá ser conhecido se transcrito — e portanto modificado e distorcido — pela sintaxe do Pcs/Cs.

É no Ics que Freud localiza o impulso à formação dos sonhos. O desejo inconsciente liga-se a pensamentos oníricos pertencentes ao Pcs/Cs e procura uma forma de acesso à consciência (op.cit., p.578) graças à diminuição da censura durante o sono. Enquanto na vigília o processo de excitação percorre normalmente o sentido progressivo, nos sonhos e nas alucinações a excitação percorre o caminho inverso, isto é, caminha no sentido da extremidade sensória até atingir o sistema Pcpt, produzindo um reinvestimento de imagens mnêmicas. É a esse caminho "para trás" da excitação que Freud dá o nome de "regressão".

REGRESSÃO

A noção de regressão não é nova, ela é anterior a Freud, e mesmo em Freud ela é anterior à elaboração de *A interpretação de sonhos*. Ela está presente nos escritos freudianos desde o *Projeto* de 1895, sobretudo sob a forma de regressão tópica. Não é apenas nos sonhos e nas alucinações que se verifica a regressão; durante a vigília ocorrem fenômenos psíquicos normais nos quais verificamos um movimento retrogressivo do aparelho psíquico. No entanto, esses processos nunca vão além das imagens mnêmicas, não chegando a se produzir uma revivificação alucinatória das imagens perceptuais (op.cit., p.579). Dá-se a regressão "quando, num sonho, uma ideia é novamente transformada na imagem sensorial de que originalmente se derivou" (ibid.), isto é, quando reproduz alucinatoriamente a experiência original.

A razão pela qual o sonho manifesto se apresenta como uma história confusa, desconexa e contraditória encontra sua resposta no próprio conceito de regressão. Se o sonho é um fenômeno regressivo, e se a regressão é uma "volta atrás" da excitação, concluímos que, ao retornar da extremidade motora do aparelho até a extremidade sensória atingindo o sistema perceptivo, ela passa do Pcs/Cs para o Ics, onde as relações lógicas dominantes no Pcs/Cs não possuem nenhum valor. Segundo a concepção freudiana, as relações lógicas que comandam os processos conscientes não estão presentes nos primeiros sistemas mnêmicos, nem no Ics, mas apenas no Pcs/Cs. Dessa forma, "na regressão, a contextura dos pensamentos oníricos é reduzida à sua matéria-prima" (op.cit., p.580).

Visto como um fenômeno regressivo, o sonho é o resultado da atração exercida pelas marcas mnêmicas das experiências infantis que lutariam por encontrar uma expressão atual na consciência. "Deste ponto de vista", escreve Freud, "um sonho poderia ser descrito como um substituto de uma cena infantil, modificada por ter sido transferida para uma experiência recente" (op.cit., p.582).

A explicação que Freud fornece do sonho como sendo o resultado da atração exercida pelas marcas mnêmicas das experiências infantis, isto é, como um retorno à percepção, pode ser interpretada como uma explicação que ainda se inscreve no mesmo espaço de problemas que a teoria do trauma. O que "atrai" é um fato real vivido na infância e cujo traço é reinvestido. A "cena infantil" à qual Freud se refere é uma cena real; a fantasia desempenha, nesse caso, um papel secundário (ibid.). A teoria da sedução real da criança pelo adulto ainda não está superada e, a rigor, isso não acontecerá nunca de forma completa. Assim é que, em 1905 (ESB, vol.VII, p.25), Freud escreve a respeito dela: "Fui além dessa teoria, mas não a abandonei; vale dizer que não considero hoje a teoria incorreta, mas incompleta."

É o próprio Freud quem chama atenção para o fato de que a noção de regressão não é um conceito explicativo, mas sim uma noção descritiva (ESB, vols.IV-V, p.583) e que, mesmo sob essa forma, ela não designa um fenômeno unitário. Aos poucos, ele vai diferenciando a noção até distinguir, num acréscimo feito em 1914 a *A interpretação de sonhos*, três espécies de regressão: a *tópica*, a *temporal* e a *formal*. Em seu sentido *tópico*, a regressão é o retorno da excitação, através dos sistemas que compõem o aparelho psíquico, do Pcs/Cs para o Ics; a regressão *temporal* designa o retorno do indivíduo a estruturas psíquicas mais antigas; a regressão *formal* designa a passagem a modos de expressão mais primitivos, isto é, menos estruturados. Na verdade, as três espécies de regressão se implicam mutuamente, a ponto de podermos dizer que são, no fundo, apenas uma, pois o que é mais antigo no tempo é, em geral, mais primitivo na forma e está mais próximo da extremidade perceptiva (op.cit., p.584).

Uma característica importante a ser ressaltada na noção de regressão nos sonhos é a extensão que Freud faz dela do plano individual para o coletivo. Assim, no sonho não ocorre apenas uma regressão à infância do indivíduo, mas à própria infância da espécie:

> Por trás da infância do indivíduo é-nos prometido um quadro de uma infância filogenética (...) e podemos esperar que a análise dos sonhos nos conduza a um conhecimento inato. (op.cit., p.585)

É nesse ponto que o sonho se encontra com o mito, ambos sendo expressões dissimuladas do desejo.

A REALIZAÇÃO DE DESEJOS

No início deste capítulo eu disse que centraria minha exposição sobre a *Traumdeutung* em duas afirmações de Freud: a de que os sonhos possuem um sentido e a de que os sonhos são realizações de desejos. É chegado, pois, o momento de colocarmos a pergunta feita por Freud no capítulo VII: de onde se originam os desejos que se realizam nos sonhos?

Talvez essa pergunta devesse ser precedida de uma outra: o que é um desejo? Afinal de contas, o título dado a este presente capítulo foi "O discurso do desejo", e até o momento não foi dito em que consiste um desejo. Mesmo correndo o risco de provocar um desapontamento, darei neste item apenas algumas indicações sobre a noção, deixando para outro capítulo uma análise mais extensa sobre o tema. O desejo é como certos personagens importantes de uma peça ou de um filme; sua entrada em cena requer uma preparação prévia do espectador, a criação de um clima que valorize o momento de seu aparecimento. Não há necessidade de trompas anunciando a sua chegada, mas também não podemos minimizar sua importância introduzindo-o no meio dos demais personagens.

Como ponto de partida, podemos dizer que um desejo é uma ideia (*Vorstellung*) ou um pensamento; algo completamente distinto, portanto, da necessidade e da exigência. O desejo se dá ao nível da representação tendo como correlato os fantasmas (fantasias), o que faz com que, contrariamente à pulsão (*Trieb*) — que tem de ser *satisfeita* —, o desejo tenha de ser *realizado*.

O que pretendo reter, por enquanto, é a afirmação de que um desejo é uma *ideia* ou um *pensamento*. Se essa afirmação não se encontra de forma explícita e literal em *A interpretação de sonhos*, encontra-se pelo menos implícita na referência que Freud faz à definição que Aristóteles fornece sobre o sonho (op.cit., p.586). Um sonho, diz o filósofo grego, é o pensamento que persiste no estado de sono. O que Freud nos mostrou foi que esses pensamentos, por exigência da censura, são deformados pela elaboração onírica, que, além da condensação e do deslocamento, lança mão da figuração, o que torna os pensamentos oníricos irreconhecíveis para a consciência. No entanto, Freud afirma (ESB, vols.XV-XVI, p.206) que "o material disponível à elaboração onírica consiste em pensamentos — alguns deles podem ser censurados ou inaceitáveis, porém são corretamente construídos e expressos". A matéria-prima dos sonhos, portanto, é constituída de pensamentos que em nada diferem dos pensamentos da vigília, daí a necessidade de serem distorcidos para não serem identificáveis pela consciência. É esse material ideativo que constitui o conteúdo latente do sonho, que, transformado pela elaboração onírica, vai aparecer como conteúdo manifesto.

Entretanto, o pensamento que constitui a matéria-prima do sonho não é portador apenas de um *sentido*, mas também de um *valor*. O desejo diz respeito sobretudo ao valor do sentido. Temos de distinguir, contudo, o *desejo do sonho* do *desejo de dormir*. Já fiz referência ao fato de que para Freud o sonho serve ao sono: "Os sonhos são coisas que eliminam, pelo método da satisfação alucinatória, estímulos (psíquicos) perturbadores do sono" (op.cit., p.165). Enquanto o desejo de dormir pertence ao Pcs/Cs, o desejo do sonho pertence ao Ics e é necessariamente infantil.

Voltemos, pois, à pergunta inicial: de onde se originam os desejos que se realizam nos sonhos? Freud aponta, inicialmente, três origens possíveis (ESB, vols.IV-V, p.587): 1) Restos diurnos não satisfeitos. Trata-se de desejos que foram despertados durante o dia e que por algum motivo externo não foram satisfeitos. São desejos pertencentes ao Pcs/Cs. 2) Restos diurnos recalcados. São desejos que surgiram durante o dia, mas que, em vez de terem sido impedidos por causas externas, foram suprimidos. Nesse caso, são desejos pertencentes ao Pcs/Cs que foram transferidos para o Ics. 3) Desejos que nada têm que ver com a vida diurna, mas que pertencem ao Ics e emergem durante o sono. A essas três origens, Freud acrescenta uma quarta fonte de desejos oníricos que são os impulsos decorrentes de estímulos noturnos (fome, sede, sexo etc.).

Nem todos esses desejos são, porém, capazes de produzir um sonho. Um desejo que ficou insatisfeito durante o dia pode, quando muito, contribuir para o induzimento de um sonho, mas será incapaz, ele apenas, de produzir um sonho. Os únicos desejos capazes de produzir um sonho são aqueles que pertencem ao Ics. Para que um desejo pré-consciente funcione como induzidor de um sonho, faz-se necessário que ele se apoie sobre um desejo inconsciente. Escreve Freud: "Minha suposição é que um desejo consciente só pode tornar-se um induzidor de sonho se obtiver sucesso em despertar um desejo inconsciente do mesmo teor e conseguir reforço dele" (op.cit., p.589).

Os desejos provenientes do sistema inconsciente encontram-se em permanente disposição para uma expressão consciente, no que são impedidos pela censura. Esta, no entanto, pode ser burlada na medida em que o desejo inconsciente transfira sua intensidade para um impulso do consciente cujo conteúdo ideativo funcione apenas como indicador do desejo original. Uma das características fundamentais do desejo inconsciente, assim como de qualquer conteúdo do Ics, é a indestrutibilidade. A nível de sistema inconsciente, o passado se conserva integralmente, e como o sonho é um fenômeno regressivo, são os desejos mais infantis os que funcionam como induzidores permanentes de seus conteúdos. É o seguinte o caminho percorrido pelo desejo na formação do sonho: um desejo inconsciente, tendo efetuado uma transferência para os resíduos diurnos, abandona o Ics e penetra no Pcs/Cs, seguindo um sentido progressivo em direção à consciência. Esse avanço é, no entanto, detido pelo sono do Pcs/Cs, que impede sua expressão consciente. A partir daí, o processo é invertido e tem início seu caminho regressivo cuja força propulsora é a atração exercida pelos grupos de lembranças inconscientes. Não havendo nada que detenha o processo regressivo, ele termina na ativação do sistema perceptivo, produzindo, de modo alucinatório, a realização do desejo (op.cit., p.611-2).

Mas, se o sonho é uma realização de desejos, como explicar o fato de que há sonhos desagradáveis, sonhos que provocam ansiedade e que podem levar ao despertar por serem intoleráveis para o sonhador? Em primeiro lugar, temos de levar em consideração o fato de que a elaboração onírica nem sempre obtém sucesso completo na realização de desejos. Pode acontecer que parte do afeto ligado aos pensamentos oníricos fique excedente no sonho manifesto, provocando o sentimento de desagrado. Segundo Freud (ESB, vols.XV-XVI, p.257), isso acontece porque é muito mais difícil a elaboração onírica alterar o sentido dos afetos do que o conteúdo do sonho. Os pensamentos oníricos aflitivos são transformáveis pelo trabalho do sonho, mas os afetos, mais resistentes à mudança, podem permanecer inalterados no sonho manifesto.

Há, no entanto, um outro aspecto da questão que frequentemente não é levado em conta e que é da maior importância: quando se afirma que um sonho é uma realização de desejos e que a realização de um desejo deve provocar prazer, não fica esclarecido o seguinte: a quem o sonho deve proporcionar prazer? A resposta óbvia e imediata é: ao sonhador. Ocorre, porém, que é o mesmo sonhador que deseja, repudia e censura seus desejos. A qual sujeito o sonho deve agradar? Ao que deseja ou ao que censura? Se a realização de um desejo inconsciente e recalcado produz prazer, produz também ansiedade ao ego do sonhador. As exigências do Ics não são as mesmas do Pcs/Cs. O mesmo acontecimento pode provocar prazer a nível do sistema inconsciente e ansiedade a nível do sistema pré-consciente. Há, portanto, dois desejos que devem ser satisfeitos: o do Ics e o do Pcs/Cs, e eles nunca estão de acordo.

Dessa maneira, os sonhos desagradáveis são também realizações de desejos. Seu caráter desagradável vem do fato de que seu conteúdo escapou, em parte, à ação da censura, deixando aflorar um desejo inconsciente que, por ser inaceitável para a consciência, produziu ansiedade. Freud chama atenção ainda para os sonhos de punição. Também eles são desagradáveis e, no entanto, correspondem à realização de desejos: o desejo do sonhador de se punir por ter um desejo proibido. Além do mais, como salienta Freud, a punição é também a realização de um desejo: do desejo de outra pessoa, a que censura (op.cit., p.262).

O conceito de superego só fará seu aparecimento quase um quarto de século mais tarde. No entanto, ao falar sobre os sonhos de punição, Freud afirma que "o mecanismo de formação dos sonhos seria grandemente esclarecido em geral se, em vez da oposição entre 'consciente' e 'inconsciente', devêssemos falar da oposição existente entre o 'ego' e o 'reprimido' (ESB, vols.IV-V, p.594). Um sonho de punição seria um sonho no qual o desejo elaborador não seria proveniente do Ics, mas um desejo pertencente ao ego — inconsciente mas não pertencente ao sistema Inc. — cujo objetivo é punir o desejo inconsciente, que é a fonte originária do sonho. Vinte e três anos mais tarde, Freud chamaria a instância que exerce esse policiamento do desejo de "superego".

A CONCEPÇÃO EVOLUTIVA DO APARELHO PSÍQUICO

O aparelho psíquico de que estamos falando até agora não surge pronto e acabado em seus mínimos detalhes. Freud supõe que somente após um longo período de desenvolvimento ele atinge o ponto de perfeição atual. No capítulo anterior, fiz referência ao estado de desamparo que caracteriza o recém-nascido humano, desamparo esse que é utilizado por Freud para explicar como se constitui a *experiência de satisfação*.

No recém-nascido, o que podemos apontar como aparelho psíquico é uma certa organização cujos esforços são dirigidos no sentido de manter-se o mais livre possível de estímulos. Como já foi visto, Freud concebia esse aparelho, em sua forma mais primitiva, como regido pelo princípio de inércia neurônica, isto é, qualquer excitação sensorial que o atingisse seria prontamente descarregada por via motora. Posteriormente, esse princípio é substituído pelo princípio de constância, que, ao invés de postular uma descarga total da excitação, propõe uma regulação por um nível ótimo de energia acumulada, sendo este o mais baixo possível. No caso do recém-nascido, essa exigência esbarra necessariamente com o estado de desamparo essencial do ser humano em seu início do desenvolvimento. Nessa fase, o organismo não é capaz de realizar a ação específica destinada a eliminar a tensão decorrente da estimulação interna. Um recém-nascido com fome não tem nenhuma condição de se satisfazer, seu desamparo permite apenas que ele grite e esperneie impotentemente. Gritar e agitar as pernas não elimina, porém, o estado de tensão decorrente da necessidade. Um estímulo externo, dependendo de sua natureza, poderia ser eliminado através dessa conduta, mas a excitação decorrente de uma necessidade interna age de forma contínua e só é eliminada pela ação específica que o recém-nascido é incapaz de executar. Essa ação só pode ser empreendida através de auxílio externo (a mãe ou a pessoa responsável pelo fornecimento do alimento) e somente através desse auxílio o bebê atinge a "experiência de satisfação" que põe fim ao estímulo interno.

A experiência de satisfação é acompanhada de uma percepção, e daí por diante o traço de memória produzido pela imagem perceptiva permanece associado à satisfação. Quando surge novamente o mesmo estado de tensão produzido pela mesma necessidade, surge um impulso psíquico que procurará reinvestir a imagem do objeto e reevocar a própria percepção, isto é, uma tendência a reproduzir alucinatoriamente a experiência de satisfação. Diz Freud:

Um impulso desta espécie é o que chamamos de *desejo (Wunsch)*; o
reaparecimento da percepção é a realização do desejo e o caminho mais
curto a essa realização é uma via que conduz diretamente da excitação
produzida pelo desejo a uma completa catexia da percepção. Nada nos
impede de presumir que houve um estado primitivo do aparelho psíquico
em que este caminho era realmente percorrido, isto é, em que o desejo
terminava em alucinação. (op.cit., p.603)

Freud conclui que essa atividade psíquica original tinha por objetivo
produzir uma *identidade perceptiva*. Acontece, porém, que essa
identidade perceptiva obtida pelo caminho da regressão produz necessariamente a decepção, pois o objeto é alucinado e não real,
persistindo portanto o estado de necessidade. Daí a necessidade de
um critério de "verificação da realidade", algo que possa barrar o
caminho regressivo antes de se produzir a alucinação. Essa inibição da
regressão vai ser possível graças à formação do "ego" (ver capítulo 2:
"A emergência do ego").

Os sonhos são uma amostra atual desse modo primitivo de
funcionamento do aparelho psíquico. O que eles fazem é realizar
desejos produzindo uma satisfação alucinatória através do caminho
regressivo. É nesse sentido que Freud afirma ser o sonho um pedaço
da vida mental infantil que foi suplantado, ou, melhor ainda, que foi
banido para a noite.

Mas não é apenas durante a noite que esse modo de funcionamento do aparelho psíquico faz seu aparecimento; a psicose é a sua
face diurna. Quando na vida de vigília ocorre uma redução da censura
crítica para além do limite considerado normal, o caminho que conduz
as excitações inconscientes até a consciência e a motilidade permanece
aberto, produzindo a regressão alucinatória. Assim é que Freud repete
a frase de Hughlings Jackson: "Descubra-se tudo sobre os sonhos e
ter-se-á descoberto tudo sobre a loucura" (op.cit., p.606, nota 2). Os
sonhos, a loucura e os sintomas neuróticos obedecem à mesma forma
de produção, podendo todos ser vistos como formas distorcidas de
realizações de desejos inconscientes ou, pelo menos, como expressão
do conflito entre esses desejos e a estrutura mental que reage a eles.

O RECALCAMENTO

Nos itens anteriores, a ênfase foi dada ao caráter orientado, no sentido
progressivo-regressivo, do funcionamento do aparelho psíquico; agora

o que importa pensar é como esse aparelho funciona em termos de forças e de conflito de forças. Freud retoma, no item E do capítulo VII ("Os processos primário e secundário — Recalcamento"), uma linguagem em muito semelhante à do *Projeto*. Ao explicar de que maneira pensamentos que em nada se distinguem dos pensamentos que ocorrem durante a vigília são transformados em conteúdos oníricos pelo trabalho do sonho, ele reafirma um dos princípios fundamentais exposto em 1895: o de que "a característica principal desses processos é que toda a ênfase é aplicada no sentido de tornar a energia catexial móvel e capaz de descarga" (op.cit., p.635). Essa energia de investimento reparte-se pelos sistemas Ics e Pcs/Cs, sendo que, enquanto o primeiro luta por se ver livre dela, o segundo procura inibir essa descarga livre impondo ao primeiro sistema restrições ao livre escoamento. A razão dessa tendência para a descarga direta que caracteriza o modo de funcionamento do Ics reside no desprazer que resulta do acúmulo de energia no interior do sistema.

É aqui que Freud volta a uma das noções mais básicas da psicanálise, noção essa que vai ganhando cada vez mais relevo: a da *experiência de satisfação*. O desprazer provocado pelo acúmulo de energia coloca o aparelho psíquico em ação, e o que ele visa a partir daí é repetir a experiência de satisfação que anteriormente acarretou uma diminuição da excitação e que foi sentida como prazerosa. Escreve Freud:

> Uma corrente desse tipo no aparelho começando do desprazer e visando o prazer foi por nós denominada "desejo" e afirmamos que somente um desejo é capaz de colocar o aparelho em movimento. (...) O primeiro desejo parece ter sido uma catexia alucinatória da lembrança de satisfação. (op.cit., p.636-7)

Acontece, porém, que a catexia alucinatória de uma lembrança não pode, por motivos óbvios, produzir satisfação, daí a necessidade de um outro sistema — o Pcs/Cs —, cuja função é inibir o avanço da catexia mnêmica para impedir que ela reproduza alucinatoriamente a "percepção" do objeto. Dessa forma, enquanto o sistema Ics dirige sua atividade no sentido de garantir a livre descarga da excitação acumulada, o Pcs/Cs procura transformar a catexia móvel do primeiro sistema em catexia quiescente. Isso é possível na medida em que ele consiga desviar a excitação do Ics, alterando o mundo externo de modo a possibilitar uma satisfação indireta e parcial, porém tolerada por ele.

O que fica claro é que o modelo explicativo proposto por Freud está fundamentado não na procura do prazer, mas no evitamento do desprazer. Essa talvez seja a razão principal de durante tanto tempo os termos "recalcamento" (*Verdrängung*) e "defesa" (*Abwehr*) terem sido usados quase que como sinônimos. No entanto, é precisamente a partir de *Traumdeutung* que eles começam a ser empregados pelo próprio Freud de forma distinta: "defesa" designando um processo mais genérico de evitamento da dor, e "recalcamento" designando uma operação mais específica cuja essência consiste em manter afastado no inconsciente representações ligadas a uma pulsão.

O modelo do recalcamento oferecido por Freud (op.cit., p.638-9) é o do evitamento da lembrança, que não é mais do que uma repetição da fuga anterior à percepção penosa. No caso de o aparelho psíquico ser atingido por um estímulo que provoque uma excitação dolorosa, ocorrerá uma série de manifestações motoras que, apesar de inespecíficas, poderão afastar o estímulo causador da experiência desprazerosa. Se a mesma experiência se repetir, isto é, se a percepção do estímulo voltar a se apresentar, ocorrerá uma repetição dos movimentos que anteriormente produziram seu afastamento. Contrariamente à experiência de satisfação, a experiência da dor não produz uma recatexização da imagem do objeto, mas sim uma tendência a que ela seja rejeitada imediatamente para que não se repita a excitação dolorosa. Evitar a lembrança é um processo análogo à fuga da percepção. Esse mecanismo que é colocado em funcionamento através da memória é que Freud aponta como o modelo do recalcamento e que só pode ser efetuado pelo sistema Pcs/Cs, pois é a ele que pertence a função inibidora. O sistema Ics não sabe dizer "não", "ele é incapaz de fazer qualquer coisa que não seja desejar" (op.cit., p.639); é ao segundo sistema que cabe a tarefa de impedir que a atividade do primeiro sistema resulte em desprazer.

A situação é, portanto, a seguinte: um determinado processo mental pertencente ao Ics procura acesso à consciência em busca de satisfação. No entanto, a censura que opera na passagem do Ics para o Pcs/Cs opõe-se violentamente a esse propósito, pois a satisfação do desejo inconsciente, que em si mesma provocaria prazer, provocaria também desprazer relativamente às exigências do Pcs/Cs. Por essa razão, o desejo tem de permanecer inconsciente, podendo retornar sob a forma de sintoma. Ocorre, porém, que o material recalcado exerce uma atração constante sobre os conteúdos do Pcs/Cs, em relação aos quais ele possa estabelecer uma ligação no sentido de escoar sua energia. Igualmente importante é o fato de que o sistema Pcs/Cs necessita ter acesso a todas as lembranças relativas à experiência passada do indivíduo, e sabemos que, para Freud, essas lembranças se conservam integralmente. Assim sendo, há uma atividade constante do Pcs/Cs no sentido de catexizar lembranças que estavam inconscientes, mas como algumas dessas representações pela sua ligação direta ou indireta com um impulso censurável poderia provocar desprazer, faz-se necessário um critério segundo o qual essa catexia possa se realizar. Esse critério é apontado por Freud como "a chave de toda a teoria do recalcamento": "O segundo sistema", diz ele, "só pode catexizar uma ideia se se encontrar em posição de inibir o desenvolvimento do desprazer que dela pode provir" (ibid.). Essa inibição do desprazer não pode, porém, ser completa, pois é necessário um início de desprazer para que o Pcs/Cs seja informado da ameaça que a representação em questão oferece. O papel do Pcs/Cs não pode ser, nem o de inibir completamente os impulsos inconscientes, pois isso provocaria um aumento de tensão insuportável a nível do Ics, nem o de permitir que esses impulsos venham todos à tona, o que seria igualmente desprazeroso. Sua função deverá ser a de dirigir, através dos caminhos mais convenientes, os impulsos impregnados de desejo que surgem do inconsciente (ibid.).

Ao modo de funcionamento do aparelho psíquico, quando participa apenas o Ics, Freud chama *processo primário*; e, ao modo de funcionamento do Pcs/Cs, ele chama *processo secundário*. O processo secundário é posterior e resulta de uma modificação do processo primário, sendo que jamais ocorre a substituição do primeiro pelo segundo, mas apenas um aumento crescente das exigências deste último em face do escoamento das excitações do primeiro. A distinção entre processo primário e processo secundário corresponde, de um ponto de vista econômico, à distinção entre *energia livre* e *energia ligada*; a primeira procurando a descarga da maneira mais rápida e direta possível e tendendo à "identidade perceptiva", isto é, procurando reinvestir as representações ligadas à experiência de satisfação de forma alucinatória, e a segunda escoando-se para a descarga de forma mais controlada e investindo de maneira mais estável as representações. Aqueles processos psíquicos que aparecem a nós como irracionais são processos primários que não tiveram sua energia inibida pela catexia pré-consciente, enquanto outros, por representarem impulsos impregnados de desejos infantis incompatíveis com o pensamento secundário, foram recalcados. Portanto, como resultado do funcionamento do processo secundário, grande parte do material mnêmico do indivíduo permanece inconsciente por não receber catexia do Pcs/Cs. O papel principal desse sistema consiste em dirigir da forma mais conveniente possível os impulsos impregnados de desejo que surgem do inconsciente. Esses impulsos, como veremos mais à frente, não podem ser destruídos nem inibidos, e a liberação do afeto ligado a eles é que produz desprazer. Freud considera que a essência do processo de recalcamento consiste precisamente na transformação desse afeto (op.cit., p.642).

Esse material recalcado faz seu "retorno" sob a forma de sintomas, sonhos, atos falhos etc. No caso dos sonhos, isso é facilitado pelo relaxamento do Pcs/Cs durante o sono, e a importância de que ele se reveste para Freud reside no fato de que, apesar de ser um processo psíquico normal, ele obedece aos mesmos mecanismos que produzem os sintomas neuróticos. Uma das últimas afirmações da *Traumdeutung* a que Freud concede relevo é: "A interpretação dos sonhos é a via real que leva ao conhecimento das atividades inconscientes da mente" (op.cit., p.647).

CAPÍTULO IV

O DISCURSO DA PULSÃO:

Os Três ensaios sobre a sexualidade

Se *A interpretação de sonhos* pode ser considerada como o discurso do desejo, os *Três ensaios sobre a teoria da sexualidade* (1905) devem ser considerados como o discurso da pulsão. Constituem eles os dois textos fundamentais sobre os quais se apoia a teoria psicanalítica (cf. Mannoni, 1976, p.77). Esses dois textos funcionam paralelamente, como se fossem duas inscrições ou dois registros distintos de uma mesma problemática. Apesar de o restante dos textos que compõem a teoria psicanalítica fazer referências necessárias a ambos, eles mesmos não fazem remissões um ao outro. Assim, como assinala O. Mannoni (ibid.), os *Três ensaios* não estão voltados para o desejo ou o fantasma e não encontramos neles nenhuma referência ao Édipo. Não é do desejo — que precisa realizar-se — que ele fala, mas da *pulsão* — que necessita satisfazer-se. Mas, como o próprio título indica, não é da pulsão em geral que Freud fala nos *Três ensaios* e sim da pulsão sexual em particular.

Não é, porém, nos *Três ensaios* que a sexualidade faz sua entrada nos escritos de Freud: na verdade, ela está presente desde os *Estudos sobre a histeria* (1893-1895) escritos juntamente com Breuer. O caso de Anna O. (Berta Pappenheim) pode ser considerado o lugar de entrada em cena da sexualidade, apesar da resistência oferecida por Joseph Breuer — ou precisamente por causa dessa resistência (ver o capítulo 1).

Um dos pressupostos que sustentaram a teoria e a terapia da histeria no período que corresponde aos *Estudos sobre a histeria* é o do trauma psíquico e seu conteúdo sexual. O que a teoria do trauma sustentava é que o neurótico, em sua infância, teria sido vítima de uma sedução sexual real e que esse fato, pelo seu caráter traumático, teria sido recalcado e se transformado em núcleo patogênico cuja remoção só seria obtida com a ab-reação e a elaboração psíquica da experiência traumática. Essa teoria, tal como foi concebida inicialmente, trazia implícito um problema cuja solução implicava um desdobramento da ação traumática. É que nessa época Freud não admitia ainda a existência de uma sexualidade infantil, o que tornava complicada a afirmação de que o trauma teria sido produzido na infância em função de uma sedução sexual exercida por um adulto. Não havendo sexualidade infantil, não poderia haver "sedução sexual", pois esta sequer poderia ser vivida como tal. Em função disso, Freud desdobra a ação traumática em dois momentos, sendo que o segundo momento é que confere um caráter traumático ao primeiro. No primeiro momento haveria apenas a cena na qual a criança sofreria a sedução sexual, sem que ela percebesse, porém, o caráter sexual do acontecimento e sem que se produzisse nela qualquer excitação de natureza sexual. O segundo momento ocorreria a partir da puberdade, quando a sexualidade já tivesse surgido, e uma outra cena que não necessitaria ser de natureza sexual *evocaria* a primeira por um traço associativo tornando patogênica a sua lembrança. Essa é a razão pela qual Freud escreve que "os histéricos sofrem de reminiscências" (ESB, vol.II, p.48, e vol.XI, p.18). Não é, pois, o passado que é traumático, mas a lembrança do passado a partir de uma experiência atual.

A superação da teoria do trauma implicava duas descobertas: a do papel da fantasia e a da sexualidade infantil. Essas duas descobertas podem ser concentradas numa só: a descoberta do Édipo.

A primeira referência feita por Freud ao complexo de Édipo foi numa carta a Fliess datada de 15 de outubro de 1897. Ele estava então empenhado em sua autoanálise e, ao fazer o relato de um sonho que tivera, escreve o seguinte:

> Um único pensamento de valor genérico revelou-se a mim. Verifiquei, também no meu caso, o apaixonamento pela mãe e ciúmes pelo pai, e agora considero isso como um evento universal do início da infância, mesmo que não tão precoce como nas crianças que se tornaram histéricas. (...) Sendo assim, podemos entender a força avassaladora de *Œdipus Rex*, apesar de todas as objeções levantadas pela razão contra a sua pressuposição do destino. (...) Mas a lenda grega apreende uma compulsão que toda pessoa reconhece porque sente sua presença dentro de si mesma. Cada pessoa da plateia foi um dia, em ponto menor ou em fantasia, exatamente um Édipo e cada pessoa retrocede horrorizada diante da realização de um sonho, aqui

transposto para a realidade, com toda a carga de recalcamento que separa seu estado infantil do seu estado atual. (Freud, ESB, vol.I, p.358-9)

Um mês antes dessa carta, Freud já havia questionado sua teoria da sedução sem, no entanto, chegar a uma conclusão que o satisfizesse. "Não acredito mais em minha *neurótica* (teoria das neuroses)", escreve ele a Fliess (op.cit., p.350) e, dentre as razões apontadas para o fato, duas são particularmente importantes para o que estamos vendo: 1) o fracasso terapêutico em grande parte dos casos, o que indicava que algo de importante estava faltando para a compreensão da neurose; 2) a desconfiança na veracidade dos relatos dos pacientes quanto a terem sido realmente seduzidos pelos pais ("todos os pais, não excluindo o meu, tinham que ser apontados como pervertidos"). Ora, se a sedução não era real, não era possível negar a realidade das narrativas de sedução feitas pelos pacientes. Essas histórias passam a ser consideradas, então, como fantasias cuja elaboração foi decorrente de impulsos edipianos anormalmente intensos.

Essas duas cartas (69 e 71) são frequentemente apontadas como expressivas de um momento fundamental do pensamento freudiano: o da passagem para a *fantasia*, lugar por excelência da cena psicanalítica. É verdade que Freud não dispunha ainda do conceito de inconsciente e que a ideia de uma sexualidade infantil estava apenas suspeitada. O conceito de inconsciente é produzido, como vimos, em *A interpretação de sonhos* e a sexualidade infantil, apesar de já estar contida no mesmo trabalho, será desenvolvida apenas nos *Três ensaios sobre a sexualidade*. Esse livro, que nos fala da pré-história da sexualidade, é que vai fornecer a Freud os elementos indispensáveis para a compreensão do complexo de Édipo, apesar de ele mesmo não citar uma única vez o Édipo, a não ser em notas de pé de página acrescentadas posteriormente.

Creio ser importante assinalar que, em verdade, Freud jamais abandona a teoria da sedução. O que ele abandona, e assim mesmo não completamente, é a tentativa de chegar a uma cena *originária*; mesmo porque, como assinala J. Laplanche (1973, p.50), há uma sedução à qual praticamente nenhum ser humano escapa: a sedução dos cuidados maternos. Escreve Freud:

> A relação de uma criança com quem quer que seja responsável por seu cuidado proporciona-lhe uma fonte infindável de excitação sexual e de satisfação de suas zonas erógenas. Isso é especialmente verdadeiro, já que

a pessoa que cuida dela, que, afinal de contas, em geral é sua mãe, olha-a
com sentimentos que se originam de sua própria vida sexual: ela a acaricia,
beija-a, embala-a e muito claramente a trata como um substitutivo de um
objeto sexual completo. (ESB, vol.VII, p.229-30)

Se a importância da sexualidade era algo que Freud, desde seus
primeiros escritos, já havia assinalado, o que vai ser colocado nos
Três ensaios é a perda da inocência infantil. O tema desses ensaios
é o pequeno "perverso polimorfo" com sua sexualidade fragmentada
em pulsões parciais vagando entre objetos e objetivos perversos.

OS PERVERSOS

O primeiro dos três ensaios tem como título "As aberrações sexuais",
título esse que poderia levar o leitor menos avisado a supor que Freud
estivesse propondo uma nova classificação das perversões ou adotando
alguma já existente como fundamento para uma nova partilha da
sexualidade. Na verdade, o que Freud faz é tomar como ponto de
partida do seu discurso um saber já existente que ele se propõe não
a continuar ou a refutar, mas sobretudo a perverter. Se em alguns
momentos ele se coloca como um refutador, analisando conceitos e
princípios empregados por esses saberes, o que vai se operando na
sequência do texto é a própria perversão desses conceitos e princípios.
Freud não se propõe apenas a oferecer mais uma teoria sobre a
sexualidade, mantendo-se, porém, no interior da mesma sintaxe em
que foi produzido o saber anterior. As teorias existentes assentavam-se
todas elas na noção de *instinto*, noção essa que vai ser substituída em
Freud pelo conceito de *pulsão (Trieb)*. Os *Três ensaios sobre a
sexualidade* nos falam não do instinto sexual, mas da pulsão sexual,
e, mais do que isso, constituem a pulsão sexual como modelo da
pulsão em geral, talvez modelo e exemplar único, já que podemos
perguntar se Freud em algum momento conseguiu caracterizar a pulsão
como sendo não sexual.

Se podemos apontar "desvios" ou "perversões" do instinto, por
se tratar de uma conduta cujos padrões são fixados hereditariamente,
isso se torna extremamente complexo em se tratando da pulsão, ela
mesma, um desvio do instinto, como veremos mais adiante. Assim
sendo, Freud começa por definir o que ele considera o objeto e o
objetivo sexuais: o *objeto* sexual é a pessoa de quem procede a atração

sexual e o *objetivo* sexual é o ato a que a pulsão conduz (op.cit., p.136). Essa distinção pode, sem dúvida, aplicar-se também ao instinto. A diferença está em que nele temos padrões fixos de conduta ligando o objetivo e o objeto, enquanto na pulsão esses padrões são fixados durante a história do indivíduo. O critério do que seja um desvio é, pois, muito mais variável no caso da pulsão do que no caso do instinto. A caracterização do instinto foi feita, sobretudo, pela biologia, para a qual a função dominante é a função de reprodução. Em decorrência disso, é perversa toda conduta sexual que não conduza à reprodução, já que ela colocaria em risco a preservação da espécie. Se nos colocarmos dentro de um ponto de vista psicanalítico, para o qual o fundamental é o prazer e não a reprodução, certas condutas que seriam consideradas perversas se tomássemos como referencial o instinto deixam de sê-lo se tomamos como referencial a pulsão. O objeto da pulsão apresenta uma variedade que torna praticamente impossível definir, apenas em função dele, o que seria uma perversão e, mesmo que tomemos como referencial o objetivo em lugar do objeto, a caracterização das condutas desviantes permanece imprecisa.

O objetivo do primeiro dos três ensaios não é ratificar as teorias existentes ou escolher dentre elas uma que fosse mais conveniente aos propósitos de Freud. Trata-se, nesse ensaio, de mostrar o quanto a noção de sexualidade supera em muito os limites impostos por essas teorias, o que implicaria repensar o próprio conceito de desvio ou perversão. Assim é que, depois de apresentar os desvios relativos ao objeto, Freud escreve que, apesar de normalmente se considerar o objeto sexual como parte integrante da pulsão sexual, ele foi levado a afrouxar o laço que une um ao outro. "Parece provável", diz ele (op.cit., p.149), "que a pulsão seja, em primeiro lugar, independente de seu objeto; nem é provável que sua origem seja determinada pelos atrativos de seu objeto".

É, porém, em relação ao objetivo sexual que Freud vai definir os desvios com mais precisão. O objetivo sexual é caracterizado como a união dos órgãos genitais que conduz a um alívio da tensão sexual (op.cit., p.15), e as perversões são definidas como atividades sexuais que se estendem, num sentido anatômico, além das regiões do corpo que se destinam à união sexual, ou demoram-se nas carícias prévias, as quais passam a ser mais importantes que o objetivo sexual final (op.cit., p.151). Isso poderia nos levar a crer que, tal como na sexologia da época, o referencial voltou a ser o biológico, mas Freud declara em seguida que nenhuma pessoa sadia pode deixar de acrescentar algo de perverso ao objetivo sexual normal e que "a universalidade dessa conclusão é em si suficiente para mostrar quão inadequado é usar a palavra perversão como um termo de censura" (op.cit., p.163). O grau de perversão permitido por cada pessoa está na dependência da maior ou menor resistência oferecida pelas "forças psíquicas", sobretudo a vergonha e a repugnância. Essas forças psíquicas vão ser responsáveis pela transformação desses impulsos em sintomas neuróticos, de modo que podemos considerar a neurose como o negativo das perversões (op.cit., p.168) e os sintomas como a atividade sexual do indivíduo neurótico.

A SEXUALIDADE INFANTIL

É no segundo dos *Três ensaios* que Freud vai desenvolver sua teoria da sexualidade infantil que provocou tanta reação e que se tornou fundamento essencial da teoria psicanalítica. Já vimos, no capítulo I, como a sexualidade infantil, longe de ser negada no século XIX, se revelava através das formas de controle e vigilância exercidas sobre a criança. Se a sexualidade infantil não era ainda colocada em discurso, ela já se fazia notar de forma evidente através de um conjunto de práticas exercidas pelo social no sentido de conjurar a ameaça que ela representava. Essa ameaça se fazia sentir, segundo Freud, de duas maneiras principais: a primeira, pela negação pura e simples da existência de uma sexualidade na infância; a segunda, pela amnésia que incide sobre os primeiros anos de nossa infância. Ao recusarmos o reconhecimento de uma sexualidade infantil, o que estamos fazendo é negar o reconhecimento dos nossos próprios impulsos sexuais infantis, isto é, estamos mantendo o interdito que sobre eles lançamos na nossa infância. Assim, o "esquecimento" por parte do saber da sexualidade infantil é uma das formas pelas quais se manifesta a recusa de nossa própria infância perversa. Nos *Três ensaios*, Freud se propõe exatamente a reconstruir essa pré-história da sexualidade e as vicissitudes a que ela foi submetida.

O AUTOEROTISMO

Foi numa carta a Fliess, datada de 9 de dezembro de 1899, que Freud empregou pela primeira vez o termo "autoerotismo", que segundo

ele designava "o estrato sexual mais primitivo", agindo com independência de qualquer fim psicossexual "e exigindo somente sensações locais de satisfação" (Freud, ESB, vol.I, p.377). O termo foi
tomado emprestado de Havelock Ellis, que o havia introduzido um
ano antes num artigo intitulado *Auto-erotism: A Psychological Study*.
Ele é retomado por Freud nos *Três ensaios* para caracterizar um estado
original da sexualidade infantil anterior ao do narcisismo, no qual a
pulsão sexual, ligada a um órgão ou à excitação de uma zona erógena,
encontra satisfação sem recorrer a um objeto externo.

Quando Freud afirma que o autoerotismo se caracteriza por uma
ausência de objeto sexual exterior, o que ele está defendendo não é
a existência de um estado primitivo "anobjetal", mas sim o caráter
contingente do objeto da pulsão sexual, pois é exatamente essa
característica que vai distinguir a pulsão sexual do instinto, para o
qual haveria um caminho pré-formado em direção a um objeto
determinado. Anteriormente à fase autoerótica, na qual a pulsão sexual
perde seu objeto, há uma fase na qual a pulsão se satisfaz por "apoio"
na pulsão de autoconservação e essa satisfação se dá graças a um
objeto: o seio materno.

É na conclusão do item sobre o autoerotismo (ESB, vol.VII,
p.187) que Freud coloca a questão de "apoio" (*Anlehnung*) da pulsão
sexual na pulsão de autoconservação:

> Nosso estudo do ato de sugar o dedo ou sugar sensual já nos forneceu as
> três características essenciais de uma manifestação sexual infantil. Em sua
> origem ela se apoia em uma das funções somáticas vitais; ainda não se tem
> objeto sexual e é, assim, autoerótica; e seu objetivo sexual é dominado por
> uma zona erógena.

Essa noção poderá nos fornecer a chave para a compreensão do
problema do autoerotismo.

O termo *apoio* ou *anáclise* é a tradução do alemão *Anlehnung*
(em francês: *étayage*) e designa a relação que as pulsões sexuais
mantêm originalmente com as funções vitais que lhes fornecem uma
fonte orgânica, uma direção e um objeto. O termo é muitas vezes
empregado de forma errônea para designar o apoio da criança na mãe,
o que lhe conferiria um sentido puramente descritivo, ao passo que
para Freud ele é uma peça fundamental na elaboração da teoria da
sexualidade. O apoio a que se refere Freud não é o da criança na mãe,
mas o da pulsão sexual em outro processo não sexual, "sobre uma

das funções somáticas vitais", escreve ele. Essa função somática vital, que possui uma fonte, uma direção e um objeto específicos, é o próprio instinto. O modelo dessa função somática vital tomado por Freud é o da amamentação do lactente. Nesse primeiro momento, o "objeto específico" não é, como apressadamente poderíamos supor, o seio da mãe, mas o leite. É a ingestão do leite, e não o sugar o seio, o que satisfaz a fome da criança. Portanto, em termos instintivos, a função de sucção tem por finalidade a obtenção do alimento e é este que satisfaz o estado de necessidade orgânica caracterizado pela fome. Mas, ao mesmo tempo em que isso ocorre, ocorre também um processo paralelo de natureza sexual: a excitação dos lábios e da língua pelo peito, produzindo uma satisfação que não é redutível à saciedade alimentar apesar de encontrar nela o seu *apoio*. O termo *apoio* designa precisamente essa relação primitiva da sexualidade com uma função ligada à conservação da vida, mas ao mesmo tempo assinala a distância entre essa função conservadora e a pulsão sexual. O objeto do instinto é o alimento, enquanto o objeto da pulsão sexual é o seio materno — um objeto, portanto, externo ao próprio corpo. É quando esse objeto é abandonado, e tanto o objetivo quanto o objeto ganham autonomia com respeito à alimentação, que se constitui o protótipo da sexualidade oral para Freud: o chupar o dedo. Tem início, então, o autoerotismo.

A pulsão sexual deve, portanto, ser entendida como o desvio do instinto. O texto de Freud sobre o autoerotismo nos *Três ensaios* é bastante explícito a esse respeito:

> Foi a sua primeira e mais vital atividade, sugando o seio da mãe ou substitutos dele que deve tê-la (a criança) familiarizado com este prazer. Os lábios da criança, a nosso ver, comportam-se como uma zona erógena, e sem dúvida o estímulo do morno fluxo do leite é a causa da sensação de prazer. A satisfação da zona erógena se associa, no primeiro caso, à satisfação da necessidade de nutrição. De início, a atividade sexual se liga a funções que atendem à finalidade de autopreservação e não se torna independente delas senão mais tarde. Ninguém que já tenha visto um bebê reclinar-se saciado do seio e dormir com as faces coradas e um sorriso feliz pode fugir à reflexão de que este quadro persiste como protótipo da expressão da satisfação sexual na vida ulterior. A necessidade de repetir a satisfação sexual desliga-se agora da necessidade de nutrir-se — separação que se torna inevitável quando aparecem os dentes e o alimento não é mais ingerido apenas pela sucção mas é também mastigado. A criança não usa um corpo estranho para sua sucção, preferindo uma parte de sua própria

pele porque é mais conveniente, porque a torna independente do mundo exterior, que ela ainda não pode controlar, e porque desta forma ela se proporciona, por assim dizer, uma segunda zona erógena, embora de espécie inferior. (op.cit., p.186-7)

É essa dissociação da pulsão sexual com respeito ao instinto que vai constituir a diferença do sexual entendido como instinto em face do sexual entendido como pulsão. Esse apoio-dissociação corresponde tanto à ampliação do conceito de sexualidade como à importância do papel desempenhado pela fantasia como fonte da pulsão sexual. Mais adiante, veremos como o autoerotismo se transforma em narcisismo. Por enquanto, para que possamos entender essa fase anárquica da sexualidade infantil, temos de compreender a relação que Freud estabelece entre as zonas erógenas e as pulsões parciais.

ZONAS ERÓGENAS E PULSÕES PARCIAIS

Na primeira edição dos *Três ensaios*, Freud não admitia ainda uma organização da sexualidade anterior à puberdade. O que havia até essa fase era uma sexualidade anárquica ligada a zonas erógenas. As zonas erógenas eram certas regiões do corpo, sobretudo o revestimento cutâneo-mucoso, que Freud considerava como *fontes* das diversas pulsões parciais. As pulsões parciais eram, portanto, os elementos últimos a que se podia chegar na análise da sexualidade e não partes da pulsão sexual considerada como uma totalidade. Não é a pulsão sexual, considerada como um todo, que ao se fragmentar produz as pulsões parciais, mas ao contrário, estas é que são os elementos primeiros a partir dos quais se vão constituir as organizações da libido. As pulsões parciais começam a funcionar num estado anárquico, inorganizado, que caracteriza o autoerotismo; enquanto umas estão ligadas a uma zona erógena determinada, outras são independentes e definidas pelo seu alvo.

A noção de *zona erógena* está presente em Freud desde 1896, mas apenas no âmbito privado de sua correspondência com Fliess (cartas 52 e 75). Nessa época, ele já comentava com seu amigo que, "na infância, a liberação da sexualidade ainda não é tão localizada como o é posteriormente, de modo que as zonas (e talvez também toda a superfície do corpo), que depois são abandonadas, também provocam algo análogo à liberação posterior da sexualidade" (Freud,

ESB, vol.I, p.363). A liberação da sexualidade dar-se-ia não apenas mediante um estímulo externo sobre os órgãos sexuais ou de excitações internas emanadas desses órgãos, mas também "a partir de ideias, isto é, a partir de traços de memória".

A noção de *organização* pré-genital só aparece nos textos freudianos a partir de 1913 (Freud, ESB, vol.XII, p.404) e mesmo assim restrita à organização sádico-anal. É nos acréscimos feitos em 1915 aos *Três ensaios* que a noção de organização pré-genital infantil aparece de forma mais ampla abarcando a organização "oral", a "anal-sádica" e, posteriormente, a "fálica", sendo que esta última só é introduzida em 1923. Como o próprio nome indica, as organizações pré-genitais são organizações da vida sexual nas quais as zonas genitais não assumiram ainda seu papel preponderante, isto é, nas quais a busca do prazer ainda não está dominada pela função reprodutora sob a primazia da zona genital. A ideia de "organização" da libido numa fase pré-genital implica que Freud tenha admitido que a sexualidade anárquica do período de autoerotismo comece a se organizar em torno de zonas privilegiadas antes de adquirir uma organização global em torno da zona genital.

Freud, sem dúvida alguma, elabora a noção de zona erógena segundo um referencial anatomofisiológico. Segundo esse referencial, certas regiões do corpo são consideradas predestinadas para fins sexuais, porém, a partir de 1915, "após refletir mais e depois de levar em conta outras observações, fui levado a atribuir a qualidade de erogeneidade a todas as partes do corpo e a todos os órgãos internos" (ESB, vol.VII, p.188, nota). É a esse corpo totalmente concebido como zona erógena que Serge Leclaire (1977, p.55) lança a pergunta: "Mas, qual corpo?" "No conjunto descrito sob esse nome pela anatomofisiologia não haveria lugar em suas lâminas descritivas para esse órgão fantasma que é o pênis da mulher, nem haveria lugar no metabolismo das necessidades fundamentais para esse objeto alucinado que é o seio perdido."

É evidente que o corpo psicanalítico é um corpo fantasmático e não um corpo anatomofisiológico. Mesmo quando Freud articula a sexualidade às necessidades básicas do indivíduo, quando "apoia" a pulsão no instinto, não é para as semelhanças entre ambos que está apontando, mas sim para as suas diferenças. A própria noção de "apoio", como já vimos, assinala menos uma semelhança do que uma diferença e uma distância. É para o "fantasma" que se dirige o desejo, e não para o real; é ao nível da representação que se passa a psicanálise.

Quando fala em "sexualidade madura", Freud "apoia" esse termo na função de reprodução, chegando mesmo a apelar para um instinto de preservação da espécie. Mas é o caso de perguntarmos: será mesmo a função de reprodução que concede primazia à zona genital, ou será o contrário, esta é que fornece à função de reprodução a importância de que ela se reveste? Trata-se de necessidade ou de desejo?

Ao recentrar a teoria psicanalítica na noção de desejo, Lacan nos mostra como o desejo surge do afastamento entre a necessidade e a exigência; como ele se dirige não a um objeto real, independente do indivíduo, mas a um fantasma. Dessa forma, a primazia do genital resultaria não da importância da função reprodutora, mas do privilégio dessa zona na ordem da inscrição do prazer. "O corpo surge aqui", escreve Lacan, "tal como o encontramos nas fantasias ou nos delírios — como o grande livro em que se inscreve a possibilidade do prazer, onde se oculta o "impossível saber sobre o sexo" (cit. por Leclaire, 1977, p.56).

AS FASES DE ORGANIZAÇÃO DA LIBIDO

Como já foi dito, a preocupação de Freud na época da primeira edição dos *Três ensaios* era a de opor uma sexualidade infantil desorganizada a uma sexualidade organizada sob o primado genital a partir da puberdade. É somente após a emergência do conceito de "organização pré-genital" que a noção de "fase" da libido passa a ser possível.

A noção de fase *libidinal* (*Libidostufe* ou *Libidophase*) designa uma etapa do desenvolvimento sexual da criança caracterizada por uma certa organização da libido determinada ou pela predominância de uma zona erógena ou por um modo de relação de objeto. No entanto, o termo "fase" não é empregado por Freud apenas para designar as etapas da evolução da libido. Desde 1896 Freud está empenhado, juntamente com Fliess (cf. Cartas 52 e 75), numa tentativa de estabelecer períodos do desenvolvimento individual, os quais estariam relacionados a zonas erógenas determinadas.

Foram essas noções, mantidas afastadas do público e comentadas apenas com o amigo, que se constituíram no embrião do que, em 1915, se transformaria na teoria das fases da libido incluída nos *Três ensaios*. A noção de fase permanece apenas parcialmente inteligível se a referirmos exclusivamente à de zona erógena. Sem dúvida, foi a partir da noção de zona erógena e da suposição de que algumas partes do corpo são "predestinadas" no que se refere à erogeneidade, que Freud desenvolveu seu conceito de "organização" da libido, mas essa noção não é suficiente para explicar o conceito de fase que implica, além disso, um certo modo de relação do indivíduo com seu mundo. Duas noções são, pois, necessárias para que se possa compreender adequadamente o conceito de fase: a de *zona erógena* e a de *relação de objeto*. Nos textos psicanalíticos pós-freudianos, encontramos uma tentativa de substituir a noção de fase pela de "relação de objeto". A importância dessa noção foi ressaltada sobretudo por M. Balint (1970) e por R. Spitz (1958).

Inicialmente, Freud distingue, dentre as organizações "pré-genitais", duas fases: a *oral* (ou organização sexual pré-genital canibal) e a *sádico-anal*. Somente em 1923 ele incluiu uma terceira fase pré-genital, a *fálica*, que, apesar de genital, reconhece apenas uma espécie de genital: o masculino. Essa fase é dominada pelo complexo de castração e corresponde ao declínio do complexo de Édipo.

FASE ORAL. É a primeira fase da evolução sexual pré-genital. Nela o prazer ainda está ligado à ingestão de alimentos e à excitação da mucosa dos lábios e da cavidade bucal. O objetivo sexual consiste na incorporação do objeto, o que funcionará como protótipo para identificações futuras como, por exemplo, a significação comer-ser comido que caracteriza a relação de amor com a mãe. Já vimos como a noção de "apoio" é utilizada para mostrar a relação que a pulsão sexual mantém com o instinto de nutrição e ao mesmo tempo adquire independência com relação a ele e se satisfaz de forma autoerótica. Da mesma forma, a *vivência de satisfação (Befriedigungserlebnis)*, que constitui a base do desejo, é uma experiência oral, daí a ligação que se fará a partir dessa experiência entre o desejo e a satisfação. Utilizando a distinção feita por Freud entre *fonte, objetivo* e *objeto* da pulsão, podemos dizer que, no caso da organização oral, a fonte é a zona oral, o objeto é o seio e o objetivo é a incorporação do objeto. O importante a assinalar aqui é o fato de que a fase oral, tal como já foi salientado acima a respeito da noção de fase, não se caracteriza apenas pelo predomínio de uma zona de corpo, mas também por um modo de relação de objeto: a incorporação. Karl Abraham propôs, em 1924, que se subdividisse essa fase em duas: a *fase oral precoce*, caracterizada pela função de sucção, e a *fase oral-sádica*, caracterizada, com o aparecimento dos dentes, pela função de morder. Na fase oral-sádica, o modo de relação — a incorporação — implica a destruição do objeto, o que deflagra um sentimento de ambivalência com relação a ele. Essa ambivalência é acompanhada pela fantasia da criança de ser comida ou destruída pela mãe.

FASE ANAL-SÁDICA. É a segunda fase pré-genital da sexualidade infantil (situada entre os dois e os quatro anos, aproximadamente). Essa fase é caracterizada por uma organização da libido sob o primado da zona anal e por um modo de relação de objeto que Freud denomina "ativo" e "passivo". Escreve Freud:

> Aqui, a oposição entre duas correntes que persiste por toda a vida sexual já está desenvolvida: elas não podem ainda, contudo, ser descritas como "masculina" e "feminina", mas apenas como "ativa" e "passiva". A atividade é posta em operação pelo instinto de domínio, por intermédio da musculatura somática; o órgão que, mais do que qualquer outro, representa o objetivo sexual passivo é a membrana mucosa erógena do ânus. (Freud, ESB, vol.VII, p.204)

Essa fase está impregnada de valor simbólico, sobretudo ligado às fezes. Tal é o caso da significação de que se reveste a atividade de dar e receber ligada à expulsão e retenção das fezes. Foi o próprio Freud quem, no artigo *As transformações do instinto exemplificadas no erotismo anal* (1917), salientou a equivalência simbólica entre as fezes e o dinheiro. É na fase anal que se constitui a polaridade atividade-passividade que Freud faz corresponder à polaridade sadismo-masoquismo.

FASE FÁLICA. Essa fase só foi apontada por Freud em 1923, em seu artigo *A organização genital infantil.* Corresponde à organização da libido que vem depois das fases oral e anal, na qual já há um predomínio dos órgãos genitais. Essa fase apresenta um objeto sexual e alguma convergência dos impulsos sexuais sobre esse objeto. O que a distingue fundamentalmente da fase genital madura é que nela a criança reconhece apenas um órgão genital: o masculino. Nela a oposição entre os sexos é caracterizada pela castração, isto é, pela distinção fálico-castrado. Laplanche e Pontalis (1970, p.238) assinalam que a ideia de um primado do falo já está presente em textos anteriores a 1923. De fato, nos *Três ensaios* já se encontram duas teses que sustentam esse ponto de vista:

a) a libido é "de natureza masculina, tanto na mulher como no homem";

b) "a zona erógena diretriz da criança de sexo feminino é localizada no clitóris, que é o homólogo da zona genital masculina (glande)".

A importância da fase fálica está ligada ao fato de que ela assinala o ponto culminante e o declínio do complexo de Édipo pela ameaça da castração. No caso do menino, a fase fálica se caracteriza por um interesse narcísico que ele tem pelo próprio pênis em contraposição à descoberta da ausência de pênis na menina. É essa diferença que vai marcar a oposição fálico-castrado que substitui, nessa fase, o par atividade-passividade da fase anal. Na menina, essa constatação determina o surgimento da "inveja do pênis" e o consequente ressentimento para com a mãe "porque esta não lhe deu um pênis", o que será compensado com o desejo de ter um filho.

AS TRANSFORMAÇÕES DA PUBERDADE

O terceiro ensaio, que tem por título "As transformações da puberdade", é dedicado à análise da sexualidade genital. É com o início da puberdade que o desenvolvimento da sexualidade começa a tomar sua forma adulta. As pulsões sexuais, até então marcadas por uma forma autoerótica de obtenção de satisfação, encontram finalmente um objeto sexual em função da combinação das pulsões parciais sob o primado da zona genital.

Freud coloca como novo objetivo sexual, nessa fase, a descarga dos produtos sexuais, subordinando a pulsão sexual à função reprodutora. Isso não significa, segundo ele, que a obtenção do prazer tenha deixado de se constituir no objeto final da sexualidade, mas que agora ambos os objetivos se fundem, conferindo à sexualidade um valor altruístico: "A pulsão sexual está agora subordinada à função reprodutora; tornou-se, por assim dizer, altruística" (Freud, ESB, vol.VII, p.213). O caráter altruístico deve-se, obviamente, ao fato de que a reprodução visa à manutenção da espécie, ultrapassando portanto o nível da simples satisfação individual.

Aqui, fica evidente a marca biológica que atravessa o pensamento freudiano; isso para não falarmos no caráter teleológico dessa concepção. Subordinar a pulsão sexual à função reprodutora é reduzir a concepção psicanalítica da pulsão a uma concepção biológica. Que a biologia adscreva ao sexo a função reprodutora e faça desta o

referencial privilegiado ou mesmo exclusivo na análise do comportamento sexual é compreensível, mas que a psicanálise o faça, ainda
que sem o sacrifício do prazer, é uma contradição. "O objetivo (*Ziel*)
de uma pulsão", escreve Freud em *A pulsão e seus destinos*, "é sempre
a satisfação". É portanto em termos de satisfação que temos de
compreender a pulsão e não em termos de uma finalidade que lhe
seja transcendente. Prazer nada tem que ver com reprodução. O caráter
prazeroso ou satisfatório de um comportamento sexual não está
subordinado à reprodução nem pode ter nesta seu princípio explicativo.
Admitir essa subordinação é fazer um reducionismo grosseiro e, ao
mesmo tempo, denegador da pulsão. Cabe aqui a transcrição de um
trecho de M. Foucault sobre a familiarização da sexualidade do século
XIX:

> A sexualidade é, então, cuidadosamente encerrada. Muda-se para dentro de
> casa. A família conjugal a confisca. E absorve-a, inteiramente, na seriedade
> da *função de reproduzir*. Em torno do sexo, se cala. O casal legítimo e
> procriador dita a lei. Impõe-se como modelo, faz reinar a norma, detém a
> verdade, guarda o direito de falar, reservando-se o princípio do segredo.
> No espaço social, como no coração de cada moradia, um único lugar de
> sexualidade reconhecida, mas utilitário e fecundo: o quarto dos pais. Ao
> que sobra só resta encobrir-se; o decoro das atitudes esconde os corpos, a
> decência das palavras limpa os discursos. E se o estéril insiste e se mostra
> demasiadamente, vira anormal: receberá este *status* e deverá pagar as
> sanções. (1977, p.9-10)

É a familiarização da sexualidade, sua desvinculação do prazer, sua
constituição como "dispositivo de aliança" que resultam da subordinação da sexualidade à reprodução. É a perigosa função normalizadora
de que a psicanálise se faz efeito-instrumento mais do que causa
desencadeadora.
    A se estabelecer uma relação entre a sexualidade e a reprodução,
dentro dos limites da teoria psicanalítica, admito como bem mais
coerente a posição de S. Leclaire citada algumas páginas atrás,
segundo a qual a primazia da sexualidade genital não resulta da
importância da função reprodutora, mas, ao contrário, resulta do
privilégio da zona genital na ordem da inscrição do prazer.
    Voltando ao texto dos *Três ensaios*, vamos encontrar Freud
tentando articular essas duas perspectivas: a biológica e a psicológica.
Segundo ele, a característica essencial da puberdade é o crescimento
manifesto dos órgãos sexuais externos, o qual é acompanhado pelo
desenvolvimento dos órgãos genitais internos responsáveis pela des-

carga dos produtos sexuais e pela formação de um novo organismo vivo. O aparelho assim constituído é movimentado por estímulos originados de três fontes: o mundo externo, o interior do organismo e a própria vida mental. Essas três fontes produzem a excitação sexual que se mostra por duas espécies de indicadores: as indicações mentais consistem num estado de tensão e as indicações corporais consistem em alterações diversas nos órgãos genitais.

O que Freud vê como problemático é o fato de a excitação sexual possuir o caráter de tensão, pois um dos postulados da teoria psicanalítica é o de que o desprazer é resultado de um aumento de tensão e o prazer é resultado da redução da tensão. No entanto, é inegável que a excitação sexual é acompanhada por um sentimento de prazer. Como conciliar o sentimento de prazer com o aumento de tensão? Freud responde a essa pergunta através da distinção que faz entre "pré-prazer" e "prazer final". Enquanto o primeiro é caracterizado pela excitação das zonas erógenas, o segundo é devido à descarga das substâncias sexuais.

A estimulação apropriada de uma zona erógena sempre produz prazer, o qual provoca um aumento de tensão que é responsável pelo desencadeamento da energia motora visando à descarga da tensão. Assim, existe um estágio em que tensão e prazer se dão conjuntamente, mas que, se não forem acompanhados de uma descarga motora, resultam em desprazer. No indivíduo adulto, essa descarga é caracterizada pelo orgasmo, único capaz de proporcionar uma satisfação final ou "prazer final". No caso do adulto, o pré-prazer pode assumir um caráter patogênico quando, sendo ele intenso, é acompanhado de um grau de tensão pequeno. Nesse caso, não há motivo para uma continuidade do processo sexual, já que, por não ser premido pela necessidade de eliminar a tensão, ele pode permanecer nesse estágio preparatório. O fator facilitador para que isso aconteça pode ser a ocorrência de experiências infantis acompanhadas de uma quantidade incomum de prazer.

A TEORIA DA LIBIDO

O termo "libido" designa uma energia postulada por Freud como substrato da pulsão sexual. Apesar de o termo ter sido empregado mais no seu registro quantitativo, Freud lhe atribui um caráter qualitativo bem marcado. A libido é essencialmente de natureza sexual, sendo irredutível a outras formas de energia mental não espe-cificadas. Este é, inclusive, o principal ponto de discordância entre Freud e Jung, na medida em que este último via na libido uma energia psíquica indiferenciada em sua origem e que poderia ser sexualizada ou dessexualizada e que coincidia com a noção de energia mental em geral. Para Freud, essa redução era supérflua e, além de não trazer nenhum benefício teórico, obscurecia o conceito por ele produzido. A libido em Freud é essencialmente de natureza sexual, apesar de poder ser "dessexualizada" no que se refere ao objetivo, e é por ele concebida como a manifestação dinâmica na vida psíquica de pulsão sexual (Freud, ESB, vol.XVIII, p.308).

Na primeira formulação da teoria das pulsões (1910/1915), Freud elabora uma concepção dualista que opõe a pulsão sexual às pulsões do ego. Enquanto a energia da pulsão sexual é a libido e seu objetivo é a satisfação, as pulsões do ego colocariam sua energia ("interesse") a serviço do ego, visando à autoconservação do indivíduo e opondo-se, dessa forma, às pulsões sexuais. É a partir da introdução do conceito de narcisismo que a oposição entre pulsão sexual e pulsões do ego começa a se desfazer. O que a noção de narcisismo tornou claro foi o fato de que as pulsões sexuais podiam retirar a libido investida nos objetos e fazê-la voltar sobre o próprio ego. Esse fato, que se tornou evidente a partir das investigações feitas sobre as psicoses, foi denominado "narcisismo" e a libido investida sobre o próprio ego foi chamada de "libido narcísica".

"A libido é invariável e necessariamente de natureza masculina, ocorra ela em homens ou em mulheres e independentemente de ser seu objeto um homem ou uma mulher" (Freud, ESB, vol.VII, p.226). Esse trecho não pretende ser o brado machista da psicanálise, mas, antes de tudo, a confissão de uma dificuldade básica, que é a que Freud encontra ao tentar definir o que caracteriza o "masculino" e o "feminino". De fato, o trecho acima transcrito é precedido de um outro que afirma o seguinte: "Na verdade, se pudéssemos dar uma conotação mais definida aos conceitos de 'masculino' e 'feminino', seria até mesmo possível sustentar que a libido é invariável e necessariamente (...)." Freud declara que os conceitos de "masculino" e "feminino", que parecem às pessoas comuns como sendo de natureza absolutamente inequívoca, são na verdade extremamente difíceis de determinar quando se trata de fazer ciência. Assim, do ponto de vista biológico, poderíamos dizer que "masculino" e "fe-minino" são termos aplicados a indivíduos que se caracterizam por serem portadores de espermatozoides ou óvulos, respectivamente, e por funções ligadas a eles. No entanto, tal como foi empregado mais acima, os termos "masculino" e "feminino" são usados no sentido de *atividade* e *passividade*. E, nesse caso, "uma pulsão é sempre ativa, mesmo quando tenha em mira um objetivo passivo". Portanto, afirmar que "a libido é invariável e necessariamente de natureza masculina" equivale a afirmar que a libido é invariável e necessariamente de natureza ativa. Além do mais, Freud não poderia esquivar-se à sua hipótese de o ser humano ser essencialmente bissexual, o que lança por terra uma possível acusação de machista (pelo menos no que se refere ao texto acima).

No resumo-conclusão dos *Três ensaios*, Freud retoma a questão dos fatores constitucionais e hereditários e sua influência sobre o desenvolvimento da sexualidade. Apesar de afirmar que os fatores constitucionais e os acidentais são complementares e não exclusivos, deixa transparecer claramente que o peso maior recai sobre os primeiros, a ponto de fazer afirmações do tipo: "Em mais da metade dos casos graves de histeria, neurose obsessiva etc. de que tratei psicoterapicamente, pude provar com certeza que o pai do paciente sofria de sífilis antes do casamento" (op.cit., p.243). Por que não dizer também que, em mais da metade dos casos graves de que tratou psicoterapicamente, ele pôde provar com certeza que o pai e a mãe do paciente eram religiosos? Ou então que eram burgueses? Esse tipo de subordinação do psíquico ao biológico é o mesmo que Freud empreende quando, ao falar da sexualidade madura, condiciona-a à função reprodutora.

A ênfase concedida ao biológico é atenuada quando Freud se refere às modificações ulteriores que podem conferir direções diversas aos fatores constitucionais. Isso não significa que essas modificações não sejam originárias de fatores também constitucionais, mas que o constitucional pode sofrer vicissitudes distintas daquelas que decorriam de uma simples manifestação de suas características iniciais. Ou seja, se o constitucional é o determinante em última instância, ele não é, porém, o determinante único ou o dominante numa certa fase do desenvolvimento. Assim, o mesmo conjunto de fatores constitucionais de características anormais pode levar a três resultados finais diferentes (op.cit., p.244-6):

1. O primeiro é a persistência, na maturidade, de um tipo de relação entre os fatores constitucionais que se pode considerar como anormal. Nesse caso, o resultado será uma sexualidade perversa.

2. O segundo é aquele que ocorre no curso do desenvolvimento se alguns dos componentes cuja força seja excessiva forem submetidos ao processo de recalcamento. Nesse caso, as excitações continuam a ser geradas mas são psiquicamente impedidas de atingir seu objetivo, sendo desviadas para outras formas de expressão (sintomas, por exemplo). É nesse sentido que Freud diz que a neurose é o negativo da perversão: haverá uma vida sexual aproximadamente normal, mas acompanhada de manifestações neuróticas.

3. A terceira alternativa é a que é possibilitada pelo processo de sublimação. É o que ocorre quando excitações excessivamente fortes, que surgem de determinadas fontes sexuais, encontram uma saída em outros campos que não o sexual. Essa é, segundo Freud, uma das fontes da criação artística em particular e da cultura em geral.

Consciente da dificuldade de se calcular de maneira eficaz o peso relativo dos fatores constitucionais e dos acidentais, Freud lança mão do que ele chama de "série complementar" (ou série etiológica), segundo a qual a intensidade decrescente de um fator é contrabalançada pela intensidade decrescente do outro, sem nunca chegarem a se excluir mutuamente, mas sempre constituindo uma relação de complementaridade.

CAPÍTULO V

PULSÃO E REPRESENTAÇÃO

Os dois capítulos anteriores foram dedicados a dois textos que ocupam um lugar privilegiado dentre os escritos de Freud: *A interpretação de sonhos* e os *Três ensaios sobre a teoria da sexualidade*. Qualquer que seja a importância atribuída aos demais textos que compõem os escritos freudianos, e essa importância não deve nem pode ser minimizada, permanece o fato de que os dois textos citados constituem os pilares sobre os quais se assenta a teoria psicanalítica. Isso não significa, porém, que eles esgotem o que Freud tem a dizer sobre o desejo e a pulsão, e que a leitura de ambos forneça uma teoria acabada em seus mínimos detalhes. Dizer que o primeiro constitui o discurso do desejo enquanto o segundo constitui o discurso da pulsão não implica afirmar que o desejo e a pulsão se revelam neles com toda a sua transparência teórica, mas que ambos se insinuam e se ocultam nesses textos paralelos e complementares.

Os capítulos que se seguem se propõem a fornecer uma análise mais detalhada de conceitos que, embora tenham sido lançados em *A interpretação de sonhos* e nos *Três ensaios*, não receberam desses textos a clareza necessária para seu pleno entendimento. São eles alguns dos conceitos fundamentais da teoria psicanalítica e que importam particularmente ao presente trabalho. Vários desses conceitos, como os de pulsão, recalcamento e inconsciente, foram desenvolvidos e mais explicitados nos chamados escritos da *Metapsicologia*. Antes de entrar na análise do primeiro desses conceitos — o conceito de pulsão — gostaria de dizer alguma coisa sobre a metapsicologia freudiana.

Os artigos da *Metapsicologia* representam a tentativa mais concentrada de Freud de esclarecimento das bases teóricas sobre as quais está assentada a psicanálise. Os cinco artigos que compõem o conjunto — *As pulsões e seus destinos*, *O recalque*, *O inconsciente*, *Suplemento metapsicológico à teoria dos sonhos* e *Luto e melancolia* — fazem parte de uma coletânea de 12 artigos da qual os outros sete se perderam. Todos os artigos restantes foram escritos no ano de 1915 quando Freud teve sua clínica bastante reduzida em decorrência da eclosão da Primeira Guerra Mundial.

O termo "metapsicologia" possui, em Freud, dois sentidos: o primeiro, mais explícito, diz respeito à metapsicologia entendida como um conjunto de modelos conceituais que constituem a estrutura teórica da psicanálise; um segundo sentido é fornecido pelo próprio Freud em algumas cartas dirigidas a Fliess e numa passagem de *A psicopatologia da vida cotidiana*, onde o termo é empregado pela primeira vez (Freud, ESB, vol.VI, p.304). Esse outro sentido diz respeito às relações entre a metapsicologia e a metafísica (a semelhança dos termos não é casual). Na passagem de *A psicopatologia da vida cotidiana*, acima citada, Freud declara acreditar

> que uma grande parte da visão mitológica do mundo, cujo alcance se estende até as mais modernas religiões, *nada mais é do que psicologia projetada no mundo externo*. O reconhecimento obscuro (a percepção endopsíquica, por assim dizer) de fatores psíquicos e relações no inconsciente se espelham — é difícil exprimir isto em outros termos, e aqui a analogia com a paranoia tem que nos ajudar — na construção de uma *realidade sobrenatural*, a qual está destinada, em sentido contrário, a ser retransformada pela ciência em *psicologia do inconsciente*. Poder-se-ia ousar explicar desse modo os mitos do paraíso e do pecado original, de Deus, do bem e do mal, da imortalidade etc., e *transformar metafísica em psicologia*.

Essa passagem, além de representar uma tentativa de elaboração de uma explicação científica dos mitos, das crenças e das religiões, representa também uma velha aspiração de Freud, que era chegar ao conhecimento filosófico. "Nos meus anos de juventude", escreve ele a Fliess, "a nada aspirei tanto como ao conhecimento filosófico, e estou a realizar esse voto, passando da medicina à psicologia" (Carta de 2-3-1896).

É, porém, no artigo *O inconsciente* que o termo *metapsicologia* vai receber uma definição precisa:

> Proponho que, quando tivermos conseguido descrever um processo psíquico em seus aspectos dinâmico, topográfico e econômico, passemos

a nos referir a isso como uma apresentação metapsicológica. (ESB, vol.XIV, p.208)

Tomando-se por base essa definição, outros artigos de Freud, além dos cinco integrantes do projeto original, podem também ser considerados como metapsicológicos: o *Projeto* de 1895, o capítulo VII de *A interpretação de sonhos, Formulações sobre os dois princípios do funcionamento psíquico* (1911), *Uma nota sobre o inconsciente em psicanálise* (1912), *Sobre o narcisismo: uma introdução* (1914), *Além do princípio de prazer* (1920), *O Ego e o Id* (1923) e *Esboço de psicanálise* (1938).

A metapsicologia pretende, portanto, apresentar uma descrição minuciosa de qualquer processo psíquico quando enfocado sob os pontos de vista de sua localização em instâncias (ponto de vista *tópico*), da distribuição dos investimentos (ponto de vista *econômico*) e do conflito das forças pulsionais (ponto de vista *dinâmico*).

Em seu relato biográfico sobre Freud, E. Jones refere-se a esses artigos como tendo sido uma tentativa de síntese de todo o trabalho realizado por Freud; um fechamento final de sua obra. Freud completava, nessa época, 60 anos e o pensamento da morte lhe era cada vez mais frequente. Além do mais, ele acreditava supersticiosamente que morreria aos 62 anos. Nessa mesma época, decidiu encerrar as conferências que fazia anualmente na Universidade. Tudo levava a confirmar que Freud acreditava estar no fim da vida. Daí a grande síntese oferecida pela *metapsicologia*. O certo é que não passava pela cabeça de Freud a ideia de viver ainda um quarto de século, assim como sequer vislumbrava as profundas transformações que a psicanálise ainda sofreria, por obra sua, nesse período.

O CONCEITO DE PULSÃO

"A teoria das pulsões é, por assim dizer, nossa mitologia", escreve Freud (ESB, vol.XXII, p.119). Essa frase expressa adequadamente o que Freud coloca logo na primeira página do seu artigo *As pulsões e seus destinos*, a saber: o fato de que, apesar de uma teoria científica emergir a partir de uma série de fatos empíricos (no caso de Freud, de suas observações clínicas), ela implica um conjunto de conceitos que não são retirados dessas observações, mas que lhes são impostos a partir de um lugar teórico. Estes não são, pois, noções descritivas, mas construtos teóricos que não designam realidades observáveis ou mesmo existentes. São puras construções teóricas ou, se preferirmos, ficções teóricas que permitem e produzem uma inteligibilidade distinta daquela fornecida pela descrição empírica. Esses conceitos não descrevem o real, eles produzem o real; ou, se quisermos, eles permitem uma descrição do real segundo um tipo de articulação que não pode ser retirado desse próprio real enquanto "dado". São, portanto, autênticas ficções científicas. Esse é o caso da *pulsão* (*Trieb*) em Freud: ela nunca se dá por si mesma (nem a nível consciente, nem a nível inconsciente), ela só é conhecida pelos seus representantes: a *ideia* (*Vorstellung*) e o *afeto* (*Affekt*). Além do mais, ela é meio física e meio psíquica. Daí seu caráter "mitológico".

Antes de mais nada, convém afastar um confusão que, apesar de estar mais do que esclarecida para os conhecedores da literatura psicanalítica, pode se constituir num entrave sério para o leitor leigo: é a que diz respeito aos termos "pulsão" e "instinto". O termo empregado por Freud, no original alemão, é *Trieb*, que possui um significado distinto do termo *Instinkt*. Ambos os termos existem em língua alemã e o emprego, por parte de Freud, do primeiro, deixa bem claro que ele pretende muito mais acentuar a diferença entre ambos do que identificá-los. A confusão não deve ser creditada a Freud, mas a James Strachey, que ao traduzir as *Gesammelte Werke* com vistas à elaboração da *Standard Edition* preferiu traduzir *Trieb* por *instinct* (em inglês). Ora, *Instinct* seria a tradução adequada para *Instinkt* e não para *Trieb*, cujo significado corrente se aproxima muito mais de "impulso" do que de "instinto". No prefácio geral à *Standard Edition*, Strachey faz a defesa de sua tradução e podemos concordar com ele que Freud deixa bem clara a definição do termo *Trieb*. Ocorre, porém, que as obras de Freud são atualmente mais difundidas pela *Standard Edition* do que pelas *Gesammelte Werke* e se o leitor do texto original sabe muito bem distinguir *Trieb* de *Instinkt*, o leitor da tradução inglesa ou das divulgações que a utilizam como referência pode perfeitamente ficar atrapalhado com o termo *instinct*.

Em português, ficou consagrada a tradução de *Trieb* por "pulsão" (assim como em francês: *pulsion*), no lugar de "instinto".[1] A diferença

---

1 A *Edição Standard Brasileira* (Ed. Imago) mantém o termo "instinto". Creio, porém, que a opção foi correta, já que ela se propõe como uma tradução da *Standard Edition* inglesa feita por J. Strachey e não das *Gesammelte Werke* ou dos *Gesammelte Schriften*.

fundamental entre a pulsão (*Trieb*) e o instinto (*Instinkt*) é que este último, além de designar um comportamento hereditariamente fixado, possui um objeto específico, enquanto a pulsão não implica nem comportamento pré-formado, nem objeto específico. É exatamente a variação quanto ao objetivo e ao objeto que se vai constituir num dos pontos centrais da teoria pulsional.

Em defesa de Strachey, poderíamos argumentar que o emprego que a ciência faz em um termo é um emprego conceitual e não nocional, isto é, que o termo recebe um significado que lhe é conferido pela teoria e não pelo uso cotidiano que se faz dele. E na medida em que Freud precisa conceitualmente o termo *Trieb*, e que Strachey reproduz essa conceituação para o termo *instinct*, o problema estaria resolvido. Mas se isso salva a reputação do tradutor inglês, não elimina a confusão que até hoje é feita pelo leitor menos prevenido. O melhor, portanto, é começarmos pela definição dada por Freud no início de *A pulsão e seus destinos*.

Pulsão, diz Freud, é "um conceito situado na fronteira entre o mental e o somático"; ou ainda, "é o representante psíquico dos estímulos que se originam dentro do organismo e alcançam a mente" (ESB, vol.XIV, p.142). Essas duas definições apresentadas por Freud num mesmo parágrafo trazem o inconveniente de confundir a pulsão enquanto representante dos estímulos internos, com os representantes psíquicos *da* pulsão. No artigo *O inconsciente*, Freud afirma que uma pulsão nunca pode tornar-se objeto da consciência e que mesmo no inconsciente ela é sempre representada por uma ideia (*Vorstellung*) ou por um afeto (*Affekt*). Portanto, uma coisa é a pulsão, outra coisa é o representante psíquico da pulsão (*Psychischerepräsentanz*), e outra coisa ainda é a pulsão enquanto representante de algo físico.

Para evitar confusões futuras, convém precisarmos a distinção que Freud estabelece entre a pulsão e seus representantes, principalmente a distinção entre *Vorstellung* e *Repräsentanz* ou *Repräsentant*. Já vimos que uma pulsão nunca se dá como tal, nem a nível consciente nem a nível inconsciente; ela só se dá pelos seus representantes: o *representante ideativo* (*Vorstellungrepräsentant*) e o afeto (*Affekt*). Ambos são os representantes psíquicos da pulsão (*Psychischerepräsentanz*).

Ocorre, porém, que o termo *Vorstellung* é um termo consagrado no vocabulário filosófico alemão para designar: 1) aquilo que está presente no espírito (por oposição a "coisa"); 2) a percepção de um objeto; 3) a reprodução da percepção, isto é, a recordação; 4) o conteúdo de um ato de pensamento. Em todos esses casos, a *Vorstellung* designa uma realidade psíquica por oposição a algo que não é psíquico. Em português, a tradução mais adequada para *Vorstellung* seria, nesse caso, "representação". No entanto, Freud distingue a *Vorstellung* (representação) do afeto, e designa a ambos como representantes psíquicos da pulsão. Assim, o afeto é uma representação da pulsão sem ser uma *Vorstellung*. No sentido de tornar mais claro o significado dos vários termos empregados por Freud em torno da noção de representação, proponho a seguinte distinção:

1. *Representação (Vorstellung)* — é um dos representantes psíquicos da pulsão. Enquanto tal, opõe-se ao *afeto (affekt)*. Nesse sentido, o termo não é empregado por Freud tal como foi consagrado pela filosofia alemã. Não se trata apenas de um correlato a nível psíquico do objeto, mas de uma inscrição desse objeto nos sistemas mnêmicos. Veremos mais adiante como Freud vai distinguir a "representação da palavra" e a "representação da coisa", ambos entendidos como representação (*Vorstellung*).

2. *Representante psíquico (Psychischerepräsentanz)* — é a "representação" psíquica da pulsão. Abarca tanto o representante ideativo (*Vorstellungrepräsentanz*) como o afeto (*Affekt*). Esse termo é empregado por Freud com um sentido às vezes duplo: algumas vezes ele o utiliza para designar a própria pulsão enquanto representante das excitações somáticas, e outras vezes ele o emprega para designar o representante ideativo e o afeto enquanto representantes da pulsão.

3. *Representante pulsional (Triebrepräsentanz)* — Freud emprega esse termo ora como sinônimo de representante ideativo, ora como sinônimo de representante psíquico. De qualquer forma, designa uma expressão psíquica da pulsão.

4. *Representante ideativo (Vorstellungrepräsentanz)* — é um dos registros da pulsão no psiquismo (o outro é o afeto): o representante ideativo é o que constitui, propriamente, o conteúdo do inconsciente (pois o afeto não pode ser inconsciente) e também aquilo que constitui o inconsciente, já que é sobre ele que incide o processo de recalcamento. Como veremos, uma pulsão não pode ser recalcada; o que é recalcado é o seu representante ideativo.

5. *Afeto (Affekt)* — é o outro registro em que se faz a representação psíquica. Ele é a expressão qualitativa da quantidade de energia pulsional. O afeto e o representante ideativo são independentes.

Os destinos do afeto são diferentes dos destinos do representante ideativo. Não se pode, a rigor, falar em "afeto inconsciente"; a nível inconsciente o afeto tem de se ligar a uma ideia (representante ideativo).

Convém assinalar que essas indicações são apenas iniciais; não pretendem esgotar o sentido que cada um desses termos possui. Devem ser tomadas como guias neste início de análise dos conceitos metapsicológicos.

Voltando à definição que Freud nos oferece da pulsão logo nas primeiras páginas de *A pulsão e seus destinos*: "Uma pulsão nos aparecerá como sendo um conceito situado na fronteira entre o mental e o somático, como o *representante psíquico* dos estímulos que se originam dentro do organismo e alcançam a mente (...)." Verificamos que ele aqui identifica a pulsão com seu representante psíquico, o mesmo ocorrendo em duas outras definições anteriores. Assim, no final da análise feita sobre o caso Schreber (Freud, ESB, vol.XXII, p.99) ele escreve: "Consideramos a pulsão como sendo o conceito situado na fronteira entre o somático e o mental e vemos nele o representante psíquico de forças orgânicas", e num acréscimo feito em 1915 aos *Três ensaios sobre a sexualidade* (Freud, ESB, vol.VII, p.171): "Por 'pulsão' deve-se entender provisoriamente o representante psíquico de uma fonte endossomática (...)". Ora, fica bastante claro que nessas três definições que Freud oferece da pulsão, esta é identificada com o representante psíquico. Porém, vimos também que no artigo *O inconsciente* (Freud, ESB, vol.XIV, p.203), ele afirma que "uma pulsão nunca pode tornar-se objeto da consciência — só a ideia (*Vorstellung*) que a representa (...)" e que, "mesmo no inconsciente, uma pulsão não pode ser representada de outra forma a não ser por uma ideia". Nesse caso, fica evidente que temos de distinguir a pulsão daquilo que a representa.

Como ficou assinalado acima, a confusão maior decorre da não distinção entre a pulsão *enquanto representante* de fontes somáticas e os representantes psíquicos *da* pulsão. Se, por um lado, a pulsão representa psiquicamente as excitações emanadas do interior do corpo, por outro lado ela é representada pelos seus representantes psíquicos: a ideia (*Vorstellung*, simplesmente, ou *Vorstellungrepräsentanz*) e o afeto (*Affekt*). O próprio título do artigo inicial da *Metapsicologia* — *A pulsão e seus destinos* (*Trieb und Triebschicksale*) — pode estar sujeito a reparos, pois trata-se mais do destino dos representantes psíquicos da pulsão do que do destino da pulsão enquanto tal.

Comecemos por examinar o conceito de pulsão em função de sua *fonte*, sua *pressão*, seu *objetivo* e seu *objeto*, pois é com respeito a esses referenciais que poderemos estabelecer algumas diferenças profundas entre a concepção psicanalítica e a concepção psicológica da subjetividade.

A *fonte* (*Quelle*) da pulsão é corporal, não psíquica; é um "processo somático que ocorre num órgão ou parte do corpo e cuja excitação é representada na vida mental pela pulsão" (Freud, ESB, vol.XIV, p.143). Esse é o aspecto a que me referi há pouco quando falei da pulsão enquanto representando algo físico, o que é diferente de falarmos dos representantes psíquicos da pulsão.

Temos de distinguir dois empregos que Freud faz do termo "fonte". O primeiro deles refere-se às fontes da pulsão sexual e nesse caso o termo se reveste de alguma ambiguidade pelo número e variedade das fontes apresentadas por ele. Assim é que nos *Três ensaios sobre a sexualidade* Freud apresenta como fontes da sexualidade infantil, além da excitação das zonas erógenas, as excitações mecânicas, a atividade muscular, os processos afetivos e até mesmo a concentração da atenção numa tarefa intelectual (ESB, vol.VII, p.206-11). A ambiguidade de que se reveste esse primeiro emprego da noção de fonte da pulsão (*Triebquelle*) está em que Freud mistura sob a mesma rubrica fontes internas e fontes externas ("indiretas"), o que coloca em questão a afirmação de que a pulsão se origina sempre de uma fonte endógena. Um segundo emprego do termo "fonte" é o que está contido em *As pulsões e seus destinos*. Aqui, Freud declara que as pulsões são inteiramente determinadas por sua origem numa fonte somática (ESB, vol.XIV, p.144), entendendo-se por "fonte somática" ou "fonte orgânica" tanto o órgão de onde provém a excitação como o processo físico-químico que constitui essa excitação. De qualquer maneira, Freud afirma que o "estudo das fontes das pulsões está fora do âmbito da psicologia" (op.cit., p.143). Esta última frase poderia nos levar a uma retirada do interesse pela questão da fonte da pulsão. No entanto, pelo que já foi visto anteriormente com relação ao conceito de *apoio* (*Anlehnung*), devemos insistir mais sobre o tema.

Num acréscimo feito em 1915 aos *Três ensaios sobre a sexualidade* (ESB, vol.VII, p.187), Freud escreve o seguinte: "Nosso estudo do ato de sugar o dedo ou sugar sensual já nos deu as três características essenciais de uma manifestação sexual infantil. Em sua origem ela se *apoia* em uma das funções somáticas vitais (...)." O emprego que Freud faz aqui do termo "apoio" é bastante preciso. Não se trata do apoio do recém-nascido na mãe, mas do apoio da *pulsão* sobre "uma das funções somáticas vitais", isto é, sobre o *instinto*. A noção de *apoio* não deve ser considerada como sem importância, nem deve ser desvirtuada no sentido de ser aplicada apenas no que diz respeito à relação do recém-nascido com a mãe. É ela a chave para a compreensão do conceito de pulsão. Já vimos, e não é demais repetir, que o que caracteriza o apoio é o fato de as pulsões sexuais estarem ligadas, em sua origem, às pulsões de autoconservação e cujo exemplo mais expressivo é o da atividade do lactente: paralelamente à satisfação decorrente da ingestão do alimento, dá-se a excitação dos lábios e da língua pelo peito, o que provoca um outro tipo de satisfação que, apesar de apoiar-se na satisfação da necessidade instintiva, não é redutível a ela. Essa segunda satisfação é de natureza sexual.

É, portanto, um desvio em relação à função, o que constitui a pulsão. Não é sem razão que Jean Laplanche (1973) emprega o termo *clinamen*, retirado da física epicureia, para caracterizar esse desvio do instinto que é constituinte da pulsão. A questão sobre a fonte da pulsão encontra, pois, a sua resposta no apoio que esta tem sobre o instinto. A pulsão é o instinto que se desnaturaliza, que se desvia de suas fontes e de seus objetos específicos; ela é o efeito marginal desse apoio-desvio. A fonte da pulsão é, pois, o instinto.

O fato de se estabelecer essa articulação entre a pulsão e o instinto não implica de forma alguma uma licença para que se adote uma atitude reducionista em psicanálise. A pulsão de fato se apoia no instinto, mas não se reduz a ele. O que o conceito de *étayage* assinala é exatamente que o apoio é o momento de constituição de uma diferença, que o momento do apoio é ao mesmo tempo um momento de ruptura. Dessa forma, o apoio marca não a continuidade entre o instinto e a pulsão, mas a descontinuidade entre ambos. O reducionismo seria, aqui, uma atitude teórica grosseira que implicaria a própria negação do conceito de pulsão.

A *pressão* (*Drang*) é a segunda dimensão da pulsão. "Por pressão de uma pulsão", escreve Freud, "compreendemos seu fator motor, a quantidade de força ou a medida da exigência de trabalho que ela apresenta" (ESB, vol.XIV, p.142). Essa exigência de trabalho, o caráter ativo da pulsão, ocorre mesmo quando falamos em "pulsões passivas". A rigor, não existe pulsão passiva, mas somente pulsões cujo *objetivo* é passivo como, por exemplo, no caso do exibicionismo ou do masoquismo. Toda pulsão é ativa e a *pressão* é a própria atividade da pulsão, seu fator dinâmico.

É esse registro da pulsão que vai possibilitar uma elaboração conceitual mais precisa dos pontos de vista dinâmico e econômico em psicanálise. Desde os primeiros escritos de Freud, sobretudo a partir do *Projeto* de 1895, essa "exigência de trabalho" é a marca distintiva do funcionamento do aparelho psíquico. A pressão é o elemento motor que impele o organismo para a ação específica responsável pela eliminação da tensão.

O terceiro elemento em relação ao qual Freud define a pulsão é o *objetivo* (*Ziel*). O objetivo da pulsão é sempre a satisfação, sendo que "satisfação" é definida como a redução da tensão provocada pela pressão (*Drang*). Em termos econômicos, a satisfação é obtida pela descarga de energia acumulada, regulada pelo princípio de constância. Este é, porém, o objetivo geral ou objetivo último da pulsão, em relação ao qual podemos distinguir *objetivos específicos* ligados a pulsões específicas, assim como podemos distinguir também *objetivos intermediários*. Os objetivos específicos não são, porém, tão específicos como o termo sugere. Antes da descoberta da sexualidade infantil, Freud via o objetivo da pulsão sexual como análogo ao da busca de alimento no caso da fome. Nesse caso, o objetivo era o ato sexual genital adulto. A partir dos *Três ensaios* e da descoberta da sexualidade infantil com suas *pulsões parciais*, a situação se altera. A especificidade do objetivo passa a ser dependente tanto da fonte quanto do objeto, sendo que este último, como veremos, "é o que há de mais variável na pulsão" (op.cit., p.143). Quanto aos objetivos intermediários, são aqueles que possibilitam o atingimento do objetivo último.

Apesar da importância de que se reveste a noção de *objetivo* da pulsão, ela não é tratada de maneira unívoca pelos teóricos da psicanálise. Se aproximamos a noção de objetivo à noção de *fonte* da pulsão, fazendo do objetivo uma "ação específica" por "apoio" à fonte instintual, a noção de objetivo fica bastante empobrecida (cf. Laplanche/Pontalis, 1970, p.407); se, por outro lado, aproximamos a noção de objetivo da noção de *objeto* da pulsão, corremos o risco de transformar a teoria psicanalítica numa teoria do objeto, contrariando dessa maneira o ponto de vista econômico que implica uma prevalência do objetivo sobre o objeto. A solução desse dilema pode estar na distinção feita por Freud entre *pulsão sexual* e *pulsão de autoconservação*. Enquanto o objetivo de uma pulsão de autoconservação seria uma "ação específica", isto é, aquela que eliminaria a tensão ligada a um estado de necessidade, o objetivo de uma pulsão sexual seria menos específico por ser sustentado e orientado por fantasias.

Finalmente, o *objeto* (*Objekt*) da pulsão. Freud define o objeto de uma pulsão como "a coisa em relação à qual ou através da qual a pulsão é capaz de atingir seu objetivo", e completa, "é o que há de mais variável numa pulsão" (ESB, vol.XIV, p.143). Logo na primeira página dos *Três ensaios sobre a sexualidade*, ao distinguir "objeto sexual" de "objetivo sexual", ele afirma que o objeto sexual é a *pessoa* de quem procede a atração sexual; no entanto, algumas páginas adiante, reconsidera a afirmação inicial e conclui que havia estabelecido um laço muito estreito entre a pulsão e o objeto e propõe afrouxar os laços que os unem. "Parece provável", escreve ele, "que a pulsão sexual seja, em primeiro lugar, independente de seu objeto" (ESB, vol.VII, p.149). O objeto passa a ser concebido, portanto, como um *meio* para que um fim seja atingido, enquanto o fim (objetivo) é de certa forma invariável (a satisfação), o objeto "é o que há de mais variável". Além do mais, inicialmente Freud colocava o objeto como sendo uma pessoa, isto é, algo que, no sentido clássico do termo objeto, apresentava uma "objetividade" (por oposição ao que era subjetivo), uma coisa individualizada e completa. Posteriormente, a noção de objeto vai-se aplicar tanto a outras pessoas como à própria pessoa, e não apenas a pessoas inteiras, mas também a partes do corpo de uma pessoa. Finalmente, esse objeto pode ainda ser real ou fantasmático.

Essas indicações são expressivas da complexidade da noção de objeto em psicanálise. O sentido inicial do termo, isto é, aquele que é assinalado nos *Três ensaios sobre a sexualidade,* permanece válido apesar das objeções que foram contra ele levantadas — sobretudo por aqueles que enfatizam a noção de "relação objetal". Nesse primeiro sentido, o objeto da pulsão é um meio para o atingimento do objetivo que é a satisfação. Ele pode ser uma pessoa, uma parte de uma pessoa, pode ser real ou pode ser fantasmático. Perde assim toda e qualquer especificidade, e é sob esse prisma que Freud pode afirmar que ele é o que há de mais variável na pulsão. Nessa primeira acepção, a noção de objeto não se opõe àquilo que é subjetivo; não se trata de uma "objetividade transcendente" que se contrapõe à subjetividade, mas de algo que tanto pode ser uma pessoa determinada ("objetiva") como pode ser o equivalente simbólico de uma parte do real.

Um segundo sentido sob o qual aparece a noção de objeto é aquele que poderia ser assinalado pelo termo "objetal" — tomando-se o cuidado de não confundir "objetal" com "objetivo". O objeto no

seu sentido objetal não seria mais um objeto parcial mas preferencialmente uma pessoa que seria amada (ou odiada). Esse segundo sentido
da noção de objeto coloca em questão não apenas a relação do objeto
com o objetivo, como coloca sobretudo o *modo de relação* da pulsão
com seu objeto e mais especificamente do indivíduo com o seu mundo.
Dessa maneira, a pulsão oral implica não somente um objeto, mas
sobretudo um *modo de relação objetal*: a incorporação. Os *Três
ensaios sobre a sexualidade* deram ênfase à distinção entre as fases
pré-genitais da libido, que se caracterizavam por um modo de relação
objetal (autoerótica, narcísica, objeto parcial etc.), e a fase genital,
onde ocorre uma escolha de objeto. Nesta fase, o objeto não é mais
um objeto parcial, mas uma pessoa (ou algo que funcione como um
objeto total). Nesse sentido, falar-se-ia não mais em objeto da pulsão,
mas em objeto de amor.

Um terceiro sentido do termo "objeto" é o que o aproxima do
sentido tradicional empregado pela teoria do conhecimento: é o objeto
entendido não como "objetal", mas como "objetivo", como o correlato do sujeito e que apresenta características fixas e permanentes (cf.
Laplanche/Pontalis, 1970, p.407). Aqui, "objeto" opõe-se ao que é
subjetivo e seu emprego nos textos freudianos não é um emprego
teórico conceitual. É exatamente o abandono da noção de objeto,
tomada neste último sentido, o que caracteriza a perspectiva psicanalítica na medida em que ela se afirma não como uma problemática
da consciência no interior da qual se produziu a oposição sujeito-ob-
jeto, mas como uma ruptura em relação a essa problemática. "Objeto"
para Freud não é aquilo que se oferece em face da consciência, mas
algo que só tem sentido enquanto relacionado à pulsão e ao inconsciente.

PULSÕES DO EGO E PULSÕES SEXUAIS

Após a análise da distinção feita entre fonte, pressão, objetivo e objeto
da pulsão, deveríamos retomar a proposta do artigo de Freud, que é a
de analisar "os destinos das pulsões". Antes, porém, convém assinalar
que uma das coisas que Freud deixa bem claro é que ele não se está
referindo apenas às *pulsões sexuais*, mas que sua análise incide sobre
outro grupo de pulsões que ele denomina *pulsões do ego* ou *pulsões
de autoconservação*. Essa distinção não deixa de ser embaraçosa, pois
tudo levava a crer que apenas as pulsões sexuais poderiam autentica-

mente ser denominadas "pulsões", mantendo as pulsões de autoconservação um caráter muito mais instintivo do que propriamente
pulsional. O próprio Freud declara que a distinção entre esses dois
grupos de pulsões "não tem status de postulado necessário", que "ela
não passa de uma hipótese de trabalho, a ser conservada apenas
enquanto se mostrar útil" (Freud, ESB, vol.XIV, p.144).

A distinção entre pulsões sexuais e pulsões do ego foi feita pela
primeira vez num artigo que, no dizer de Freud, foi uma simples
"*pièce d'occasion* sem nenhum valor": *A concepção psicanalítica da
perturbação psicogênica da visão*, publicado em 1910. Nesse texto,
ele afirma que do ponto de vista da explicação psicanalítica dos
fenômenos psíquicos

> uma parte extremamente importante é desempenhada pela inegável oposição
> entre as pulsões que favorecem a sexualidade, a consecução da satisfação
> sexual, e as demais pulsões que têm por objetivo a autopreservação do
> indivíduo: as pulsões do ego. (Freud, ESB, vol.XI, p.199)

A diferença básica entre os dois tipos de pulsões é que elas se
encontram sob o predomínio de diferentes princípios de funcionamento: como as pulsões do ego só podem satisfazer-se com um objeto
real, o princípio que rege seu funcionamento é o princípio de realidade,
enquanto as pulsões sexuais, podendo "satisfazer-se" com objetos
fantasmáticos, encontram-se sob o predomínio do princípio de prazer.
A questão que surge a partir dessa distinção é se Freud pode
legitimamente empregar o termo "pulsão" (*Trieb*) para designar
ambos os tipos de processos.

Uma concepção à qual devemos conceder relevo é a do *apoio*
(*Anlehnung*) da pulsão sexual no instinto. Vimos de que maneira o
apoio, ao mesmo tempo que assinala uma vinculação entre a pulsão
e o instinto, marca também o momento de um desvio da primeira em
relação ao segundo, de modo que possamos falar que a pulsão é a
desnaturalização do instinto. Assim sendo, pode parecer bastante
incongruente a oposição entre pulsões sexuais e pulsões do ego,
sobretudo quando é o próprio Freud quem aponta a fome como o
modelo de pulsão do ego. Outra questão referente ao mesmo problema
é a da assimilação das pulsões de autoconservação com o ego como
lugar psíquico dessa função. Significa isso que o ego possui uma
energia própria, distinta da libido? Sabemos que Freud sempre foi
refratário a uma teoria pulsional de tipo monista, mas sabemos também
da dificuldade de se caracterizar, de modo preciso, outro tipo de pulsão

que não seja a sexual. É possível que esse dualismo que atravessa toda a produção teórica de Freud esteja ligado ao papel absolutamente fundamental que o *conflito psíquico* desempenha no interior da psicanálise.

Não é apenas em relação às pulsões que Freud fala de "conflito": ele pode se dar entre dois tipos de pulsões (pulsões do ego *vs.* pulsões sexuais), como pode ocorrer entre duas instâncias psíquicas (sistema Ics *vs.* sistema Pcs/Cs), ou ainda entre o desejo e a defesa. É o conflito, particularmente o conflito edipiano, que institui a ordem humana, assim como é o conflito que produz a clivagem do psiquismo. Trata-se, portanto, de uma das noções mais fundamentais da psicanálise e que está presente, nas suas mais variadas formas, em qualquer texto psicanalítico. Com a emergência do conceito de pulsão, Freud passa a dispor de um suporte dinâmico para sua concepção do conflito psíquico. Mas, como o sistema Ics "é incapaz de fazer qualquer coisa que não seja desejar" (Freud, ESB, vols.IV-V, p.639), como nele não há lugar para o "não", o conflito pulsional deve fazer-se entre pulsões pertencentes a diferentes sistemas, daí a oposição entre pulsões sexuais e pulsões do ego. É evidente, contudo, que essa argumentação não se sustenta teoricamente. Se ela fornece uma justificativa para o dualismo pulsional, com base na noção de conflito, ela não explica esse dualismo. Sobretudo, não explica a diferença de natureza entre os dois tipos de pulsões.

Uma possível solução para o problema pode ser dada a partir de uma afirmação feita no mesmo artigo em que Freud introduz a noção de pulsões do ego (ESB, vol.XI, p.199). Segundo o texto, essas pulsões investem o ego concebido como um grupo de representações, isto é, que elas *visam o ego* e não que elas *emanam do ego*. De qualquer forma, a referência é bastante ambígua para dar margem a interpretações divergentes. O que resultaria da hipótese de vermos as pulsões de autoconservação não emanando do ego, mas servindo ao ego seria um dualismo puramente funcional e não um dualismo referente a pulsões de naturezas distintas.

A eliminação, ou melhor, a substituição desse dualismo pulsional tem início com o artigo *Sobre o narcisismo: uma introdução*, de 1914, no qual Freud faz a distinção entre "libido do ego" (ou "libido narcísica") e "libido objetal", constituindo a oposição por referência não à natureza da energia, mas por referência ao objeto de investimento. Assim, "libido do ego" designa não uma libido que emana do ego, mas uma libido investida no ego, enquanto "libido objetal" designa o investimento da libido sobre objetos externos. Em consequência dessa nova distinção, a autoconservação nada mais seria do que um amor a si mesmo, o que tornaria caduca a oposição entre pulsões sexuais e pulsões do ego: toda pulsão é, em última instância, sexual. Essa teoria dualista das pulsões foi sendo progressivamente enfraquecida até que, quando tudo indicava que Freud iria afirmar um monismo pulsional análogo ao de Jung, ele introduziu um novo dualismo: o das *pulsões de vida* e das *pulsões de morte*. Essa substituição ocorre em 1920, em *Além do princípio de prazer*, onde as pulsões sexuais e as pulsões de autoconservação são unificadas sob a denominação de "pulsões de vida" e contrapostas à "pulsão de morte", isto é, à tendência inerente a todo ser vivo de retornar ao estado anorgânico com a eliminação completa das tensões. O novo dualismo pulsional tem sua base mais voltada para a biologia do que para a psicologia. Apesar de a antiga distinção entre pulsões sexuais e pulsões do ego terem sido sugeridas a Freud pela análise das neuroses de transferência, ele mesmo declara ter as maiores dúvidas de se poder chegar a uma diferenciação e classificação das pulsões a partir da elaboração do material psicológico (Freud, ESB, vol.XIV, p.145). Deixarei a análise do novo dualismo pulsional para ser feita um pouco mais à frente. Devemos retomar o nosso texto de 1915, pois, se já falamos alguma coisa sobre a pulsão, ainda não vimos nada sobre os seus destinos.

OS DESTINOS DA PULSÃO

Apesar de o artigo *As pulsões e seus destinos* começar falando das pulsões em geral, ao tratar das várias vicissitudes pelas quais elas passam durante o desenvolvimento do indivíduo, é das pulsões sexuais que Freud está falando. Já vimos que uma pulsão tem apenas um objetivo: a satisfação. Vimos também que esta não se dá de forma direta e imediata, mas que, por exigência da censura, ela implica sempre uma modificação da pulsão. Essa é a razão pela qual os destinos da pulsão são também apresentados por Freud como modalidades de *defesa* (op.cit., p.147).

A rigor, uma pulsão não pode ser nem destruída nem inibida; uma vez tendo surgido, ela tende de forma coercitiva para a satisfação. Aquilo sobre o qual vai incidir a defesa é sobre os *representantes psíquicos* da pulsão, os quais vão conhecer destinos diversos. Vimos que a pulsão tem dois representantes psíquicos: o *representante ideativo* (*Vorstellungrepräsentanz*) e o afeto (*Affekt*), cada um deles obedecendo a mecanismos diferentes de transformação. Os destinos do *representante ideativo* são:

1. Reversão ao seu oposto
2. Retorno em direção ao próprio eu
3. Recalcamento
4. Sublimação

Como o afeto não está ligado necessariamente ao representante ideativo, seus destinos são diferentes. Numa carta a Fliess, datada de 21 de maio de 1894, Freud escreve o seguinte sobre as transformações do afeto: "Conheço três mecanismos: 1) transformação do afeto (histeria de conversão); 2) deslocamento do afeto (obsessões); 3) troca de afeto (neurose de angústia e melancolia)" (ESB, vol.I, p.259).

O que podemos verificar a partir dessas definições é que o artigo *As pulsões e seus destinos* trata não dos destinos da pulsão, mas dos destinos do *representante ideativo da pulsão*. Não se trata nem dos destinos dos representantes psíquicos — o que incluiria o afeto — pois, se bem que o afeto sofre transformações decorrentes do recalcamento, ele não pode ser, enquanto afeto, recalcado. Não se pode falar em "afeto inconsciente"; o que pode pertencer ao inconsciente é o representante ideativo ao qual um afeto estava ligado, mas o afeto propriamente dito pertence necessariamente ao sistema pré-consciente. Assim sendo, a reversão ao seu oposto, o retorno em direção ao próprio eu, o recalcamento e a sublimação são destinos do representante ideativo da pulsão. É evidente que essas vicissitudes da representação atingem o afeto, mas este, ao ser atingido, sofrerá destinos diferentes. Para não transformar esta exposição numa análise pedante da terminologia psicanalítica, continuarei a empregar o termo "pulsão" no lugar do termo "representante ideativo da pulsão", que seria o mais correto, mas, para evitar confusões futuras quanto aos destinos do representante ideativo e os destinos do afeto, convém termos em mente a distinção feita acima.

A primeira vicissitude pela qual passa uma pulsão, apontada por Freud, é a *reversão ao seu oposto*. Essa reversão pode manifestar-se de duas maneiras: como uma reversão do *objetivo* da pulsão, isto é, uma mudança da atividade para a passividade; e como uma reversão do *conteúdo*, a qual, segundo Freud, encontra-se no exemplo isolado da transformação do amor em ódio (ESB, vol.XIV, p.148). A segunda vicissitude, o *retorno da pulsão em direção ao próprio eu do indivíduo*, caracteriza-se essencialmente por uma mudança do *objeto*, permanecendo inalterado o objetivo. É na análise dos dois pares de opostos, sadismo-masoquismo e voyeurismo-exibicionismo, que vamos encontrar os exemplos privilegiados de reversão do objetivo e do objeto da pulsão.

Segundo Freud, é a seguinte a transformação operada no par de opostos sadismo-masoquismo:

a) o sadismo consiste no exercício da violência ou poder sobre outra pessoa como objeto;

b) esse objeto é substituído pelo próprio eu do indivíduo (mudança de objeto: do outro eu para o próprio eu; mudança de objetivo: de ativo para passivo);

c) uma outra pessoa é procurada como objeto para exercer o papel de agente da violência (masoquismo).

As fases *b* e *c* não se confundem. É possível haver um retorno em direção ao eu do indivíduo sem que haja uma inversão da atividade para a passividade. O exemplo fornecido por Freud para esse caso é o da neurose obsessiva, na qual o desejo de torturar se transforma em autotortura e autopunição, sem que isso implique masoquismo. Não há, nesse caso, passividade, mas "reflexão" da atividade. O masoquismo é, por consequência, um sadismo que retorna em direção ao próprio eu, mas que implica, além disso, uma outra pessoa que funcione como sujeito da ação.

O par de opostos voyeurismo-exibicionismo obedece à mesma sequência descrita por Freud para o sadismo-masoquismo. Teríamos, assim, uma primeira fase, que seria o olhar como uma atividade voltada para um objeto distinto do próprio eu; em seguida, o abandono desse objeto e o retorno do olhar para o próprio corpo; finalmente, a introdução de uma outra pessoa diante da qual o indivíduo se exibe.

Um aspecto importante da dinâmica dessas transformações é que nunca ocorre um esgotamento total de um dos opostos. Dessa maneira, na reversão da atividade para a passividade, persiste uma quota de atividade ao lado da passividade, o mesmo ocorrendo com o retorno em direção ao próprio eu. "Um sádico é sempre ao mesmo tempo um masoquista", tinha escrito Freud dez anos antes nos *Três ensaios sobre a sexualidade*; da mesma forma que poderíamos dizer que um voyeur é sempre ao mesmo tempo um exibicionista. De fato, tanto o sádico, através de uma identificação com o outro, frui masoquisticamente da dor infligida ao outro, como o masoquista frui do prazer que o outro sente ao exercer a violência. De forma análoga, o exibicionista goza com o olhar do outro.

Freud supõe uma alternância do predomínio de cada um dos termos dos pares de opostos durante a vida do indivíduo. Essa coexistência e alternância de opostos é denominada por ele "ambivalência". Tanto o par de opostos voyeurismo-exibicionismo, como o par sadismo-masoquismo, encontram sua explicação na organização narcisista do ego. Adiemos, porém, por alguns parágrafos a discussão desse ponto, para que possamos abordar o segundo modo de reversão de uma pulsão em seu oposto: a reversão do *conteúdo*. Vimos que a transformação de uma pulsão em seu oposto desdobra-se em dois processos distintos: uma mudança da atividade para a passividade e uma mudança de seu *conteúdo*. Ambas as mudanças dizem respeito ao *objetivo* da pulsão. Na primeira, temos a transformação do objetivo ativo (olhar, torturar) para o objetivo passivo (ser olhado, ser torturado), ao passo que na mudança de conteúdo temos a transformação do amor em ódio (ambos ativos). Enquanto a reversão de uma pulsão a seu oposto diz respeito aos objetivos da pulsão, o retorno em direção ao próprio eu do indivíduo diz respeito ao objeto, permanecendo o objetivo inalterado. Vimos, no caso dos pares de opostos voyeurismo-exibicionismo e sadismo-masoquismo, como se operam a transformação no oposto e o retorno em direção ao próprio eu; vejamos agora o caso isolado da transformação no oposto pela mudança de *conteúdo*: a transformação do amor em ódio.

Segundo Freud, o amor não admite apenas um, mas três opostos (op.cit., p.154):

1. Amar — Odiar
2. Amar — Ser amado
3. Amar/Odiar — Indiferença

Essas três formas de oposição nos remeteriam a três polaridades que regeriam não apenas as formas de oposição ao amar, mas toda a nossa vida mental (op.cit., p.155). São elas as antíteses:

1. Sujeito (ego) — Objeto (mundo externo)
2. Prazer — Desprazer
3. Ativo — Passivo

Essas três polaridades articulam-se entre si e são responsáveis pelas vicissitudes das pulsões.

> Podemos resumir dizendo que o traço essencial das vicissitudes sofridas pelas pulsões está na *sujeição dos impulsos pulsionais às influências das três grandes polaridades que dominam a vida mental.* Dessas três polaridades podemos descrever a da atividade-passividade como a *biológica*, a do ego-mundo externo como a *real*, e finalmente a do prazer-desprazer como a polaridade *econômica*. (op.cit., p.162)

No começo da vida mental individual, essas antíteses ainda não estão perfeitamente distintas. No período dominado pelo narcisismo, o que é objeto de investimento das pulsões não é o mundo externo, mas o próprio ego do indivíduo, caracterizando uma forma de satisfação que é autoerótica. O mundo externo é indiferente aos propósitos de satisfação na medida em que o ego ama apenas a si próprio e encontra em si próprio a fonte de prazer. Essa fase do desenvolvimento individual é representativa de uma das formas de oposição assinaladas para o amor: a do amar — ser indiferente, na qual o sujeito do ego coincide com o prazer e o mundo externo com o indiferente. No entanto, essa forma de satisfação autoerótica é possível apenas em se tratando das pulsões sexuais. As pulsões de autoconservação, por não se satisfazerem na modalidade fantasmática, exigem um objeto externo. É, portanto, por exigência do princípio de prazer que o ego é obrigado a *introjetar* os objetos do mundo externo que se constituem em fonte de prazer e a *projetar* sobre o mundo externo aquilo que dentro de si mesmo é causa de desprazer. Por um lado, uma parte do mundo externo é incorporada ao ego, enquanto, por outro lado, uma parte do ego, fonte de desprazer, é projetada no mundo, que passa a ser vivido como hostil — e não mais indiferente como era antes. E aqui temos outra oposição para o amor: a do amar — odiar. Poderíamos supor, pelo exposto acima, que operou-se uma passagem do "ego-prazer" para o "ego-realidade", mas o que Freud afirma é exatamente o contrário. Creio que se faz necessário um pequeno parêntese na exposição para que essa questão seja esclarecida.

Foi no artigo *Formulações sobre os dois princípios do funcionamento mental*, escrito em 1911, que Freud introduziu a distinção entre um "ego de prazer" e um "ego de realidade". Claro está que o ego do prazer seria regido pelo princípio do prazer e o ego da realidade seria regido pelo princípio de realidade. Sendo assim, o "ego do prazer" seria primário em relação ao "ego da realidade", o qual surgiria apenas a partir das exigências do real. O que Freud coloca no artigo *A pulsão e seus destinos* é que existe um "ego de realidade" *original*, anterior ao "ego do prazer", sendo este último um ego intermediário para o "ego de realidade" *final*. A afirmação desse ego de realidade original fica clara no seguinte trecho logo ao início do artigo de 1915:

> Imaginemo-nos na situação de um organismo vivo quase inteiramente inerme, até então sem orientação no mundo, que esteja recebendo estímulos em sua substância nervosa. Esse organismo estará muito em breve em condições de fazer uma primeira distinção e uma primeira orientação. Por um lado, estará cônscio de estímulos que podem ser evitados pela ação muscular (fuga); estes, ele os atribui a um mundo externo. Por outro, também estará cônscio de estímulos contra os quais tal ação não tem qualquer valia e cujo caráter de constante pressão persiste apesar dela; esses estímulos são os sinais de um mundo interno, a prova de necessidades instintuais. A substância perceptual do organismo vivo terá encontrado, na eficácia de sua atividade muscular, uma base para distinguir entre um "de fora" e um "de dentro". (op.cit., p.139)

Portanto, antes do "ego do prazer", existe um "ego da realidade" *original* que, em vez de prosseguir até a constituição de um "ego de realidade" *final* adulto, é substituído, por exigência do princípio de prazer, por um "ego do prazer".

Algumas páginas atrás, foi colocada a proposta de explicar os pares de opostos voyeurismo-exibicionismo e sadismo-masoquismo por referência ao narcisismo. Em *As pulsões e seus destinos*, Freud postula a existência de um sadismo originário que, ao retornar sobre o próprio eu do indivíduo, transforma-se em masoquismo (op.cit., p.148 e 153). Haveria, portanto, um sadismo preliminar narcisista que seria a origem do masoquismo, sendo inaceitável a existência de um masoquismo primário não derivado de sadismo. No entanto, nove anos depois, no artigo *O problema econômico do masoquismo*, Freud afirma o oposto. A questão é, pois: o que é primário, o sadismo ou o masoquismo? E mais ainda: de que maneira a referência ao narcisismo pode oferecer uma resposta definitiva para a questão? Peço licença para adiar ainda mais uma vez a discussão sobre o tema, uma vez que o artigo *O problema econômico do masoquismo* foi escrito após a reformulação feita por Freud da teoria das pulsões em *Além do princípio de prazer*, onde ele introduz um novo dualismo pulsional: o das *pulsões de vida* e da *pulsão de morte*.

PULSÕES DE VIDA E PULSÃO DE MORTE

Já vimos o quanto a história da psicanálise é atravessada pelo modo de pensar dualista de Freud. Os pares antitéticos: consciente-inconsciente, princípio de prazer-princípio de realidade, ativo-passivo, pulsões sexuais-pulsões de autoconservação etc. são exemplos desse dualismo. No quadro da primeira teoria das pulsões, Freud opunha as pulsões sexuais às pulsões de autoconservação (ou pulsões do ego); esse dualismo é substituído, a partir de 1920, pelo novo dualismo: *pulsões de vida-pulsão de morte.*

É em *Além do princípio de prazer*, publicado em 1920, que Freud apresenta sua nova concepção das pulsões. Este é o texto em que ele mais aproxima a metapsicologia da metafísica (pelo menos daquilo que ele entendia por metafísica) e onde ele se mostra mais livre e ousado. "O que se segue", escreve ele, "é especulação, amiúde especulação forçada, que o leitor tomará em consideração ou porá de lado, de acordo com sua predileção individual" (Freud, ESB, vol.XVIII, p.39). O objeto dessa especulação é a vida e a morte, e as referências feitas por Freud vão desde os mais antigos Upanixades até as mais recentes teorias biológicas, passando por Platão, Goethe e Schopenhauer. É possível que fiquemos desconcertados com a proximidade entre a concepção exposta por Freud e a de Empédocles, apesar dos vinte e cinco séculos que os separam. Esse é o texto em que Freud está mais perto de realizar seu sonho de fazer filosofia.

Além do princípio de prazer... há o princípio de realidade, aprendemos nós. O princípio de realidade era, até então, concebido como um princípio de regulação psíquica que impunha à procura de satisfação desvios, paradas, substituições e sobretudo renúncias. Ao caminho mais curto do princípio de prazer, o princípio de realidade oferecia o caminho mais longo — mas de alguma forma também gratificante — da renúncia. Não podemos falar numa oposição pura e simples entre ambos os princípios; mais do que uma oposição, o princípio de realidade é um desvio do princípio de prazer. Se articularmos os dois princípios com os dois modos de funcionamento do aparelho psíquico — os processos primário e secundário —, poderemos compreender melhor a questão.

Já sabemos que, do ponto de vista econômico, o processo primário caracteriza um modo de funcionamento do aparelho psíquico, segundo o qual a energia psíquica se escoa livremente para a descarga da maneira mais rápida e direta possível, enquanto o processo secundário caracteriza um modo de funcionamento segundo o qual a energia não é livre, mas "ligada", sendo o seu escoamento impedido ou retardado por exigência da autopreservação do ego. O processo secundário resulta, portanto, de uma modificação do processo primário. Ao mesmo tempo que se opõe ao processo primário, o processo secundário se constitui a partir de um desvio daquele e, em última instância, está a seu serviço. A relação entre o princípio de prazer e o princípio de realidade segue o mesmo esquema. Na medida em que o princípio de prazer coincide com o processo primário e que este tende à satisfação alucinatória (pelo caminho regressivo), é o princípio de realidade que vai funcionar como evitador da frustração, impedindo a alucinação ou permitindo-a dentro de certos limites. O que o princípio de realidade vai possibilitar é, basicamente, a discriminação entre a alucinação e a percepção ou, para usar a expressão de Pierre Janet, a manutenção da "fonction du réel". Este é o ponto de vista do *Projeto* de 1895 e é o ponto de vista sustentado no artigo de 1911: *Formulações sobre os dois princípios do funcionamento mental* (Freud, ESB, vol.XIX, p.204-5). A realidade é aqui concebida como o conjunto do meio físico e social, e o princípio de realidade é o seu guardião contra as alucinações do processo primário. Mas o predomínio do princípio de realidade sobre o princípio de prazer é ilusório. Escreve Freud:

> Na realidade, a substituição do princípio de prazer pelo princípio de realidade não implica a deposição daquele, mas apenas sua proteção. Um prazer momentâneo, incerto quanto a seus resultados, é abandonado, mas apenas a fim de ganhar, mais tarde, ao longo do novo caminho, um prazer seguro. (Freud, ESB, vol.XII, p.283)

O princípio de prazer continua, pois, a reinar soberanamente.

Voltando ao texto de 1920 e tomando como ponto de partida o seu próprio título, somos compelidos à pergunta: há algo além do princípio de prazer? Logo ao início, Freud assina que seria incorreto aceitarmos uma dominância pura e simples do princípio de prazer sobre os processos psíquicos e que, se tal dominância existisse, a maioria dos processos deveria ser acompanhada pelo prazer ou conduzir a ele, o que é contradito pela experiência cotidiana.

> O máximo que se pode dizer, portanto, é que existe na mente uma forte *tendência* no sentido do princípio de prazer, embora essa tendência seja contrariada por certas outras forças ou circunstâncias, de maneira que o

resultado final talvez nem sempre se mostre em harmonia com a tendência no sentido do prazer. (Freud, ESB, vol.XVIII, p.20)

Quais são, então, essas outras forças ou circunstâncias? Já vimos que não se trata da realidade concebida como o conjunto do meio físico e social; o opositor irredutível do princípio de prazer não é o princípio de realidade. Podemos formular a pergunta de forma diferente: qual é a realidade que se opõe ao princípio de prazer?

Os sete capítulos de *Além do princípio de prazer* vão revelando pouco a pouco essa realidade através da análise de uma série de fatos que conduzem o leitor até a hipótese da pulsão de morte. O primeiro desses fatos apontados por Freud é o dos sonhos que ocorrem nas chamadas neuroses traumáticas, os quais têm por característica conduzir o paciente de volta à situação em que ocorreu o seu acidente. Se um dos postulados fundamentais da *Traumdeutung* é o de que os sonhos são realizações de desejos, como explicar a existência de sonhos que repetidamente fazem o paciente reviver uma situação traumática? Em vez de responder a questão, Freud nos fala sobre a brincadeira das crianças e nos conta uma história.

A história que ele conta é a de uma criança de um ano e meio que tinha o hábito de apanhar quaisquer objetos que estivessem ao seu alcance e de jogá-los atrás dos móveis para em seguida apanhá-los. Essa atividade era sempre acompanhada de um "o-o-o-ó" e de um "da" que foram identificados como representando os advérbios alemães *fort* e *da* (que significam aproximadamente "ir embora" e "ali"). Freud concluiu que a criança brincava de "ir embora" com os objetos, o que foi confirmado no dia em que ela brincava com um carretel de madeira amarrado com um pedaço de barbante. Em vez de simplesmente puxar o carretel pelo barbante como se fosse um carro, o menino segurava a ponta do barbante e arremessava o carretel por sobre a borda de sua cama de modo a fazê-lo desaparecer, no que exclamava "fort" e em seguida puxava o carretel e, quando este aparecia, exclamava alegremente "da!", e isso se repetia incansavelmente. A brincadeira era uma encenação que representava simbolicamente a saída e a volta da mãe. No dizer de Freud, ela se relaciona à renúncia pulsional da criança ao deixar a mãe ir embora sem protestar, e, ao representar as saídas e voltas da mãe pela brincadeira, ela realizava um duplo distanciamento: primeiro, da mãe para o carretel e, em seguida, do carretel para a linguagem. Com isso, ela submetia as forças pulsionais às leis do processo secundário e ao mesmo tempo afastava-se, pela linguagem, da vivência real. Não podendo controlar as saídas e chegadas da mãe, às quais ela se submetia passivamente, conseguia exercer um domínio simbólico sobre o acontecimento através do distanciamento operado pela linguagem.

Não é aqui, porém, que vamos encontrar um "além do princípio de prazer". A repetição por parte da criança de uma experiência desagradável faz-se, em última análise, em obediência ao princípio de prazer, pois é exatamente para superar e dominar o desprazer que ela transporta para o plano simbólico a saída e a volta da mãe.

É ainda através de um terceiro fato que Freud vai conduzir o leitor para além do princípio de prazer: o da *compulsão à repetição*. A nível clínico, essa compulsão se manifesta pela repetição por parte do paciente de uma experiência traumática em vez de simplesmente recordá-la como algo pertencente ao passado. A experiência é então vivida como estando ligada a algo presente e não ao material inconsciente que lhe deu origem. Essa experiência é vivida na relação de transferência que o paciente mantém com o analista, e é ela que vai caracterizar o que Freud chama de "neurose de transferência" como sendo uma nova inscrição da neurose clínica e que é a condição para que se estabeleça o tratamento psicanalítico. O terapeuta, ao mesmo tempo que necessita da neurose de transferência para que o processo terapêutico se constitua, deve mantê-la dentro de certos limites que, uma vez rompidos, seriam intoleráveis para o paciente.

Sabemos que o princípio de prazer não funciona isoladamente e, de forma absoluta, o que é prazer para o sistema Inc. pode ser vivido como desprazer pelo sistema Pcs/Cs. Sabemos também que o princípio de realidade, mesmo quando implica renúncia ao prazer, está em última instância servindo ao princípio de prazer. O que não havia sido tematizado até então era a possibilidade da ocorrência de um processo que de forma alguma pudesse ser fonte de prazer e que apesar disso se impusesse repetidamente. Esse é o caso da *compulsão à repetição*. É a conclusão à qual chega Freud no capítulo III de *Além do princípio de prazer*:

> Chegamos agora a um fato novo e digno de nota, a saber, que a compulsão à repetição também rememora do passado experiências que não incluem possibilidade alguma de prazer e que nunca, mesmo há longo tempo, trouxeram satisfação, mesmo para impulsos pulsionais que desde então foram recalcados. (op.cit., p.34)

Resta explicar "algo que parece mais primitivo, mais elementar e mais pulsional do que o princípio de prazer (...)" (op.cit., p.37). Esse algo é a *pulsão de morte*. Mas Freud ainda não a nomeia. A ideia é forte demais para ser apresentada de repente.

As manifestações da compulsão à repetição que se apresentam tanto a nível normal como a nível do tratamento psicanalítico possuem um caráter nitidamente pulsional (*Triebhaft*) e, em face do princípio de prazer, parecem se impor como uma força "demoníaca" (op.cit., p.2). A pergunta que Freud se faz é: como essa característica pulsional pode estar relacionada, como um predicado, à compulsão de repetição?

É aqui que Freud levanta a hipótese, que ele mesmo considera especulativa, segundo a qual a pulsão é uma tentativa inerente à vida orgânica de restaurar um estado anterior de coisas; ela é a expressão da inércia inerente à vida orgânica (op.cit., p.54). O que torna essa hipótese paradoxal é o fato de que até então Freud havia apresentado a pulsão como uma força que impelia o organismo vivo no sentido da mudança e do desenvolvimento, e o que agora está sendo assinalado é exatamente o seu caráter conservador. Se a pulsão é conservadora, se tende a restaurar um estado anterior de coisas, devemos concluir que o desenvolvimento deve ser atribuído a fatores externos que desviariam a pulsão de seu objetivo — o de manter indefinidamente o mesmo estado de coisas.

Admitindo-se a natureza conservadora da pulsão, seria contraditório afirmar que ela tende a um objetivo novo, isto é, que ela visa à mudança. O lógico é admitirmos que o que ela tende a repetir é o mesmo, o mais arcaico, o estado inicial do qual o ser vivo se afastou por decorrência de fatores externos. Esse estado inicial, ponto de partida de toda a vida, é, segundo Freud, o inorgânico. "Seremos então compelidos a dizer que *o objetivo de toda a vida é a morte*" (op.cit., p.56), o retorno ao inanimado.

O estado de equilíbrio estável que caracterizava a substância inanimada teria sido rompido por ação de forças externas a ela e a vida nada mais seria do que uma tentativa de retorno ao equilíbrio original. Há, portanto, em todo ser vivo uma tendência para a morte, que é irremediavelmente cumprida. O que fica claro é que essa tendência é *interna* ao ser vivo, isto é, que ela resulta de um esforço do próprio ser vivo de retornar ao estado original inorgânico e não de fatores externos. O que a realidade externa provocou foi o aparecimento da vida, mas, uma vez isso tendo ocorrido, o movimento em direção à morte é empreendido pelo próprio ser vivo e não mais por exigência de fatores que lhe são exteriores. Uma morte obtida por ação de agentes externos seria contrária a essa tendência, já que "o organismo deseja morrer apenas ao seu próprio modo" (op.cit., p.56). É essa tendência inerente a todo ser vivo de retornar ao estado inorgânico que Freud chama de *pulsão de morte*, enquanto o esforço para que esse objetivo se cumpra de maneira natural, ele denomina *pulsão de vida*. O objetivo da pulsão de vida não é evitar que a morte ocorra, mas evitar que a morte ocorra de uma forma não natural. Ela é a reguladora do caminho para a morte.

Tanto as pulsões sexuais como as pulsões de autoconservação são consideradas pulsões de vida, já que ambas são conservadoras: as primeiras mantendo o padrão de repetição, isto é, garantindo a mesmidade do organismo; as segundas, preservando o organismo da influência desviante dos fatores externos e garantindo a normalidade do caminho para a morte. Eis aí o novo dualismo freudiano: em vez da antiga oposição pulsões sexuais *vs.* pulsões de autoconservação, temos agora a oposição pulsões de vida (que incluem as pulsões sexuais e as de autoconservação) *vs.* pulsões de morte.

O que está dito acima poderia nos levar a duvidar da autenticidade desse novo dualismo, já que a pulsão de vida nada mais faria do que normalizar o caminho para a morte, o que significa dizer que ela não está em oposição à pulsão de morte, mas que está a seu serviço. No entanto, a autenticidade do novo dualismo (que Freud faz questão de defender em face da ameaça do monismo junguiano) está salva a partir do momento em que entendemos que as pulsões sexuais são as verdadeiras pulsões de vida (op.cit., p.58) e que elas implicam uma junção de dois indivíduos da qual vai resultar um novo ser vivo. Assim, enquanto pulsão de autoconservação, a pulsão de vida é a manutenção do caminho para a morte, mas enquanto pulsão sexual ela garante, por meio do sêmen germinativo, a imortalidade do ser vivo. É o Eros se contrapondo ao Thánatos e garantindo o dualismo tão caro a Freud.

Podemos voltar agora à questão que havia sido adiada no final do item anterior sobre o sadismo e o masoquismo. Em *As pulsões e seus destinos*, Freud havia afirmado que, no par de opostos sadismo-masoquismo, apenas o sadismo era original, sendo o masoquismo entendido como um sadismo voltado para o próprio eu do indivíduo. Sob a influência do novo dualismo pulsional, Freud vai falar ainda em *Além do princípio de prazer* (op.cit., p.75) na possibilidade de um "masoquismo original". Essa possibilidade será desenvolvida quatro anos mais tarde no artigo *O problema econômico do maso-quismo*.

Quando Freud fala em *pulsão de morte*, ele prefere falar no plural, acentuando, dessa forma, a diversidade de expressões dessa pulsão. Uma dessas expressões é a destrutividade que caracteriza o par sadismo-masoquismo. Sob o domínio da pulsão de vida, parte da destrutividade é lançada para fora do organismo através da musculatura, enquanto a outra parte permanece no interior do organismo e, como um resíduo, vai constituir o masoquismo original. A base explicativa para esse masoquismo original ou primário é fornecida pelos conceitos de *fusão* e *desfusão* da pulsão (*Triebmischung* e *Triebentmischung*). As pulsões de vida e as pulsões de morte podem se misturar em proporções variáveis, de tal modo que a fusão designaria um grau elevado de mistura entre ambas, enquanto a desfusão indicaria um funcionamento quase que separado das duas espécies de pulsões. Assim é que, no masoquismo original ou erógeno, o que se verifica é a fusão da pulsão destrutiva com a pulsão sexual, fusão essa que admite graus: dessa forma, "um excesso de agressividade sexual transformará um amante num criminoso sexual, enquanto uma nítida diminuição no fator agressivo torná-lo-á tímido ou impotente" (Freud, ESB, vol.XXIII, p.174). A desfusão jamais atinge o ponto extremo de as duas espécies de pulsões funcionarem autonomamente. A ideia de uma autonomia completa das pulsões é uma ideia limite análoga à do funcionamento autônomo do princípio de prazer e do princípio de realidade.

Não caberia aqui desenvolver todas as possibilidades implícitas na nova teoria pulsional. Grande parte desse desenvolvimento é realizado em *O Ego e o Id*, sobretudo na parte que se refere à teoria do Superego. Também tornaria esse capítulo muito extenso a discussão a propósito de uma prevalência concedida ao princípio de inércia em detrimento do princípio de constância a partir do novo dualismo pulsão de vida-pulsão de morte. Creio que é mais importante no momento tentarmos compreender a relação existente entre a pulsão e o desejo.

CAPÍTULO VI

O DESEJO

Afirmar que no centro da teoria e da prática psicanalíticas está situado o desejo não constitui, hoje em dia, uma afirmação original. J. Lacan vem dizendo isso há longo tempo e, no final das contas, não está fazendo mais do que reler para ouvidos impregnados de reducionismos a palavra do mestre. Essa releitura não se propõe, porém, a produzir uma epifania. Nada que se pareça a uma revelação do sagrado, de uma verdade oculta que será atingida se formos bem-comportados e nos dedicarmos a ler, letra por letra, religiosamente, a sagrada escritura. Trata-se, ao contrário, de produzir, a partir da letra freudiana, o discurso freudiano.

No centro desse discurso, diz-nos Lacan, está o *desejo*. Não o desejo tal como é entendido pela biologia e como é proposto pela filosofia natural; não o desejo como satisfação de uma necessidade, mas um desejo desnaturalizado e lançado na ordem simbólica. Esse desejo só pode ser pensado na sua relação com o desejo do outro e aquilo para o qual ele aponta não é o objeto empiricamente considerado, mas uma falta. De objeto em objeto, o desejo desliza como que numa série interminável, numa satisfação sempre adiada e nunca atingida.

Mas ainda não é essa a grande descoberta de Freud. Como muito bem assinala Lacan (1958), essa concepção do desejo já havia sido proposta por Hegel em seu famoso capítulo IV da *Fenomenologia do espírito*. O que a *Traumdeutung* nos revela não é o desejo hegeliano, mas o desejo freudiano, e a diferença fundamental entre ambos está no inconsciente. O desejo de que nos fala Freud é o *desejo inconsciente*. Se o conceito de inconsciente define a originalidade da descoberta freudiana, ele não consegue, contudo, apagar a marca hegeliana deixada em Freud pela *Fenomenologia do espírito*. Se a presença de Hegel não é clara e imediatamente percebida pelo leitor de *A interpretação de sonhos*, ela é certamente indicada pela leitura lacaniana. A presença de Hegel nos textos de Lacan se faz com uma constância que justifica as perguntas "Lacan contra Hegel?"; "Lacan filho de Hegel?" (Lacan, 1979b, p.204). Ou seria mais correto dizer: "Lacan neto de Hegel?" Antes de tentarmos um esclarecimento sobre a natureza do desejo em Freud, creio que será útil recordarmos a concepção hegeliana do desejo.[1]

O MODELO HEGELIANO DO DESEJO

A exposição que se segue difere propositadamente daquela que fiz em trabalho anterior.[2] Tal fato se deve a uma diferença de ênfase: enquanto na primeira exposição eu estava interessado em conceder relevo ao racionalismo (levado aos seus extremos), agora o que me interessa destacar é a concepção hegeliana do desejo (*Begierde*).

A fenomenologia hegeliana é, num primeiro momento, uma descrição que tem por objeto o homem tal como ele aparece a si próprio enquanto fenômeno existencial. O percurso da fenomenologia é o da historicidade do homem, isto é, o caminho seguido pela Consciência (*Bewusstsein*) até chegar à Autoconsciência (*Selbstbewusstsein*). Esse caminho é percorrido em três registros:

1. No primeiro, o homem é *em-si*: Consciência (*Bewusstsein*). "Consciência" é entendido aqui no sentido estrito de "consciência do mundo exterior". É o homem enquanto passivo e esgotando-se na percepção do mundo; homem ingênuo, sensualista, cuja certeza não ultrapassa o nível da certeza sensível.
2. O segundo é o do homem como *para-si*: Autoconsciência (*Selbstbewusstsein*). O homem não é apenas aquilo que se opõe ao mundo, mas é consciente dessa oposição e portanto consciente

---

1 O que se segue obedece em sua totalidade à análise feita por A. Kojève da *Fenomenologia do espírito*, na Escola de Altos Estudos de Paris, e publicada pela primeira vez em 1947 com o título *Introduction à la lecture de Hegel* (Ed. Gallimard). Minha opção pela análise de Kojève deve-se ao fato de que Lacan foi seguidor de seus cursos.
2 *Psicologia e subjetividade*; tese de doutorado, FGV, 1982; parte I, capítulo 6.

de si mesmo. Ao ser consciente de si mesmo, ele é também consciente do outro como um para-si. É na relação entre dois "para-si" que se vai constituir o desejo como desejo humano (não natural).
3. Finalmente, temos o homem como *em-si e para-si*: *Razão (Vernunft)*. Essa Razão se faz inicialmente razão observadora para em seguida constituir-se como Arte, Religião, Estado.

O que nos interessa para a explicação do Desejo em Hegel é a passagem da *Consciência (Bewusstsein)* para a *Autoconsciência (Selbstbewusstsein)*, passagem essa que é feita pelo *Desejo (Begierde)*. Sigamos a análise feita por Kojève (1947).

A *Consciência* caracteriza o homem considerado enquanto sujeito cognoscente, mas num sentido sensualista. É o homem contemplativo que numa atitude puramente passiva, "sensitiva", se opõe ao objeto exterior. "Consciência" aqui é tomada no sentido de "consciência do mundo exterior" e é a maneira de ser do homem ingênuo ou da criança. A certeza que essa consciência oferece é uma certeza sensível, não é a *Verdade*. É uma certeza subjetiva que não se sabe como tal; julga-se objetiva mas é abstrata, na medida em que nem mesmo constituiu ainda um Sujeito. Essa atitude cognitiva frente ao objeto não pode constituir um sujeito porque nela o homem é absorvido pelo objeto conhecido; ele se perde na contemplação do objeto. O que a contemplação revela é o objeto e não o sujeito.

O sujeito surge somente a partir do *Desejo (Begierde)*. É pela ação de assimilar o objeto que o homem se vê como oposto ao mundo exterior. O primeiro desejo é um desejo sensual: o desejo de comer, por exemplo, através do qual o homem procura suprimir ou transformar o objeto, assimilando-o. Nessa medida, toda ação surgida do Desejo é uma ação "negatriz", pois tem por objetivo a destruição ou transformação do objeto para que o desejo possa ser satisfeito. No lugar da realidade objetiva (destruída ou transformada), surge uma realidade subjetiva pela assimilação ou interiorização do objeto.

O Eu do Desejo não tem, pois, um conteúdo positivo próprio; ele é um vazio que será preenchido pela transformação e assimilação do objeto, isto é, do não-Eu negado. Isso faz com que a natureza do Eu seja uma função do objeto desejado. Se o desejo se volta para um objeto natural, o Eu resultante da satisfação desse Desejo será também um Eu natural. Enquanto o Desejo estiver voltado para um objeto natural, para uma coisa, o Eu produzido por sua satisfação jamais se constituirá como Autoconsciência, permanecerá ao nível de um "sentimento de si".

Mas, se o desejo é um vazio, uma falta, e se o Eu decorrente de sua satisfação é determinado pelo objeto, o Desejo somente será humano quando se dirigir para um objeto não natural, caso contrário ele permanecerá sendo um Desejo natural e o Eu continuará também sendo natural, isto é, animal. Para que a ação produzida pelo Desejo tenha um caráter antropógeno, ela tem de se voltar para algo que supere o real enquanto coisa, enquanto dado natural. Ora, a única realidade que apresenta essa característica é o próprio Desejo. Assim sendo, para que o Desejo se torne humano e para que constitua um Eu humano, ele só pode ter por objeto um outro Desejo. Dois desejos animais tornam-se desejos humanos quando abandonam os objetos naturais para os quais estavam voltados e se dirigem um para o outro. Desejar o Desejo do outro, eis o que caracteriza o Eu como Eu humano.

O Desejo humano pode, a despeito do que foi dito, desejar um objeto, mas com a condição de esse objeto estar mediatizado pelo Desejo do outro. Assim, o soldado que arrisca sua vida para arrebatar a bandeira do inimigo não está desejando o pedaço de pano colorido, mas o objeto do desejo de outros. Quando um homem deseja o corpo de uma mulher, não é o corpo enquanto objeto natural que está sendo desejado (isso caracterizaria o instinto), mas o corpo historicamente constituído, o corpo desejado por outros desejos. Mesmo assim, no caso da relação entre o homem e a mulher, não é a mulher enquanto corpo o que está sendo desejado, mas sobretudo a mulher enquanto desejo. O que o homem quer é se apossar do Desejo da mulher e ser desejado também por ela, o mesmo acontecendo com ela em relação ao homem. O amor é o confronto de dois desejos e nesse confronto os corpos não são tomados enquanto corpos naturais, mas enquanto mediatizados pelo Desejo.

A ação "negatriz" do Desejo não desaparece na passagem do Desejo animal para o Desejo humano. Este último também tem por objetivo transformar e assimilar o Desejo do outro. Todo desejo humano é Desejo de um valor, isto é, Desejo de algo não natural. A ação negatriz do Desejo humano vai-se fazer no sentido de um Desejo tentar fazer com que o Desejo do outro "reconheça" o valor representado pelo primeiro. O que o Desejo humano deseja é ser reconhecido como Desejo e para que o outro reconheça o meu Desejo, ele tem de se submeter aos valores que meu Desejo representa. Em outras palavras, só posso afirmar o meu Desejo na medida em que nego o Desejo do outro e tento impor a esse outro meu próprio Desejo.

Ocorre, porém, que esse outro, enquanto Desejo humano, também procura fazer o mesmo comigo. O encontro de dois Desejos é o confronto de duas afirmações que procuram através da negação (transformação/assimilação) do outro, o reconhecimento. Trata-se de uma luta na qual um dos dois Desejos terá de ser destruído, pois reconhecer o Desejo do outro é fazer seu o valor que o Desejo do outro representa. Nessa luta cada um dos indivíduos arrisca a própria vida pelo reconhecimento.

Apesar de ser uma luta de morte, ambos os adversários têm de continuar vivos, pois a morte de um deles torna o reconhecimento impossível. Para que o vencedor seja reconhecido pelo outro, é imprescindível que o outro permaneça vivo. Isso só é possível se o perdedor, não querendo morrer, aceita ser submetido e, nessa medida, reconhece o vencedor como seu senhor, reconhecendo-se a si mesmo como escravo.

Façamos um resumo do que foi visto até aqui. O ponto de partida foi o homem como *Consciência (Bewusstsein)* e dotado de um *Desejo (Begierde)*. Esse simples Desejo, para se tornar Desejo humano, implica o *reconhecimento (Anerkennen)* que leva a uma *ação (Tun)*. É essa ação com vistas ao reconhecimento que dá origem à *Autoconsciência (Selbstbewusstsein)*. Antes de ter constituído o Eu através da palavra, a Autoconsciência estava instalada na certeza do Cogito. Essa certeza é, porém, uma certeza puramente subjetiva e, se ela não quiser permanecer prisioneira da própria subjetividade, necessita objetivar-se pelo reconhecimento. A Autoconsciência só existe enquanto reconhecida, daí a luta que vai caracterizar a chamada "dialética" do Senhor e do Escravo.

O *reconhecimento* é, portanto, o ato de confrontação de duas Autoconsciências no processo de se tornarem propriamente humanas. Elas se reconhecem, para si mesmas e para a outra, ao transformarem em verdade objetiva o que era uma simples certeza subjetiva. Só há Eu verdadeiramente humano na relação com o outro mas também esse Eu só se constitui na supressão do outro Eu. A ação a que conduz o reconhecimento é uma ação negatriz; sua função é preencher o vazio do Desejo pela transformação-assimilação do não-Eu desejado.

O que me importa mostrar agora é como a concepção hegeliana do Desejo se institui em modelo para a concepção psicanalítica ou, dito de outra forma, como a concepção psicanalítica do Desejo obedece ao modelo hegeliano, distinguindo-se deste apenas num ponto — essencial para a psicanálise — que diz respeito à natureza inconsciente do Desejo. Não vem ao caso se a adoção do modelo hegeliano foi intencional ou não. A influência de Hegel sobre o pensamento europeu foi suficientemente extensa e intensa para deixar de ter sido sentida por Freud.

Coube a Jacques Lacan, seguidor dos cursos de Kojève sobre Hegel, repensar a teoria freudiana tomando como referencial privilegiado a noção de Desejo. É a partir de sua leitura dos textos freudianos que a presença de Hegel se faz sentir com maior evidência.

HEGEL, FREUD E LACAN

"No centro da terapia e da teoria psicanalítica encontramos o desejo", escreve Lacan (1960). Esse desejo, alçado à categoria de referencial central da teoria psicanalítica, nada tem que ver com a concepção naturalista ou biológica de necessidade. A necessidade, tal como o desejo, implica uma tensão interna que impele o organismo numa determinada direção. A diferença fundamental entre ambos está em que na necessidade essa tensão é de ordem física, biológica, e encontra sua satisfação através de uma ação específica visando a um objeto específico que permite a redução da tensão, enquanto o desejo não implica uma relação com um objeto real, mas com um fantasma. A necessidade implica satisfação; o desejo jamais é satisfeito, ele pode *realizar-se* em objetos, mas não se *satisfaz* com esses objetos. O desejo implica um desvio ou uma perversão da ordem natural, o que torna impossível sua compreensão a partir de uma redução à ordem biológica.

A relação do desejo com o objeto é, na teoria psicanalítica, em tudo diferente daquela que caracteriza a relação da necessidade com o objeto numa teoria biológica. O objeto do desejo é uma falta e não algo que propiciará uma satisfação, ele é marcado por uma perversidade essencial que consiste no gozo do desejo enquanto desejo (Lacan, 1958). A insatisfação do desejo não decorre de uma insuficiência, de uma *gaucherie* que lhe seria própria, mas de uma eficiência. A estrutura do desejo implica essencialmente essa inacessibilidade do objeto e é precisamente isso que o torna indestrutível. O desejo se realiza nos objetos, mas o que os objetos assinalam é sempre uma falta. Freud é bastante claro quando nos fornece o modelo de constituição do desejo com base na *experiência de satisfação*. Um bebê recém-nascido, premido pela fome, chora, esperneia e agita os braços numa tentativa inútil de afastar o estímulo causador da insatisfação. A intervenção da mãe oferecendo-lhe o seio tem como efeito a redução da tensão decorrente da necessidade e uma consequente experiência de satisfação (*Befriedigungserlebnis*). Daí por diante, uma imagem mnemônica permanece associada ao traço de memória da excitação produzida pela necessidade, de tal forma que na vez seguinte em que essa necessidade emerge, "surgirá imediatamente um impulso psíquico que procurará recatexiar a imagem mnemônica da percepção e reevocar a própria percepção, isto é, restabelecer a situação de satisfação original. Um impulso dessa espécie é o que chamamos de desejo" (Freud, ESB, vols.IV-V, p.602-3). Portanto, o que caracteriza o desejo para Freud é esse impulso para reproduzir alucinatoriamente uma satisfação original, isto é, um retorno a algo que já não é mais, a um objeto perdido cuja presença é marcada pela falta. Para usar uma fórmula agostiniana, o que caracteriza o desejo é a presença de uma ausência. O desejo é a nostalgia do objeto perdido.

O papel do objeto na concepção freudiana do desejo nada tem que ver com o papel desempenhado pelo objeto numa concepção empirista naturalista ou como o concebe a psicanálise culturalista norte-americana. A própria variabilidade do objeto já assinala o seu caráter de representante do objeto perdido (cf. Valejo e Magalhães, 1981). O objeto do desejo não é uma coisa concreta que se oferece ao sujeito, ele não é da ordem das coisas, mas da ordem do simbólico. O desejo desliza por contiguidade numa série interminável na qual cada objeto funciona como significante para um significado que, ao ser atingido, transforma-se em novo significante e assim sucessivamente, numa procura que nunca terá fim porque o objeto último a ser encontrado é um objeto perdido para sempre. Toda satisfação obtida coloca imediatamente uma insatisfação que mantém o deslizamento constante do desejo nessa rede sem fim de significantes.

Uma outra característica do desejo freudiano assinalada por Lacan é a de que ele escapa à síntese do Eu. O Eu não é uma realidade original, fonte substancial do desejo, mas algo que emerge a partir de um determinado momento como operador das resistências e somente podendo ser pensado por referência a um outro. O Eu não pode ser pensado de forma unitária, nem tampouco pode ser identificado ao sujeito, ele é "um termo verbal cujo uso é aprendido numa certa referência ao outro", escreve Lacan (1979a, p.193). O Eu surge somente através da linguagem e por referência ao Tu; ele é caracterizado por um desconhecimento dos desejos do sujeito e não aquilo que se apresenta como fonte última dos desejos.

É por referência ao outro que o sujeito se constitui como um Eu, referência essa que é caracterizada por Lacan através da teoria da fase do espelho. Essa experiência é um dos pontos de diferença fundamental, segundo Lacan, entre a psicologia humana e a psicologia animal:

> O homem se sabe como corpo, quando não há afinal de contas nenhuma razão para que se saiba, porque ele está dentro. O animal também está dentro, mas não temos nenhuma razão para pensar que o representa para si. (op.cit., p.197)

É portanto a partir da imagem unificada que faço do outro que eu me apreendo como corpo unificado. O mesmo ocorre com o desejo. Este, no seu estado de confusão original, só vai aprender a se reconhecer a partir do outro, isto é, a partir de desejos e ordens que a criança deverá reconhecer como pertencentes aos adultos.

É nesse sentido que Lacan afirma que "o desejo do homem é o desejo do outro" (op.cit., p.205). Nessa primeira fase de constituição do desejo, que é a fase do imaginário, o desejo ainda não se reconhece como desejo, é no outro ou pelo outro que esse reconhecimento vai-se fazer, numa relação dual especular que o aliena nesse outro. Nesse estado especular, ou o desejo é destruído ou destrói o outro. É o desejo de destruição do outro o que suporta o desejo do sujeito.

Como já nos mostrou Hegel, essa radical confrontação relegaria a relação do sujeito com o outro a uma destruição inevitável se não fosse a emergência do simbólico. Se no modo de relação imaginária o desejo do sujeito era forçado a se alienar no outro, a partir da emergência do simbólico ele pode ser mediado pela linguagem. É o que Freud pretende nos mostrar com o exemplo do *Fort-Da*. Segundo Lacan, o sujeito que fala tem de ser forçosamente admitido como sujeito e isso porque ele é capaz de mentir, de ocultar, isto é, ele é distinto do que diz (op.cit., p.225). É aqui que podemos assinalar a marca diferencial das concepções de Hegel e de Freud: é esse sujeito ocultador, alvo necessário da suspeita, que Freud vai nos revelar no inconsciente. Seu grande empreendimento consistiu precisamente em tornar explícito o desejo inconsciente.

O desejo que nos é revelado por Freud se reveste de uma dupla característica: em primeiro lugar, sua distorção necessária; e, em segundo lugar, seu distanciamento com respeito à satisfação. Tome-mos por exemplo o desejo do sonho. Por uma parte, ele tem por objetivo permitir o sono, isto é, ele é desejo de dormir; por outra parte, ele vai-se realizar a nível fantasmático, sendo sua satisfação puramente verbal. Se podemos falar de alguma satisfação, esta diz respeito sobretudo à que decorre da manutenção do sono. É o descentramento com relação à satisfação que vai permitir a Lacan falar na errância do desejo e a utilizar para o seu esclarecimento o conceito linguístico de metonímia. A esse respeito cabem alguns esclarecimentos.

O recurso ao modelo linguístico ou o emprego isolado de certos conceitos linguísticos não deve nem pode ser visto dentro de um ponto de vista reducionista. Não se trata de substituir um reducionismo neurofisiológico por um reducionismo linguístico. Lacan não disse — e tampouco Freud — que o inconsciente *é* uma linguagem, mas sim que ele está estruturado *como* uma linguagem. Da mesma forma, o deslocamento não é a metonímia, assim como a condensação não é a metáfora. "O inconsciente freudiano e a linguagem dos linguistas se opõem tão radicalmente", escreve Laplanche (1970), "que a transpo-sição termo a termo de suas propriedades e de suas leis pode aparecer, com razão, como uma tentativa paradoxal". No capítulo dedicado ao inconsciente voltarei a abordar esse ponto de maneira mais ampla. Por enquanto, ocupar-me-ei apenas da relação estabelecida entre a estrutura do desejo e a metonímia.

Já vimos como o desejo desliza, por contiguidade, numa série interminável na qual cada objeto funciona como significante cujo significado, uma vez atingido, se revela como um novo significante, reabrindo a série. É precisamente esse deslizamento através do qual um significante desaparece para dar lugar a um outro que Lacan vai tomar como característica do desejo em Freud e que vai procurar ilustrar através da noção de metonímia da linguística, pois é esse recurso metonímico que possibilita ao desejo enganar a censura.

A cadeia significante vai-se constituir, na sua relação com o significado, segundo dois eixos fundamentais: um eixo horizontal das relações de contiguidade e um eixo vertical das relações de similari-dade. A *metonímia* e a *metáfora* representam, respectivamente, a forma mais condensada desses processos. Assim, se associamos o termo automóvel a trem, avião e navio, somos levados por uma relação de similaridade, enquanto, se o associamos a passeio, domingo e mar, estamos sendo conduzidos por uma relação de contiguidade. Os pares metáfora-metonímia e similaridade-contiguidade remetem aos dois eixos mais elementares da linguagem: o da *seleção* e o da *combinação*. O eixo da seleção (que corresponde ao eixo paradigmático de Saussure) é o que possibilita a substituição de um termo por outro tendo por base a similaridade. A seleção é um outro aspecto da substituição, razão pela qual Saussure caracterizava as relações paradigmáticas como sendo relações *in absentia*. O eixo da combinação (que corresponde ao eixo sintagmático de Saussure) é o que, funcionando por contiguidade, vai possibilitar a ideia de contexto e de ligação, daí ele ser formado por relações *in praesentia*. Se tomarmos como exemplo o discurso literário, podemos dizer que numa prosa descritiva e minuciosa como a de Proust predomina a metonímia, enquanto na poesia, em geral, predomina a metáfora.

Na metonímia há, pois, um deslizamento de termo a termo segundo uma relação de contiguidade, sem que no entanto a substituição se faça de forma a manter unívoco o significado. Não é a semelhança que regula a substituição, mas o deslizamento por contiguidade, e nesse deslizamento o significado original pode permanecer oculto. O significado metonímico é um efeito desse deslizamento e não algo que lhe seja anterior ou exterior, e nesse caso o efeito se altera conforme um eixo de combinações no qual um significante desaparece para dar lugar a outro.

O que aprendemos com Freud foi que o objeto do desejo é um objeto perdido, uma falta, e que esse objeto perdido continua presente como falta, procurando realizar-se através de uma série de substitutos que formam uma rede contingente mantendo a permanência da falta. Aqui também a metonímia se presta de maneira exemplar para caracterizar essa contingência do objeto. É na medida em que entendemos a contingência do objeto do desejo, seu deslizamento sem fim numa cadeia marcada pela falta, que podemos entender a irredutibilidade do desejo à necessidade. Enquanto esta última é da ordem do natural, o desejo é da ordem do simbólico e pressupõe necessariamente a cadeia significante.

Antes de ascender ao plano do simbólico, o desejo se realiza no plano do imaginário. Inicialmente, é por referência ao outro ou à imagem do outro que a criança vai construir seu esboço de ego, sendo esse momento descrito por Lacan na sua formulação da *fase do espelho*, em relação à qual a frase "o desejo do homem é o desejo do outro" tem seu lugar preciso. "Com efeito", escreve Lacan, "os desejos da criança passam inicialmente pelo outro especular. É aí que são aprovados ou reprovados, aceitos ou recusados" (1979a, p.207). A partir do primeiro momento no qual a criança formou o seu eu segundo a imagem do outro, ela vai, pelo ingresso na ordem simbólica, produzir uma transformação no objeto através da linguagem. O *Fort-Da* é a descrição que Freud nos oferece desse momento. O objeto é desnaturalizado e adquire a função de signo; em seguida ele passa para o plano da linguagem e a partir de então a palavra passa a ser mais importante que o objeto (op.cit., p.206). "A palavra é essa roda de moinho por onde incessantemente o desejo humano se me- diatiza, entrando no sistema de linguagem" (op.cit., p.208), ela não é uma representação ilusória da coisa, ela é a própria coisa, diz-nos Lacan. E ele convida aqueles que não acreditam na concretude da palavra a refletirem sobre a palavra *elefante*. É porque a palavra *elefante* existe, afirma Lacan, que o elefante se torna objeto de uma série de deliberações por parte dos homens. Sem nunca terem visto um elefante, os homens deliberam sobre o destino desses paquidermes de uma forma muito mais decisiva do que afecções que lhes possam advir em função de transformações no meio ambiente em que vivem.

> Só com a palavra elefante e a maneira pela qual os homens a usam, acontecem aos elefantes coisas favoráveis ou desfavoráveis, fastas ou nefastas — de qualquer maneira, catastróficas — antes mesmo que se tenha começado a levantar em direção a eles um arco ou um fuzil. (op.cit., p.206)

Volto aqui à característica fundamental do desejo freudiano, característica essa que o torna irredutível a qualquer outra concepção anterior àquela elaborada por Freud: o fato de que é um desejo *inconsciente*. Isso não significa simplesmente que o sujeito desconhece seus desejos mais recônditos, analogamente ao novo proprietário de uma fazenda que ainda não conhece todos os seus recantos. O que Freud coloca, ao afirmar que o desejo do sonho é um desejo inconsciente, é a própria noção de clivagem da subjetividade. Não há um sujeito único, unidade original e fonte irredutível do desejo, que se desconhece em parte, mas dois sujeitos: o *sujeito do enunciado* e o *sujeito da enunciação*. O sujeito do enunciado é o sujeito social, portador do discurso manifesto (sujeito às leis do processo secundário), porém desconhecedor do sujeito da enunciação e do conteúdo da mensagem. O sujeito da enunciação é, por sua vez, excêntrico em relação ao sujeito do enunciado. Ele não é expresso ou significado no enunciado, mas recalcado e inconsciente (cf. Valejo e Magalhães, 1981, p.41-5). A relação entre esses dois sujeitos é ilustrada por

Lacan com o exemplo do escravo-mensageiro que trazia sob sua cabeleira a mensagem que o condenava à morte, sem que ele mesmo conhecesse o sentido do texto, a língua em que estava escrito e que lhe tinham tatuado sobre o couro cabeludo enquanto dormia. São, portanto, dois sujeitos que estão em jogo: aquele que enuncia a mensagem (sujeito do enunciado) e aquele outro ligado aos elementos significantes do inconsciente (sujeito da enunciação), excêntrico em relação ao primeiro. A prática psicanalítica se propõe a tornar explícito o sujeito da enunciação, partindo do sujeito do enunciado.

Proponho que este capítulo tenha sua conclusão nos dois capítulos seguintes, quando a análise mais detalhada da estrutura do inconsciente nos fornecer os elementos que nos faltam para uma compreensão mais ampla do desejo inconsciente.

CAPÍTULO VII

O RECALCAMENTO

Em sua *A história do movimento psicanalítico* (ESB, vol.XIV, p.26), Freud afirma que "a teoria do recalcamento é a pedra angular sobre a qual repousa toda a estrutura da psicanálise". O momento histórico do surgimento do conceito de recalcamento (*Verdrängung*) já foi assinalado, embora sem maiores detalhamentos, nos capítulos 1 e 3. O que pretendo fazer agora é proceder a uma análise mais detalhada do conceito a fim de articulá-lo com o conceito de inconsciente, o que nos permitirá compreender a ênfase dada por Freud à afirmação transcrita acima.

Quem primeiro empregou o termo *Verdrängung* de uma forma que poderia ser aproximada à de Freud foi Johann Friedrich Herbart, cujas obras principais datam da primeira década do século XIX. Herbart é herdeiro das concepções de Leibniz e Kant, tendo ocupado em Königsberg a cátedra que pertenceu a este último. Crítico feroz do monismo spinozista, afirmava que o elemento constituinte da vida mental é a *representação* (*Vorstellung*), adquirida através dos sentidos. A representação (ou ideia) era por ele concebida de modo análogo ao de Leibniz, isto é, como uma mônada dotada de *vis activa*, de uma força (*Kraft*) que faz com que ela lute por autoconservar-se. Nem todas as representações possuem a mesma força, embora todas procurem se manter quando confrontadas com as outras. Nessa confrontação, uma ideia pode ser recalcada ou inibida por outra, o que faz com que ela permaneça aquém do umbral de consciência. Esse conflito entre as ideias era para Herbart o princípio fundamental do dinamismo psíquico, sendo por ele comparado em importância ao princípio da gravitação para a física (cf. Boring, 1969, p.278).

O mais surpreendente, porém, é que Herbart não se contenta apenas em afirmar a existência de representações conscientes e inconscientes, mas afirma ainda que as representações que foram tornadas inconscientes não foram destruídas nem tiveram sua força reduzida, mas permanecem lutando, a nível inconsciente, para se tornarem conscientes.

"Cada movimento das ideias está confinado entre dois pontos fixos: seu estado de completa inibição e seu estado de completa liberdade" e há "um esforço natural e constante por parte de todas as ideias de retornar a seu estado de liberdade total (ausência de inibição)". (cit. por Boring, 1979, p.278)

O termo utilizado por Herbart para designar a expulsão de uma representação para aquém do umbral da consciência foi *Verdrängung*.

A aproximação entre as concepções de Herbart e de Freud é inevitável, tanto mais quanto sabemos através de E. Jones (1960, p.293) que Herbart exerceu grande influência sobre Meynert, que foi professor de Freud. Claro está que isso não retira o mérito de Freud quanto à produção de seus conceitos fundamentais — o de recalcamento e o de inconsciente —, mas não podemos deixar de traçar, no plano de uma história das ideias, uma certa continuidade entre ambos. No plano de uma história das ciências, a psicanálise tem seu começo com Freud. Por maior que seja a semelhança entre a *Verdrängung* herbartiana e a freudiana, permanece o fato de que Herbart não fez do recalcamento o processo responsável pela clivagem da subjetividade em instâncias distintas — os sistemas Inc. e Prec./Consc. —, assim como não propôs estruturas e leis diferentes para cada uma delas. A concepção herbartiana do recalcamento e do inconsciente ainda se inscreve no quadro de uma psicologia da consciência, apesar do dinamismo que confere às representações, assim como ao papel desempenhado pelo conflito psíquico.

Foi ao se defrontar com o fenômeno clínico da *resistência* e ao empreender a superação da teoria do trauma que Freud foi levado a produzir o conceito de recalcamento. A teoria do trauma, como já foi visto, admitia que as manifestações neuróticas seriam decorrentes de um trauma psíquico sofrido na infância provocado por um acontecimento em face do qual o indivíduo não teria tido condições de realizar a ab-reação. Impossibilitado de se defender do acontecimento de uma forma normal, o indivíduo empreende uma defesa patológica ou patogênica. O objetivo do procedimento hipnótico era possibilitar a revivência da experiência traumática e a consequente ab-reação do afeto ligado a ela. Quando Freud abandona a hipnose e solicita aos seus clientes que procurem se lembrar do fato traumático sem o auxílio desse recurso, ele passa a se defrontar com um fato novo que era inteiramente ocultado pelo próprio método que empregava: a *resistência* por parte do paciente que se manifestava sob a forma de falha de memória ou de incapacidade de falar sobre o tema caso este lhe fosse sugerido. Essa resistência foi interpretada por ele como o sinal externo de uma defesa (*Abwer*) cuja finalidade era manter fora da consciência a ideia ameaçadora. A defesa nada mais era do que a censura exercida pelo ego sobre a ideia ou conjunto de ideias que despertavam sentimentos de vergonha e de dor. O que constitui a defesa é, portanto, a impossibilidade de uma conciliação entre uma representação ou grupo de representações e o ego, o qual se transforma em sujeito da operação defensiva.

Apesar de Freud ter empregado durante algum tempo *Abwer* e *Verdrängung* de forma semelhante, a partir de *A interpretação de sonhos* o termo *recalcamento* vai ganhando maior precisão conceitual enquanto *defesa* passa a ser utilizado de uma forma mais ampla e portanto mais vaga. No artigo *Die Verdrängung,* de 1915, Freud define o recalcamento como o processo cuja essência consiste no fato de afastar determinada representação do consciente, mantendo-a à distância (ESB, vol.XIV, p.170). O objeto do recalcamento não é, como veremos mais adiante, a pulsão propriamente dita, mas um de seus representantes — o representante ideativo — capaz de provocar desprazer em face das exigências da censura exercida pelo sistema pré-consciente-consciente. Antes de nos dedicarmos à análise da teoria do recalcamento, creio ser oportuno ressaltar ainda a confusão terminológica a que se prestou a *Verdrängung* freudiana e que foi acrescida à imprecisão conceitual decorrente do próprio Freud. Refiro-me aqui à confusão a que pode ser conduzido o leitor menos familiarizado com a teoria psicanalítica entre os termos: recalcamento (*Verdrängung*), repressão ou supressão (*Unterdrückung*), negação ou denegação (*Verneinung*), recusa (*Verleugnung*) e condenação (*Verurteilung*). Essa dificuldade pode, porém, ser facilmente superada pelo recurso ao *Vocabulário da psicanálise* de Laplanche e Pontalis.

O RECALCAMENTO E OS
REPRESENTANTES PSÍQUICOS DA PULSÃO

Apesar de Freud apontar o recalcamento como um dos destinos da pulsão, ficamos sabendo por ele mesmo que aquilo sobre o qual incide o recalcamento não é a pulsão propriamente dita, mas um de seus representantes: o representante ideativo. Na verdade, a pulsão está aquém da distinção entre consciente e inconsciente, na medida em que ela jamais pode tornar-se objeto da consciência e que, mesmo no inconsciente, ela tem de ser representada por uma ideia (Freud, ESB, vol.XIV, p.203). Além do mais, se a finalidade do recalcamento é evitar o desprazer, ficaria difícil explicar como é que a satisfação de uma pulsão poderia provocar desprazer. A satisfação de uma pulsão é sempre prazerosa. Portanto, quando Freud fala em recalcamento da pulsão, devemos ter sempre em mente que ele está se referindo ao representante ideativo da pulsão, esta sim, capaz de provocar desprazer ao ser confrontada com o sistema Prec./Consc. O outro representante psíquico da pulsão — o afeto —, apesar de sofrer vicissitudes diversas em decorrência do recalcamento, não pode, ele mesmo, ser recalcado. A razão disso é que não se pode falar em "afeto inconsciente"; o que pode ser tornado inconsciente é a ideia à qual o afeto estava ligado, podendo este último ser deslocado para outra ideia. O que o recalcamento produz é uma ruptura entre o afeto e a ideia à qual ele pertence, mas não uma transformação do afeto em afeto inconsciente. "A rigor", afirma Freud, "não existem afetos inconscientes" (op.cit., p.204), posto que um afeto inconsciente seria como que um sentimento que não fosse sentido como tal. Um afeto pode ser suprimido, isto é, inibido ou eliminado, mas não pode ser recalcado. Voltarei ainda a este ponto; por enquanto quero chamar atenção para uma afirmação contida logo no início do artigo metapsicológico sobre o recalcamento: "(...) o recalcamento não é um mecanismo defensivo que esteja presente desde o início, ele só pode surgir quando tiver ocorrido uma cisão marcante entre a atividade mental consciente e a inconsciente" (Freud, ESB, vol.XIV, p.170).

O RECALCAMENTO ORIGINÁRIO

Se o recalcamento não está presente desde o início, se ele é correlativo da cisão entre os dois grandes sistemas psíquicos, o inconsciente e o pré-consciente-consciente — o que havia antes dele? Quando Freud afirma que o recalcamento só está presente a partir da divisão entre Inc. e Prec./Consc., a afirmação faz pleno sentido na medida em que sabemos que ele é um mecanismo do qual lança não o sistema Prec./Consc. para impedir que certos conteúdos do sistema Inc. tenham acesso à consciência. Portanto, não existindo o sistema Prec./Consc., não existe ainda a instância recalcadora e, por decorrência, não existe o próprio recalque. Mas, por outro lado, quando perguntamos pelo que produz a cisão do psiquismo em dois sistemas distintos, obtemos como resposta que é o recalcamento. Há, pois, aqui uma certa confusão. Ou bem o recalcamento é um mecanismo do sistema pré-consciente ou bem ele é o responsável pela cisão do psiquismo e, portanto, constituinte de cada um dos sistemas. Para resolver essa aparente contradição, Freud lança mão da distinção entre *recalcamento originário* (*Urverdrängung*) e *recalcamento propriamente dito* (*Verdrängung*) ou *posterior* (*Nachdrängen*).

Na análise do caso de Schreber (ESB, vol.XII, p.90-1), Freud distingue três fases no processo de recalcamento e essa distinção permanece, com pequenas alterações, no artigo metapsicológico de 1915. São elas: a *fixação,* o *recalcamento propriamente dito* e o *retorno do recalcado.*

É essa primeira fase, a da *fixação* ou *inscrição* (*Niederschrift*), que ele vai denominar *recalcamento originário.* Já no texto sobre Schreber, Freud apontava a fixação como a "precursora e condição necessária de todo recalcamento" (op.cit., p.90) e a descrevia como sendo o mecanismo segundo o qual a pulsão era inibida em seu desenvolvimento e permanecia fixada num estágio infantil, mantendo-se inconsciente (não no inconsciente recalcado, pois este ainda não se constituiu). No artigo *Die Verdrängung*, o ponto de vista adotado por Freud sobre a questão é menos genético e o termo "inscrição" é mais apropriado para designar o recalque originário.

> Temos motivos suficientes para supor que existe um *recalcamento original,* uma primeira fase do recalcamento, que consiste em negar entrada no consciente ao representante psíquico (ideacional) da pulsão. Com isso, estabelece-se uma *fixação*; a partir de então, o representante em questão continua inalterado, e a pulsão permanece ligada a ele. (Freud, ESB, vol.XIV, p.171)

Aqui, como no artigo sobre o inconsciente, o que é ressaltado é a fixação da pulsão num representante ideativo e sua inscrição num registro inconsciente. É, porém, na análise do caso *O Homem dos Lobos* (Freud, ESB, vol.XVII) que podemos retirar o que há de mais esclarecedor em Freud sobre o recalcamento originário.

O caso do Homem dos Lobos foi escrito no inverno de 1914/1915, sendo, portanto, contemporâneo aos escritos que compõem a metapsicologia. É o mais longo e minucioso relato que Freud faz de um caso clínico, e pretendo retirar dele apenas o que me interessa para a clarificação do problema do recalcamento originário.

O paciente é um jovem russo que procurou Freud para um tratamento analítico por se sentir inteiramente dependente das outras pessoas e incapacitado para a vida. Sua infância foi atravessada por uma histeria de angústia que teve início por volta dos quatro anos e que se transformou numa neurose obsessiva que durou até a idade de dez anos. A histeria de angústia se apresentava sob a forma de fobia de um animal e a neurose obsessiva tinha um conteúdo religioso. O período de tratamento durou de fevereiro de 1910 a julho de 1914. Durante os primeiros anos, quase não houve alteração no quadro clínico do paciente, que resistia ao tratamento defendendo-se através de uma atitude gentil e ao mesmo tempo autossuficiente. Quando Freud sentiu que o jovem estava suficientemente transferido, marcou uma data para o término do tratamento, e somente através desse artifício conseguiu romper as defesas que ele apresentava. Não há como reproduzir o minucioso trabalho de reconstrução histórica que Freud empreendeu e que está parcialmente contido nas 150 páginas que compõem o relato do caso. Limitar-me-ei a assinalar alguns pontos que o conduziram a precisar a data de uma cena infantil que nos ajudará a compreender a questão do recalque originário.

Quando o paciente tinha três anos e três meses de idade, sua irmã o conduziu a práticas sexuais. Ela brincava com o seu pênis e ele se deixava manipular passivamente. Essa atitude passiva, unida ao fato de que a irmã era mais elogiada pelos pais por ser mais inteligente e desembaraçada que ele, deu lugar a fantasias nas quais ele se colocava como tentando ver a irmã despida e fora castigado pela família. Mas de fato, em vez de tentar seduzir a irmã, o que ele fez foi tentar seduzir sua babá, em presença da qual se punha a brincar com o pênis. A babá repudiou sua sedução ameaçando-o de castração, e sua sexualidade, que já começava a se concentrar em torno da zona genital, regrediu a uma etapa sádico-anal. Repudiado pela babá, o menino voltou sua sexualidade para o pai, a quem provocava constantemente para que este o castigasse e ele pudesse obter uma satisfação sexual masoquista.

Essa fase de mau comportamento foi seguida de uma outra em que predominavam os sinais de neurose, e o limite entre uma fase e outra foi demarcado por um sonho que foi o material a partir do qual

Freud reconstruiu a história do rapaz e cuja interpretação foi um empreendimento que durou vários anos. Foi o seguinte o relato do sonho fornecido pelo paciente:

> Sonhei que era noite e que eu estava deitado na cama. (Meu leito tem o pé da cama voltado para a janela: em frente da janela havia uma fileira de velhas nogueiras. Sei que era inverno quando tive o sonho, e de noite.) De repente, a janela abriu-se sozinha e fiquei aterrorizado ao ver que alguns lobos brancos estavam sentados na grande nogueira em frente da janela. Havia seis ou sete deles. Os lobos eram muito brancos e pareciam-se mais com raposas ou cães pastores, pois tinham caudas grandes, como as raposas, e orelhas empinadas, como cães quando prestam atenção a algo. Com grande terror, evidentemente de ser comido pelos lobos, gritei e acordei. Minha babá correu até a minha cama para ver o que me havia acontecido. Levou muito tempo até que me convencesse de que fora apenas um sonho; tivera uma imagem tão clara e vívida da janela a abrir-se e dos lobos sentados na árvore. Por fim acalmei-me, senti-me como se houvesse escapado de algum perigo e voltei a dormir.
>
> A única ação no sonho foi a abertura da janela, pois os lobos estavam sentados muito quietos e sem fazer nenhum movimento sobre os ramos da árvore, à direita e à esquerda do tronco, e olhavam para mim. Era como se tivessem fixado toda a atenção sobre mim. Acho que foi meu primeiro sonho de ansiedade. Tinha três, quatro ou no máximo cinco anos de idade na ocasião. Desde então, até contar 11 ou 12 anos, sempre tive medo de ver algo terrível em meus sonhos. (Freud, ESB, vol.XIV, p.45)

O paciente associava o sonho com a lembrança de um livro infantil no qual aparecia a figura de um lobo com o qual sua irmã o amedrontava. No entanto, através de um trabalho extremamente meticuloso e que só nos últimos meses de análise foi concluído, Freud chegou ao seu significado completo. O sonho parecia apontar para uma cena que, por detrás do seu conteúdo manifesto, se mantinha desconhecida. Essa cena tinha sido esquecida na época do sonho e, portanto, deveria ter ocorrido muito antes dos três ou quatro anos de idade. A partir das associações fornecidas pelo paciente, Freud chega à conclusão de que o que emergiu naquela noite, a partir do inconsciente do sonhador, foi a cena de uma cópula entre os pais numa posição peculiar: o pai em pé, por trás da mãe, e esta dobrada para a frente como um animal. O paciente associava a posição do pai com a do lobo no conto de fadas. A idade em que o menino presenciou a cena foi determinada de forma rigorosa como sendo a de $n + 1/2$ anos, sendo que n teria de ser menos que 2, o que reduzia a escolha a duas datas apenas: 0 + 6 meses e 1 ano + 6 meses. Freud descarta a primeira hipótese por achá-la pouco provável, o que localiza a cena traumática como tendo ocorrido quando o paciente tinha um ano e meio.

A angústia que o menino passou a manifestar a partir do sonho — o medo de ser devorado pelo lobo — nada mais era do que a transposição do desejo de ser copulado pelo pai, isto é, de obter satisfação sexual da mesma maneira que a mãe. Seu pai era o lobo que trepava e sua mãe era o lobo castrado que permitia que trepassem nele. O que o paciente rejeitava era ver sua masculinidade castrada para ser sexualmente satisfeito pelo pai.

O fato importante a se destacar nessa análise é a de que foi apenas a partir do sonho que o menino compreendeu o significado da cena primária que havia presenciado dois anos e meio antes e que mesmo no sonho o que foi vivido por ele não foi a cena em si, mas a cena dos lobos trepados na árvore. De fato, a cena do coito entre os pais nunca foi evocada, ela foi *reconstruída* por Freud a partir do relato do sonho e das associações do paciente. Quando Freud afirma que somente a partir dos quatro anos o paciente compreendeu o significado da cena primária, ele não está dizendo que a cena foi recordada pelo paciente, mas sim que, a partir do sonho, a cena ganhou significado traumático.

É a partir desse ponto que podemos entender o significado do recalque originário para Freud. Quando a cena foi presenciada pela criança na idade de um ano e meio, ela não teve valor traumático, o que se deu foi sua *inscrição* num inconsciente não recalcado. Freud é bem explícito quanto a isso, tanto que, ao dizer que por ocasião do sonho o menino compreendeu o significado do processo, ele faz a seguinte observação:

> Quero dizer que ele o compreendeu na época do sonho, quando tinha quatro anos e não na época da observação. Recebeu as impressões quando tinha um ano e meio; sua compreensão dessas impressões foi protelada, mas tornou-se possível na época do sonho devido ao seu desenvolvimento, às suas excitações e pesquisas sexuais. (op.cit., p.55, nota 1)

Na verdade, o que possibilitou ao menino compreender o significado da cena não foram suas excitações e pesquisas sexuais, mas seu ingresso no universo simbólico. Até então havia o que Lacan denomina "efração imaginária", isto é, uma inscrição no domínio do imaginário sem que houvesse por parte da experiência uma eficácia psíquica. Ela não era ainda dotada de significação, o que vai acontecer somente após sua integração, através da linguagem, no sistema simbólico do sujeito (Lacan, 1979a, p.220). Essa retroatividade do simbólico em direção ao imaginário não se faz sobre qualquer material da experiência, mas sobre aquele que, por não poder ser dotado de significação, não pôde ser vivido. Tal é o caso do coito entre os pais presenciado pelo paciente de Freud. Na época em que a experiência se deu, ela não pôde ser dotada de significação, o que não impediu que se fizesse sua inscrição no inconsciente. Essa inscrição é que vai ser objeto de reintegração em função do simbólico. A essa reintegração de uma experiência passada em função do desenvolvimento do sujeito, Freud se refere com o termo *Nachträglich*, que designa essa posterioridade conferindo eficácia causal a uma experiência que até então estava apenas inscrita no inconsciente sem uma significação correspondente. É essa fixação ou inscrição que vai constituir o recalcamento originário (*Urverdrängung*) e que vai tornar possível o recalcamento secundário ou posterior (*Nachdrängen*).

Resumindo o que foi dito: antes de serem formados os sistemas Inc. e Prec./Consc., certas experiências cuja significação inexiste para o sujeito são inscritas no inconsciente e têm seu acesso à consciência vedado a partir de então. Essas inscrições vão funcionar como o "recalcado" original que servirá de polo de atração para o recalcamento propriamente dito. Essas inscrições se dão antes do ingresso no simbólico e permanecem no registro do imaginário até que recebem significação a partir do momento em que o sujeito atinge a verbalização. É somente ao receber significação por parte do sistema simbólico que seu caráter traumático vai ser experienciado pelo sujeito e ocorrerá o recalcamento propriamente dito. No entanto, uma série de pontos dessa concepção teórica ainda permanecem confusos. Que inconsciente é esse no qual se dá a inscrição? Por que seria vedado à criança uma significação, ainda que extremamente simples, dessa experiência? Por que exatamente esta cena (a do coito entre os pais) foi "fixada" e não uma outra cena qualquer do cotidiano de um casal? Se os sistemas inconsciente e pré-consciente ainda não estão formados na época do recalcamento originário, de onde provém sua energia de investimento?

Num trabalho publicado em 1926, Freud declara que "muitíssimo pouco se sabe até agora sobre os antecedentes e as fases preliminares do recalcamento" (ESB, vol.XX, p.115), mas na conclusão da análise de *O Homem dos Lobos* ele levanta algumas hipóteses cujo matiz filosófico é por ele mesmo reconhecido. Vale a pena transcrever dois trechos dessa conclusão:

> Se se considera o comportamento do menino de quatro anos em relação à cena primária reativada, ou mesmo se se pensa nas reações muito mais simples da criança de um ano e meio, quando a cena foi realmente vivida, é difícil descartar a opinião de que algum tipo de conhecimento dificilmente definível, algo, fosse o que fosse, preparatório para uma compreensão, estivesse agindo na criança, na época. (Freud, ESB, vol.XVII, p.148)

Freud compara essa "algo" ao instinto (*Instinkt*) dos animais, algo filogeneticamente adquirido na vida mental e que, apesar de não estar restrito ao comportamento sexual, estaria intimamente ligado a ele.

> Esse fator instintivo (*instinktiv*) seria então o núcleo do inconsciente, um tipo primitivo de atividade mental que seria depois destronado e encoberto pela razão humana, quando essa faculdade viesse a ser adquirida.

E concluiu em seguida:

> O recalcamento seria o retorno a esse estádio instintivo. (ibid.)

O recurso à hipótese de uma herança filogenética não é novo em Freud e testemunha sua dificuldade para encontrar uma explicação convincente para o recalcamento originário, ao mesmo tempo que não pode prescindir desse mecanismo, pois ele é indispensável para a compreensão do recalcamento propriamente dito. Segundo Freud, para que haja o recalcamento não é suficiente a ação exercida pelo sistema pré-consciente-consciente, é necessário também a atração exercida por representações inconscientes. Surge então a pergunta: e como se formam essas representações inconscientes que vão servir de polo de atração para o recalcamento? É na tentativa de oferecer uma resposta para essa questão que ele vai lançar mão de um símile do instinto que funcionaria como uma primeira indicação, ainda bastante primitiva, para as inscrições que vão se constituir no recalcamento original.

Essa hipótese permite ainda a Freud oferecer uma tentativa de solução para a questão econômica do recalcamento originário. Já vimos que a energia de investimento necessária a esse mecanismo não poderia ser proveniente nem do sistema inconsciente nem do pré-consciente-consciente, já que eles ainda não estão formados por ocasião do recalque originário. O recurso ao superego como instância recalcadora também não é sustentável, pois seu aparecimento é posterior. O que ocorre no recalcamento originário não é, pois, nem um investimento por parte do Inc. nem um desinvestimento por parte do Prec./Consc., mas um contrainvestimento. "O contrainvestimento", escreve Freud (ESB, vol.XIV, p.208), "é o único mecanismo do recalque originário". No caso, a noção de contrainvestimento está sendo utilizada para designar uma defesa contra um excesso de excitação proveniente do exterior, capaz de romper o escudo protetor contra os estímulos (Freud, ESB, vol.XX, p.116). Como esse contrainvestimento não pode ter sua origem no superego nem nos sistemas inconsciente ou pré-consciente-consciente, que, como já foi visto, não estão ainda formados por ocasião do recalque originário, ele só pode ser originário de experiências excessivamente fortes. É para tentar explicar por que a visão de uma criança de um ano e meio de coito entre os pais é uma experiência excessivamente forte, apesar de a criança não dispor ainda de um sistema simbólico que confira significação à cena, que Freud faz apelo a esse conteúdo filogenético análogo ao instinto animal que seria o informador arcaico dessas primeiras experiências.

É esse "quase-instinto" ou "quase-pulsão", entidade mítica perigosamente próxima dos arquétipos junguianos, que vai constituir o núcleo embrionário do futuro sistema inconsciente, dotá-lo de significantes elementares que funcionarão como polos de atração para o recalque secundário. J. Laplanche vê a necessidade de se desdobrar o recalcamento originário em dois momentos (Laplanche e Leclaire, 1970, p.129): num primeiro momento ou primeiro nível de simbolização, haveria apenas uma rede de oposições significantes sem que nenhum significado particular estivesse preso a ela — é o *O* e o *A* no exemplo do *Fort-Da*. Um segundo momento ou segundo nível de simbolização seria caracterizado pela "ancoragem" dessas oposições significantes no universo simbólico. Esse segundo momento é o que corresponderia ao recalcamento original de Freud, e, portanto, o que criaria o inconsciente. Para S. Leclaire, (op.cit., p.129), o primeiro momento ou primeiro nível de simbolização já caracterizaria o recalcamento original. Para ele, o surgimento do inconsciente resultaria "da captura da energia pulsional nas malhas do significante" e essa captura ocorreria já a partir da primeira oposição significante. A oposição O-A do *Fort-Da* seria o recalcamento original e assinalaria o momento de constituição do inconsciente.

Sobre a natureza do conteúdo do recalque originário, Freud nos revela que ele é constituído de representantes da pulsão. Esses representantes são imagens de objetos ou de algo do objeto que se inscrevem nos sistemas mnêmicos; reduzem-se ao imaginário e sobretudo ao imaginário visual, por oposição à representação de palavras que é característica do sistema pré-consciente-consciente. Portanto, aquém do simbólico, da linguagem, lugar privilegiado da psicanálise, situa-se o imaginário. Aquém do imaginário, situa-se o impensável: a pulsão. Os significantes elementares do inconsciente são esses representantes imagéticos da pulsão e não a pulsão propriamente dita. Esta fica remetida a um lugar mítico do qual só se pode falar por metáforas. Não é sem razão que Freud declara que a teoria das pulsões é a sua mitologia (ESB, vol.XXII, p.119). A psicanálise começa a partir do momento em que levamos em consideração os representantes da pulsão nos registros do imaginário e do simbólico, isto é, no espaço da subjetividade.

O RECALCAMENTO SECUNDÁRIO

Quando, na análise do caso de Schreber, Freud distingue as três fases do recalcamento, ele descreve a segunda fase — a do recalque secundário — como sendo constituída por um processo essencialmente ativo, por oposição ao recalcamento primário, que é de natureza mais passiva. Não fica muito claro a que está se referindo ele quando fala num caráter passivo do recalque originário, o que fica evidente é que este último é condição necessária para que ocorra o recalcamento secundário ou recalcamento propriamente dito. Escreve ele:

> Na realidade o recalcamento propriamente dito é uma pressão posterior (*Nachdrängen*). Além disso é errado dar ênfase apenas à repulsão que atua a partir da direção do consciente sobre o que deve ser recalcado; igualmente importante é a atração exercida por aquilo que foi primeiramente repelido sobre tudo aquilo com que ele possa estabelecer uma ligação. Provavelmente a tendência no sentido do recalcamento falharia em seu propósito, caso essas duas forças não cooperassem, caso não existisse algo previamente recalcado pronto para receber aquilo que é repelido pelo consciente. (ESB, vol.XIV, p.171)

Enquanto o recalcamento originário é o responsável pela clivagem do psiquismo em instâncias diferenciadas, o recalcamento secundário é um processo que pressupõe a clivagem. Ele é efeito do conflito entre o sistema inconsciente e o sistema pré-consciente-consciente, sendo que é a partir deste último que ele é exercido. A função do recalcamento é, como já foi dito, a de impedir que certas representações pertencentes ao sistema inconsciente tenham acesso ao sistema pré-consciente-consciente. Portanto, aquilo sobre o qual o recalcamento incide é o representante psíquico da pulsão e não sobre a pulsão ela mesma. Vimos, no entanto, que a pulsão tem dois representantes psíquicos: o representante ideativo (*Vorstellungsrepräsentanz*) e o afeto (*Affekt*). O recalcamento incide apenas sobre o representante ideativo e não sobre o afeto. Este último sofre uma série de vicissitudes em função do recalcamento, mas não é, ele próprio, recalcado. O que é recalcável é o representante ideativo ao qual um afeto está ligado mas o afeto não pode tornar-se inconsciente. Isso, porém, já foi visto no início deste capítulo e não há necessidade de ser enfatizado novamente. Interessa ver agora o que acontece ao representante ideativo que é objeto do recalque.

Uma vez recalcado, o representante ideativo continua a ter existência independente, produzindo derivados e estabelecendo novas conexões. Como afirma Freud muito bem, o recalcamento interfere apenas na relação do representante ideativo com o sistema pré-consciente-consciente, mas não com seu modo de ser no interior do sistema inconsciente. Se alguma influência existe, é a de possibilitar ao representante ideativo desenvolver-se mais profusamente e estabelecer articulações mais numerosas exatamente pelo fato de ele estar livre da influência consciente pelo efeito do recalcamento (op.cit., p.172). "Ele prolifera no escuro", escreve Freud, "e assume formas extremas de expressão, que uma vez traduzidas e apresentadas ao neurótico irão não só lhe parecer estranhas, mas também assustá-lo (...)" (ibid.). É evidente que, se o recalcamento é uma defesa do sistema pré-consciente, ele vai afetar não só o representante ideativo da pulsão mas também seus derivados, e estes serão tanto mais afetados quanto mais próximos se encontrarem do representante em questão. No entanto, por um raciocínio inverso, podemos admitir que, se alguns desses derivados se encontram suficientemente afastados do representante original, eles conseguem escapar à censura e ter acesso à consciência. Essa distância do derivado em relação ao representante recalcado é marcada sobretudo pelo grau de sua distorção. É o caso, por exemplo, do sonho, que por efeito da elaboração onírica consegue acesso à consciência sem que seu caráter ameaçador seja percebido pelo sonhador. A importância desses derivados para a prática psicanalítica é extrema, pois é através deles que o analista pode ter acesso ao material recalcado. "Ao executarmos a técnica da psicanálise, continuamos exigindo que o paciente produza, de tal forma, derivados do recalcado" (op.cit., p.173). A chamada "regra fundamental", sobre a qual se institui a situação analítica, nada mais é do que um convite a que o analisando produza derivados do recalcado que, por sua distância no tempo ou pela distorção a que foram submetidos, possam romper a censura e servir de acesso ao material inconsciente. Fazer associação livre é, dentro do possível, afrouxar a censura consciente e permitir que derivados, ainda que remotos, possam aflorar à consciência e ser comunicados ao analista.

Cada derivado do recalcado tem sua vicissitude especial. Assim, um determinado derivado pode vir a constituir uma perversão enquanto outro derivado constituirá uma obra de arte. Essa é a razão pela qual Freud afirma que o recalcamento é um processo não só individual como também extremamente móbil. Além do mais, o recalcamento não é um processo que ocorre uma vez e daí por diante o destino do representante recalcado esteja definitivamente selado. Ele exige um dispêndio permanente de força, de tal forma que qualquer relaxamento poderá ter como resultado o afloramento do recalcado a nível da consciência. A imagem que poderíamos usar é a de uma pessoa preocupada em esconder um objeto de cortiça no fundo de um poço cheio d'água. Se ela não persistir segurando o objeto sob a água ou se não encontrar algo que o mantenha preso ao fundo, ele virá à tona. O recalcado, tal como o pedaço de cortiça do exemplo, exerce uma pressão contínua em direção ao consciente — pressão essa que será tanto maior quanto maior for a catexia do inconsciente — e que necessita, para permanecer recalcado, de uma contrapressão constante do consciente. O êxito do recalcamento reside no equilíbrio dessas forças. No caso do sonho, graças a um afrouxamento da censura consciente decorrente do estado de sono, esse equilíbrio é rompido e o material inconsciente pode vir à tona. Mas, mesmo neste caso, a contrapressão não é totalmente eliminada, e a prova disso é a distorção a que é submetido o representante da pulsão.

O representante ideativo não é, como já vimos, o único representante da pulsão; há também o afeto. Este não pode ser recalcado, mas isso não significa que ele é infenso ao processo de recalcamento. Ao contrário, do ponto de vista econômico é muito mais importante o destino de afeto ligado a um representante ideativo recalcado do que o destino do representante propriamente dito. A razão disso está em que a parte quantitativa da pulsão só se exprime em afetos, daí ser possível, pelo mecanismo do recalcamento, mantermos no inconsciente o representante ideativo da pulsão, mas não sermos capazes de impedir o desprazer que resulta da liberação da carga de afeto que estava ligada a ele.

Em seu artigo metapsicológico dedicado ao recalcamento, Freud ilustra os destinos do representante ideativo e do afeto através de três quadros clínicos: a neurose de angústia, a histeria de conversão e a neurose obsessiva.

O caso da neurose de angústia tomado como exemplo foi o do Homem dos Lobos, que apresentei resumidamente na seção anterior. Vimos como o desejo sexual pelo pai é recalcado e reaparece como fobia de um animal. No caso, o representante ideativo é substituído por deslocamento ao longo de uma série de conexões, pela figura de um lobo, enquanto o afeto é transformado em ansiedade. Freud salienta o quanto o recalcamento, no caso do Homem dos Lobos, foi destituído de êxito, pois, se ele foi eficaz no sentido de substituir um representante ideativo por outro, foi totalmente ineficaz quanto a evitar o desprazer.

Na histeria de conversão, o processo de recalcamento é em geral bem-sucedido, na medida em que consegue provocar o desaparecimento total do afeto. É bem verdade que em seu lugar surgem os sintomas, os quais são por si mesmos incômodos, mas na maioria dos casos não são acompanhados de ansiedade. Freud lembra aqui a afirmação de Charcot sobre "a bela indiferença dos histéricos" em relação aos seus sintomas. Uma conversão bem-sucedida é, pois, uma garantia de ausência de ansiedade, já que provoca o desaparecimento completo da quota de afeto. No caso de o recalcamento não ser bem-feito, os sintomas podem ser acompanhados de ansiedade, o que provoca a formação de um mecanismo fóbico para evitar o desprazer. No entanto, na histeria de conversão o processo de recalcamento geralmente se completa com a formação do sintoma, não havendo necessidade de outros mecanismos complementares.

O terceiro caso examinado por Freud é o da neurose obsessiva. Nele, o recalcamento é inicialmente eficaz, isto é, o representante ideativo é substituído por deslocamento, provocando o desaparecimento do afeto. Ocorre, porém, que o recalcamento, que foi de início bem-sucedido, não consegue se manter e com o tempo seu fracasso se torna cada vez mais evidente. Com a falha do recalcamento, o afeto ressurge sob a forma de ansiedade e autocensura, provocando novas substituições por deslocamento e novos mecanismos de fuga como na fobia. Geralmente, na neurose obsessiva, esse processo de recalcamento prossegue numa série infindável de sucessos e insucessos.

O RETORNO DO RECALCADO

A terceira e última fase do processo de recalcamento apontada por Freud é o *retorno do recalcado*. Vimos como, no caso da neurose obsessiva, o fracasso do recalcamento produz o retorno do recalcado, exigindo mecanismos suplementares de defesa. No caso Schreber, Freud afirma que o retorno do recalcado implica uma regressão do desenvolvimento libidinal ao ponto de fixação (ou inscrição). Aquilo que retorna o faz de maneira deformada, constituindo o que Freud chama de "formação de compromisso".

Anteriormente ao artigo de 1915, Freud concebia o retorno do recalcado num sentido quase literal, isto é, o recalcado retornaria utilizando os mesmos caminhos associativos adotados por ocasião do recalcamento. Recalcamento e retorno do recalcado seriam, pois, operações simétricas e inversas (cf. Laplanche e Pontalis, 1970). A partir do artigo *Die Verdrängung*, ele passa a considerar o retorno do recalcado como um mecanismo específico e independente, exemplificando, através da neurose de angústia, da histeria de conversão e da neurose obsessiva, essa terceira etapa do processo de recalcamento.

Num de seus últimos trabalhos (ESB, vol.XXIII, p.115), Freud explicita as condições segundo as quais se dá o retorno do recalcado: 1) por um enfraquecimento do contrainvestimento por parte do ego; 2) por um esforço de pressão pulsional (como ocorre, por exemplo, durante a puberdade); 3) se uma experiência recente, por sua estreita semelhança com o material recalcado, desperta este último (nesse caso, a experiência atual é reforçada pela energia do recalcado). Seja qual for, porém, a condição que possibilita o retorno do recalcado, este nunca se dá na sua forma original e sem conflito. O material recalcado é invariavelmente submetido à deformação por exigência da censura pré-consciente que, mesmo nos casos em que sua função não é tão exigida — como durante o sono, por exemplo —, ele não deixa de impor suas condições para que o recalcado tenha acesso à consciência. O deslocamento e a condensação são os meios mais frequentes utilizados para que esse acesso seja possível.

Finalmente, cabe lembrar que o retorno do recalcado é um processo que tem seu suporte na hipótese freudiana da indestrutibilidade dos conteúdos inconscientes. Os representantes recalcados não somente mantêm sua indestrutibilidade como também lutam permanentemente pelo acesso ao sistema pré-consciente-consciente, obrigando este último a um dispêndio constante de energia para fazer face à ameaça que tais conteúdos representam.

CAPÍTULO VIII

O INCONSCIENTE

Chegamos finalmente àquele que é apontado como o conceito fundamental da psicanálise. Em seu *Vocabulário da psicanálise*, Laplanche e Pontalis afirmam que, "se fosse preciso concentrar numa palavra a descoberta freudiana, essa palavra seria incontestavelmente a de inconsciente". Creio que a quase-totalidade dos teóricos em psicanálise concordaria com esta afirmação, embora nem todos concordem quanto à significação, à extensão e aos limites daquilo que entendem por inconsciente.

O texto freudiano possibilita a produção de discursos bastante estranhos uns aos outros, e uma afirmação como a de Lacan, segundo a qual "o inconsciente está estruturado como uma linguagem", soa como uma frase dita em língua estrangeira. Para muitos, a língua francesa é particularmente "estrangeira", demasiadamente literária e deliberadamente confusa com suas "cadeia do significante", "instância da letra" e "processos metafórico e metonímico". A estranheza aumenta quando um Lacan afirma que nada mais está fazendo do que "reler Freud". E os teóricos fiéis a Freud correm ao texto do mestre e não conseguem encontrar esses bizarros personagens cantados em prosa e verso pelos lacanianos. Estes, por sua vez, parece que se comprazem em responder com uma "cadeia significante" que mais enfurece do que esclarece os atônitos fiéis que escancaram a esses olhos estrangeiros suas *Gesammelte Werke* e suas *Standard Editions*. Exoterismo positivista ou esoterismo lacaniano?

Não creio que a questão deve ser colocada nesses termos. Com Althusser, aprendemos que ler não é reproduzir especularmente um texto, mas sim produzir a partir dele um discurso, isto é, produzir, a partir da letra do texto, um discurso do texto. Ninguém lê o que está escrito. A diferença está em que alguns sabem disso. Freud, sobre todos, o sabia. Tanto que, partindo do texto manifesto — do sonho, do sintoma, do ato falho —, foi procurar um outro texto escrito pelo inconsciente e regido pelo processo primário cujas leis são irredutíveis às do processo secundário.

Mais perplexo ainda do que os teóricos envolvidos na contenda parece ficar o leitor que, entre embaraçado e tímido, pergunta: mas por que tanta discussão? Freud não deixou claro o conceito de inconsciente? Não basta ler o capítulo VII de *A interpretação de sonhos* e o artigo da Metapsicologia? Não sabemos todos que o inconsciente é um sistema, que é dinâmico, que é regido pelo processo primário etc.? Ao que o lacaniano responderia: "Naturalmente que sabemos, mas que significa dizer, por exemplo, que o inconsciente é dinâmico?" E o leitor, animado pelo olhar estimulador do teórico positivista, responderia: "Ora, significa dizer que ele se estrutura como um campo de forças; daí o conflito, as barreiras, o represamento ou a liberação de energia etc." Essa resposta, que sem dúvida alguma agradaria ao teórico positivista, encontraria o olhar enternecido do teórico lacaniano que, um tanto cansado, comentaria: "Mas dizer que o inconsciente é um conceito dinâmico não é substituir a ordem do mistério mais corrente por um mistério particular, a força? Isso serve em geral para designar um lugar de opacidade" (Lacan, 1979b, p.26). E a discussão prosseguiria, provavelmente deixando no leitor a convicção de que se trata apenas de uma querela de palavras, talvez até uma simples questão de tradução malfeita do alemão para o inglês e o francês. "Prefiro o *Dasein*", diria ele já aborrecido e um tanto cético quanto à possibilidade de um acordo.

A PSICANÁLISE E A PSICOLOGIA DA CONSCIÊNCIA

Uma das maneiras de se começar a falar no inconsciente freudiano pode ser a de se apontar o que ele não é, ou então, a de se marcar a sua diferença com relação àquela concepção de subjetividade dominante até Freud. Esta, como já vimos extensamente, é a de uma subjetividade identificada com a consciência e dominada pela razão; subjetividade monolítica admitindo, quando muito, "franjas" inconscientes e, em alguns casos, manifestações psíquicas que permanecem abaixo do "umbral" da consciência. O termo "inconsciente", quando empregado antes de Freud, o era de uma forma puramente adjetiva para designar aquilo que não era consciente, mas jamais para designar um sistema psíquico distinto dos demais e dotado de atividade própria.

A concepção que mais se aproximou da de Freud foi a de Herbart, que mesmo assim não falava de um psiquismo topograficamente dividido em sistemas, mas de ideias que continuavam dinamicamente ativas após terem sido inibidas pelas demais. Qualquer que tenha sido, porém, a noção de inconsciente elaborada antes de Freud, o fato é que ela não designava nada de importante ou de decisivo para a compreensão da subjetividade.

Um outro aspecto importante a ser ressaltado é o da identificação do inconsciente com o caos, o mistério, o inefável, o ilógico etc., e esta identificação ocorreu tanto anteriormente a Freud como no interior do próprio espaço do saber psicanalítico. Até hoje encontramos "descrições" do inconsciente como sendo o lugar da vontade em estado bruto e impermeável a qualquer inteligibilidade. A esse respeito, Lacan declara que "o inconsciente de Freud não é de modo algum o inconsciente romântico da criação imaginante. Não é o lugar das divindades da noite" (op.cit., p.29).

Aquilo em relação ao qual o inconsciente freudiano marca uma diferença radical é a psicologia da consciência. Daí a impropriedade do termo "psicologia profunda" para designar substitutivamente a psicanálise. A psicanálise não é uma psicologia das profundezas, na medida em que o "profunda" aponte para uma espécie de subsolo da mente até então desconhecido e que ela se proponha a explorar. O inconsciente não é aquilo que se encontra "abaixo" da consciência, nem o psicanalista é o mineiro da mente que, inversamente ao alpinista platônico da psicologia clássica, vai descer às profundezas infernais do inconsciente para encontrar, no mínimo, o *malin génie* cartesiano. Freud não nos fala de uma consciência que não se mostra, mas de outra coisa inteiramente distinta. Fala-nos de um sistema psíquico — o Ics — que se contrapõe a outro sistema psíquico — o Pcs/Cs — que é em parte inconsciente (adjetivamente), mas que não é *o* inconsciente. Essa distinção tópica que é colocada no capítulo VII de *A interpretação de sonhos* é a marca essencial do inconsciente freudiano e ao mesmo tempo o que a torna irredutível a qualquer "psicologia profunda".

Aqueles que identificam o inconsciente freudiano com o caótico e o arbitrário devem reler o capítulo VII da *Traumdeutung*, quando Freud declara enfaticamente que não há nada de arbitrário nos acontecimentos psíquicos, todos eles são determinados. A diferença está em que não há uma determinação única. A sintaxe do Inconsciente não é a mesma do sistema pré-consciente-consciente, mas isso não significa que ele não possua sintaxe nenhuma. Ao falar sobre a deformação onírica, Freud afirma que "as modificações a que os sonhos são submetidos sob a coordenação da vida de vigília são tão pouco arbitrárias quanto essas" e que os autores que o precederam "subestimaram até que ponto os acontecimentos psíquicos são determinados", e conclui: "Não há nada de arbitrário neles" (ESB, vols.IV-V, p.548). Assim, quando Freud estabelece como regra fundamental da situação analítica a associação livre, ele não pretende que o "livre" signifique ausência de determinação. Pelo contrário, o valor metodológico da associação livre reside exatamente no fato de que ela nunca é livre. É na medida em que o paciente fica livre do controle consciente (dentro dos limites possíveis), não permitindo que a coerência lógica se imponha ao seu relato, que uma outra determinação se torna acessível: a do inconsciente. A associação livre não tem por objetivo substituir o determinado pelo indeterminado, mas substituir uma determinação por outra. O inconsciente possui, portanto, uma ordem, uma sintaxe; ele é estruturado e, segundo nos diz Lacan, estruturado como uma linguagem.

OS FENÔMENOS LACUNARES

Freud inicia seu extenso artigo *O Inconsciente* assinalando que é nas *lacunas* das manifestações conscientes que temos de procurar o caminho do inconsciente. Essas lacunas vão trazer para o primeiro plano da investigação psicanalítica aquilo que Lacan, seguindo Freud, chamou de "formações do inconsciente": o sonho, o lapso, o ato falho, o chiste e os sintomas. O que nos chama a atenção nesses fenômenos lacunares não é apenas a descontinuidade que eles produzem no discurso consciente, mas sobretudo um sentimento de ultrapassagem que os acompanha (Lacan, 1979b, p.30). Neles, o sujeito sente-se como que atropelado por um outro sujeito que ele desconhece, mas que se impõe a sua fala produzindo trocas de nomes e esquecimentos cujo sentido lhe escapa. É essa perplexidade e esse sentimento de ultrapassagem que funcionarão como indicadores para o sujeito (sujeito do enunciado ou sujeito do significado), de um outro sujeito oculto e em oposição a ele (sujeito da enunciação ou sujeito do significante). Aliás, em relação a essa duplicidade de sujeitos, Freud declara, ainda na introdução de seu artigo sobre o inconsciente, que "todos os atos e manifestações que noto em mim mesmo e que não sei ligar ao resto de minha vida mental devem ser julgados como se pertencessem a outrem" (ESB, vol.XIV, p.195). Esse outro sujeito é o sujeito do inconsciente, do qual temos algumas indicações seguras se nos voltarmos para os fenômenos lacunares acima referidos.

Os fenômenos normais que primeiro chamaram a atenção de Freud foram as parapraxias, os chistes e os sonhos, porque mais do que quaisquer outros funcionavam como indícios seguros do determinismo psíquico e dos motivos inconscientes. O famoso exemplo do esquecimento do nome *Signorelli* e sua substituição pelos nomes *Botticelli* e *Boltraffio*, detalhadamente exposto no primeiro capítulo de *A psicopatologia da vida cotidiana*, já havia sido utilizado por Freud em 1898, portanto, dois anos antes da publicação de *A interpretação de sonhos*. No caso do esquecimento de nomes próprios, como no exemplo acima, o que é notável é o fato de que, apesar de sermos incapazes de reproduzir o nome, sabemos perfeitamente que os outros nomes que se oferecem à memória ou que nos são sugeridos por outra pessoa não correspondem ao nome esquecido. Não se trata de uma ignorância do nome, pois não somente conhecemos o nome esquecido como além do mais recusamos aqueles que se oferecem como seus substitutos. Assim, uma coisa é eu não saber o nome do autor de um livro, outra coisa é eu não conseguir me lembrar dele apesar de me ser familiar.

Lacan, discutindo a questão do sujeito e do Eu (1979a, p.193-4), faz uma distinção que podemos trazer para a questão que estamos abordando: é a diferença que ele estabelece entre *desconhecimento* e *ignorância*. O desconhecimento tem um compromisso com a verdade, isto é, com o conhecimento, e é constituído a partir deste último. A própria situação analítica, ao engajar o sujeito na procura de uma verdade escondida do desejo, constitui esse sujeito como sujeito do desconhecimento. O desconhecimento é, pois, produzido pelo conhecimento. Retomando a expressão agostiniana que já usei antes, poderíamos dizer que o desconhecimento é a presença de uma ausência. Diferentemente do desconhecimento, a ignorância é o vazio.

É a essa presença de uma ausência que as parapraxias nos remetem. Se vamos assistir a um filme e chegamos em cima da hora encontrando a sala repleta, ao depararmos com uma poltrona vazia, perguntamos a quem está ao lado: "Está vazia?" É comum obtermos como resposta: "Não, está ocupada." Da mesma forma, a lacuna produzida pelo esquecimento não está vazia, ela está ocupada por um nome que não está presente no momento e que impede que um outro ocupe o seu lugar. O desconforto que é produzido por um preenchimento inadequado é semelhante ao que obteríamos se sentássemos na cadeira cujo ocupante se encontrava ausente no momento. Como o próprio Freud assinalou no exemplo de Signorelli, ele não ignorava o nome do pintor e tanto isso era verdadeiro que se recusou a preencher a lacuna com os nomes Botticelli e Boltraffio, apesar da insistência com que se ofereciam. O que houve foi um deslocamento do nome original para os dois nomes substitutos através de uma combinação de significantes.

Os fenômenos lacunares são, portanto, indicadores de uma outra ordem, irredutível à ordem consciente e que se insinua nas lacunas e nos silêncios desta última. Essa outra ordem é a do inconsciente, estrutura segunda, e que não é apenas topograficamente distinta da consciência, mas é formalmente diferente desta. O inconsciente não é o mais profundo, nem o mais instintivo, nem o mais tumultuado, nem o menos lógico, mas uma outra estrutura, diferente da consciência, mas igualmente inteligível.

Vimos no capítulo anterior como o recalque produz a clivagem do psiquismo em dois sistemas, um dos quais é o inconsciente; vimos também como esse inconsciente se distingue do inconsciente não recalcado anterior à clivagem. Este capítulo será dedicado à tentativa de estabelecer a natureza do inconsciente freudiano, seu *status* ontológico e sua relação com a consciência. O referencial central será o artigo *Das Unbewusste*, de 1915.

O INCONSCIENTE E O SIMBÓLICO

Vimos o que o inconsciente não é: ele não se identifica com as profundezas da consciência nem com aquilo que a subjetividade possui de caótico e impensável. Vimos também quais os indicadores de sua realidade: os fenômenos lacunares. Creio que podemos agora nos arriscar em direção a uma caracterização positiva do inconsciente. No entanto, os fantasmas de uma psicologia da consciência ameaçam a todo instante esse empreendimento e poderíamos mesmo concordar que muitos desses fantasmas são invocados por nós mesmos, como se estivéssemos procurando uma desculpa prévia para um possível fracasso. Ocorre, porém, que mesmo que nenhum de nós acredite em fantasmas, sabemos todos que eles existem. O melhor que temos a fazer é nos defendermos deles.

É provável que o maior de todos os fantasmas seja o da *substância*. Somos vítimas constantes de sua sedução e sem dúvida alguma retiramos dela algum prazer. Na primeira parte deste trabalho, vimos como a consciência, no momento mesmo em que se tornou objeto do discurso filosófico, foi substancializada. E não é justo condenarmos Descartes por esse fato, na verdade ele nada mais estava fazendo do que seguir uma tradição de pensamento que, em sua época, já tinha mais de 2 mil anos. O homem ocidental tem uma particular dificuldade para pensar qualquer coisa que não seja substância ou propriedade de substância. E de fato há uma certa comodidade nesse modo de pensar, ou pelo menos já estamos de tal modo acostumados a ele que não nos damos conta de suas dificuldades.

O inconsciente freudiano não deixa de ser uma vítima frequente dessa compulsão à substancialização. De certa maneira, e sem que tenha sido essa a intenção de Freud, a concepção tópica, com seus "lugares" psíquicos, contribui para essa substancialização. Sabemos perfeitamente que os "lugares psíquicos" possuem um caráter metafórico, que não correspondem a lugares anatômicos; mas também sabemos o quanto os modelos não são neutros e impõem inevitavelmente ao objeto a sua marca de origem. Assim, ao mesmo tempo que a concepção tópica nos permite uma compreensão clara da posição relativa e da economia dos sistemas psíquicos, ela nos leva a concebê-los como lugares reais, algo análogo aos cômodos de um apartamento que percorremos nos dois sentidos (progressivo-regressivo) e que podemos encontrar as portas fechadas ou abertas, dependendo do que acontece no interior de cada um deles.

O inconsciente freudiano não é uma substância espiritual, contrafação da *res cogitans* cartesiana, nem é um lugar ou uma coisa. O termo "conteúdo do inconsciente" não designa uma relação de conteúdo a continente análogo a quando dizemos que o copo contém água. Dizer que uma representação é inconsciente ou que está no inconsciente não significa outra coisa senão que ela está submetida a uma sintaxe diferente daquela que caracteriza a consciência. O inconsciente é uma forma e não um lugar ou uma coisa. Melhor dizendo: ele é uma lei de articulação e não a coisa ou o lugar onde essa articulação se dá. Assim sendo, a cisão produzida na subjetividade pela psicanálise não deve ser entendida como a divisão de uma coisa em dois pedaços, mas como uma cisão de regimes, de formas, de leis.

"Obedecer a dois senhores", como diz Freud, é obedecer a leis diferentes, assim como as formações de compromissos são compromissos entre exigências legais diferentes.

O que define, portanto, o inconsciente não são os seus conteúdos, mas o modo segundo o qual ele opera, impondo a esses conteúdos uma determinada forma. Infelizmente, os seguidores de Freud não conseguiram ler no texto do mestre, a respeito do inconsciente, senão forças instintivas e energia em forma anárquica. Biologizaram o inconsciente e com isso se interditaram de vê-lo em sua natureza simbólica, única capaz de responder às exigências de uma *psico*análise.

O que significa falar no caráter *simbólico* do inconsciente?

De fato, só há o inconsciente se houver o simbólico. E já vimos isso a propósito do conceito de recalcamento. É o recalcamento que produz o inconsciente e isso só ocorre por exigência do simbólico. Vejamos mais detalhadamente essa relação entre o inconsciente e o simbólico.

Num artigo escrito há mais de 30 anos, Lévi-Strauss (1967), referindo-se ao emprego do conceito de inconsciente em antropologia, afirma que "ele se reduz a um termo pelo qual nós designamos uma função: a função simbólica, especificamente humana, sem dúvida, mas que em todos os homens se exerce segundo as mesmas leis; que se reduz, de fato, ao conjunto dessas leis", e mais adiante conclui:

> o inconsciente está sempre vazio; ou, mais exatamente, ele é tão estranho às imagens quanto o estômago aos alimentos que o atravessam. Órgão de uma função específica, ele se limita a impor leis estruturais, que esgotam sua realidade, a elementos inarticulados que provêm de outra parte: pulsões, emoções, representações, recordações. (op.cit., p.234-5)

O que Lévi-Strauss nos diz é que a cultura é um conjunto de sistemas simbólicos e que esses sistemas simbólicos não são constituídos a partir do momento em que traduzimos um dado externo em símbolos, mas, ao contrário, é o pensamento simbólico que constitui o fato cultural ou social. Só há o social porque há o simbólico. Esse simbólico, Lévi-Strauss identifica-o com a *função simbólica* ou, o que vem a dar no mesmo, com as leis estruturais do inconsciente.

O que temos aqui é, pois, um conceito de inconsciente que não designa nenhuma substância, nenhuma coisa, nem nenhum lugar, mas uma função — a função simbólica — que se reduz a um conjunto de leis. Não estou de forma alguma tentando aplicar o conceito de inconsciente, retirado da antropologia, à psicanálise freudiana. A rigor, nada do que está dito acima é estranho a Freud. Se uma parte da psicanálise pós-freudiana muito se beneficiou com as conquistas da antropologia e da linguística, com Freud passou-se o inverso. Basta recordarmos que o *Cours de linguistique générale* de Ferdinand de Saussure teve sua primeira edição publicada em 1916 e que os mais importantes trabalhos da etnologia estruturalista são todos muito posteriores às principais teses de Freud. No que se refere particularmente a Lévi-Strauss, ele foi o grande beneficiado pela psicanálise. A seguinte declaração feita em *Tristes Trópicos* (1957, p.53) atesta de forma indiscutível a importância que a psicanálise teve para Lévi-Strauss, sobretudo em se tratando de um capítulo que tem por título "Como se faz um etnólogo". É o seguinte o texto:

> O período de 1920-1930 foi o da difusão das teorias psicanalíticas na França. Por meio delas, aprendi que as antinomias estáticas em torno das quais nos aconselhavam a construir nossas dissertações filosóficas e mais tarde nossas lições — racional e irracional, intelectual e afetivo, lógico e pré-lógico — não eram mais que um jogo gratuito. Antes de mais nada, além do racional, existia uma categoria mais importante e mais válida, a do *significante*, que é a mais alta maneira de ser do racional, mas da qual os nossos professores (mais ocupados, sem dúvida, em meditar o *Ensaio sobre os dados imediatos da consciência* que o *Curso de linguística geral* de Saussure) não pronunciavam nem mesmo o nome. Além disso, a obra de Freud me revelava que essas oposições não eram de fato, visto serem precisamente as condutas em aparência mais afetivas, as operações menos racionais, as manifestações declaradas pré-lógicas, as que são, ao mesmo tempo, as mais significativas.

O acesso ao simbólico é, portanto, a condição necessária para a constituição do inconsciente e, evidentemente, também do consciente. Inconsciente e consciente se formam por efeito de um mesmo ato e não o segundo como um epifenômeno do primeiro. É a aquisição da linguagem que permite o acesso ao simbólico e a consequente clivagem da subjetividade. No entanto, a linguagem é instrumento do consciente e não do inconsciente. Este é constituído sobretudo de representações imagéticas, ficando a linguagem restrita ao campo do pré-consciente-consciente. Escreve Freud:

> A representação (*Vorstellung*) consciente abrange a representação da coisa mais a representação da palavra que pertence a ela, ao passo que a

representação inconsciente é a representação da coisa apenas. O sistema Ics contém as catexias da coisa dos objetos, as primeiras e verdadeiras catexias objetais; o sistema Pcs ocorre quando essa representação da coisa é hipercatexizada através da ligação com as representações da palavra que lhe correspondem. (Freud, vol.XIV, p.230)

E mais adiante:

Como podemos ver, estar ligado às representações da palavra ainda não é a mesma coisa que tornar-se consciente, mas limita-se a possibilitar que isso aconteça; é, portanto, algo característico do sistema Pcs, e somente desse sistema. (op.cit., p.232)

O fato de a linguagem ser um instrumento do sistema Pcs/Cs não elimina, contudo, a possibilidade da existência de significantes pré-verbais anteriores à formação dos dois sistemas. O caso do Homem dos Lobos e a experiência do *Fort-Da* são exemplos claros disso. No caso do *Fort-Da*, a criança passou da mãe para o carretel e deste para a oposição dos fonemas O e A. O que a linguagem vai permitir — e esta é uma tese defendida por Lacan — é um afastamento do indivíduo em relação à vivência, o que lhe possibilita não apenas uma certa autonomia com respeito à realidade, mas também o nomear-se a si próprio como um Eu. Voltarei a esse ponto mais à frente.

A ESTRUTURA DO INCONSCIENTE

Vimos que o fato de Freud conceber o inconsciente como um "lugar psíquico" não nos habilita a pensar esse lugar como sendo um lugar substancial, anatômico, corporificável, pois se ele o aponta como sendo um *lugar,* acentua ao mesmo tempo que se trata de um lugar *psíquico.* O que encontramos nesse lugar não são coisas, mas *representações (Vorstellungen).* As representações são "representações psíquicas" da pulsão (ver capítulo 5), isto é, inscrições da pulsão nos sistemas psíquicos. Freud distingue as representações de coisas das representações de palavras. Estas últimas são exclusivas do sistema Pcs/Cs. Os conteúdos dos sistemas psíquicos são, portanto, os seguintes: *representações* e *afetos.* As representações podem ser, por sua vez, divididas em: *representações de coisas* e *representações de palavras.* O inconsciente é constituído apenas por representações de coisas, ficando as representações de palavras e o afeto restritos ao sistema pré-consciente-consciente. (Veremos mais adiante que as representações de coisas não se restringem a imagens mentais dos objetos.)

Apesar do artigo de 1915 (*Das Unbewusste*) apresentar a concepção freudiana do inconsciente sob os pontos de vista tópico, dinâmico e econômico, fica bastante evidente que a grande preocupação de Freud é deixar bem clara a distinção tópica entre os dois grandes sistemas psíquicos. Essa preocupação é justificada, na medida em que Freud considera que é a partir dessa divisão tópica que a psicanálise poderá situar-se fora da problemática da consciência e, portanto, fora da problemática da psicologia.

Não se trata de recusar valor às teorias psicológicas, mas de não deixar dúvidas quanto ao fato de que as concepções da psicanálise e as concepções da psicologia pertencem a problemáticas distintas e que a marca distintiva é o conceito de inconsciente. Não o inconsciente adjetivo, descritivo, perfeitamente inteligível pela psicologia da consciência, mas o inconsciente sistemático. O temor de Freud de que os dois inconscientes sejam confundidos leva-o a propor que se faça uso da abreviação Ics (*Ubw*) para designar o conceito sistemático de inconsciente. Isso fica claro a partir do momento em que compreendemos que uma determinada representação pode ser inconsciente sem no entanto pertencer ao sistema inconsciente (Ics). Assim, uma representação pertencente ao sistema inconsciente pode escapar à censura e ingressar no sistema Pcs/Cs. Isso, porém, não significa que ela se torne consciente, mas sim que ela pode se tornar consciente. Ela é, portanto, inconsciente — porque ainda não se tornou consciente — mas não pertence mais ao sistema inconsciente. Nesse estado, ela é adjetivamente inconsciente, mas não é inconsciente no sentido sistemático.

A questão que Freud levanta a partir desse ponto é a seguinte: quando uma representação pertencente ao sistema inconsciente se torna consciente, o que acontece? Dá-se uma nova inscrição da representação, paralelamente à inscrição original (que continua existindo)? Ou é a mesma representação que sofre uma mudança de estado? A primeira hipótese, a da dupla inscrição em sistemas diferentes, é considerada por Freud a mais grosseira, porém mais conveniente; a segunda hipótese, chamada de "funcional", é considerada por ele mais provável, embora menos plástica. Hipótese topográfica ou hipótese funcional? Freud não se decide, de pronto, por nenhuma das duas.

Na seção IV do artigo *O inconsciente* ele coloca a questão em termos econômicos: a passagem de uma representação do sistema inconsciente para o sistema pré-consciente-consciente é explicada em função da catexia de cada sistema. A explicação econômica abandona deliberadamente a hipótese da dupla inscrição e adota a hipótese funcional. Freud supõe que cada sistema psíquico possui uma energia de investimento específica, de tal forma que a passagem de uma representação de um sistema para outro seria explicada através do desinvestimento dessa representação, por parte do primeiro sistema e de um reinvestimento por parte do segundo sistema. Ou seja, não há uma dupla inscrição da representação, mas uma mudança funcional que supõe a eliminação do estado anterior. "Aqui", escreve Freud, "a hipótese funcional anulou facilmente a topográfica" (ESB, vol.XIV, p.207). No entanto, J. Laplanche em seu artigo *O inconsciente: um estudo psicanalítico* (1970, p.107), escrito juntamente com S. Leclaire, é de opinião que a hipótese funcional supõe uma distinção tópica ainda mais rigorosa e que além disso não está isenta de contradições.

Tomemos como referencial o processo de recalcamento. Sabemos que o recalcamento opera na fronteira entre os sistemas Ics e Pcs/Cs, e que sua função é proteger o sistema Pcs/Cs das representações ligadas às pulsões e pertencentes ao Ics. Essas representações, por serem investidas pela pulsão, têm de ser mantidas no Ics ou, no caso de terem acesso ao Pcs, são expulsas de volta para o Ics. Isso se dá pela retirada do investimento ligado a essas representações (desinvestimento) e a consequente utilização dessa energia que fica disponível em operações defensivas do ego para evitar que a representação tornada inconsciente tenha novamente acesso à consciência. A dificuldade dessa concepção reside no fato de Freud afirmar a existência de uma energia específica a cada sistema e ao mesmo tempo declarar que toda energia de investimento tem como fonte as pulsões e que esta energia é a libido. (Isso fica claro quando, no capítulo IV do artigo *O inconsciente*, ele fala em "retirada da libido" para designar o processo de desinvestimento.) A energia de um sistema não é transportável para outro sistema; o que passa de um sistema para outro é a representação mas não a energia investida nessa representação. Sob esse aspecto, existe uma energia de investimento inconsciente e uma energia de investimento consciente. O que a hipótese funcional afirma a propósito do recalcamento é que ele deve ser explicado por uma retirada do investimento pré-consciente da representação a ser recalcada, de modo que esta: 1º) permanece não investida; 2º) recebe a catexia do Ics, ou 3º) retém a catexia do Ics que já possuía (Freud, ESB, vol.XIV, p.207).

O que ocorre, portanto, no processo de recalcamento, é que uma determinada representação ligada à pulsão e oriunda do sistema Ics procura sua expressão consciente. Ao tentar penetrar no sistema Pcs/Cs, a representação em questão tem seu ingresso recusado ou, se já ingressou no sistema Pcs/Cs, é mandada de volta para o Ics. Haveria, pois, um desinvestimento Pcs/Cs e um reinvestimento Ics do representante psíquico da pulsão, isto é, uma repulsa por parte do sistema Pcs e uma atração exercida pelo sistema Ics. Esse é, porém, o caso do recalcamento posterior (*Nachdrängen*), e o mesmo raciocínio não pode ser aplicado ao recalcamento originário (*Urverdrängung*), posto que ainda não se constituiu a clivagem da subjetividade em sistemas distintos. O mecanismo responsável pelo recalcamento primário não pode ser nem o de investimento por parte do Ics, nem o de desinvestimento por parte do Pcs, mas apenas o contrainvestimento (*Gegenbesetzung*). Quando o contrainvestimento é exercido pelo sistema Pcs, ele se faz com a energia tornada disponível pelo desinvestimento operado sobre uma representação que anteriormente estava investida pelo Ics, mas no caso do recalcamento originário isso é impossível. Assim sendo, o contrainvestimento deve jogar com a energia decorrente de excitações muito intensas (ver capítulo anterior).

O abandono da hipótese da dupla inscrição em favor da hipótese funcional não é uma atitude teórica definitiva em Freud. De fato, em nenhum momento a distinção tópica entre os sistemas Ics e Pcs/Cs é ameaçada, mas, ao contrário, ela é reforçada a ponto de se tornar definitiva. Jean Laplanche (Laplanche e Leclaire, 1970, p.107) aventa a possibilidade de que a hipótese funcional seja verdadeira no que se refere a uma representação isolada, mas que tal não ocorreria quando estivéssemos falando de sistemas de representação; nesse caso, a distinção tópica permaneceria válida. Esse ponto de vista concilia ambas as hipóteses freudianas, além de encontrar fundamento tanto num ponto de vista tópico quanto num ponto de vista econômico. De fato, uma das dificuldades apresentadas pela hipótese funcional, quando considerada exclusiva, era a de conciliar a tese freudiana de que cada sistema psíquico possui uma força de coesão própria, com aquela outra segundo a qual o investimento inconsciente teria por objetivo fazer com que uma representação fosse impelida em direção à consciência.

Força de coesão, atrativa, repetitiva, opondo-se à tomada de consciência ou, ao contrário, força que tenderia a fazer surgir constantemente "derivados" na consciência e que só seria contida graças à vigilância da censura? (ibid.)

Os exemplos que Laplanche nos oferece para mostrar que os dois pontos de vista não conciliáveis são retirados da psicologia da percepção: é o caso das figuras reversíveis, ou ainda o desses desenhos nos quais há um figura dissimulada no meio da paisagem ("Descobrir o chapéu de Napoleão escondido entre as folhagens de uma cena de almoço campestre"). De fato, se o chapéu de Napoleão não é facilmente percebido, é porque ele não faz parte do contexto manifesto do desenho e, por outro lado, ele só será percebido quando articulado a outro contexto, que é o da lenda napoleônica. Esta não está presente no desenho, é apenas insinuada por um elemento isolado, disfarçado e oculto pela cena campestre. Haveria, portanto, dois sistemas de referência: a lenda napoleônica e o almoço campestre. Como esta última é a pregnante, ela impede por contrainvestimento o aparecimento do detalhe, que é o chapéu de Napoleão disfarçado entre as folhagens. Um processo análogo ocorreria entre os sistemas Ics e Pcs/Cs. O que passa de um para o outro são elementos isolados e não os sistemas de significação; estes últimos permanecem restritos a cada sistema pela "força de coesão interna".

O estudo que Laplanche realiza sobre o inconsciente freudiano o conduz a certas conclusões com as quais não concordam tanto o seu parceiro de artigo (S. Leclaire) como J. Lacan, o mestre de ambos. É o caso, por exemplo, da tese de Laplanche, segundo a qual o inconsciente é a condição da linguagem ou ainda o caso do desdobramento do processo do recalcamento originário. Adiarei, porém, por algumas páginas a exposição e a análise dessa discordância, para apresentar as características do sistema Ics tal como estão contidas no texto freudiano de 1915.

AS CARACTERÍSTICAS DO SISTEMA ICS

O capítulo V do artigo *O inconsciente* é uma reafirmação da distinção radical feita por Freud entre os sistemas Ics e Pcs/Cs. Cada sistema possui uma estrutura própria de tal modo que as características que encontramos em um deles não são encontradas no outro. No que se refere ao sistema Ics, Freud nos diz que seu núcleo "consiste em representantes pulsionais que procuram descarregar sua catexia; isto é, consiste em impulsos carregados de desejo" (Freud, ESB, vol.XIV, p.213). As leis que presidem o funcionamento do sistema Ics não são as mesmas que presidem o funcionamento do sistema Pcs/Cs. Assim sendo, no sistema Ics podem coexistir, lado a lado, duas representações contraditórias sem que isso implique a eliminação de uma delas. Se dois desejos são incompatíveis do ponto de vista da consciência, a nível inconsciente eles não se eliminam mas se combinam para atingir seu objetivo. O princípio da não contradição não funciona a nível do sistema Ics; o que pode ocorrer é um maior ou menor investimento de uma representação, mas não a exclusão de uma delas por ser incompatível com a outra. No inconsciente não há lugar para a negação: esta só vai aparecer pelo trabalho da censura na fronteira entre os sistemas Ics e Pcs/Cs.

Cada um dos sistemas possui um modo próprio de funcionamento que Freud denominou *processo primário* e *processo secundário*. O processo primário, modo de funcionamento do sistema Ics, é caracterizado por dois mecanismos básicos, que são o *deslocamento* e a *condensação*. Do ponto de vista econômico, os processos primários e secundários são correlativos dos dois modos de escoamento da energia psíquica: a energia livre ou móvel e a energia ligada. No processo primário, a energia psíquica tende a se escoar livremente, passando de uma representação para outra e procurando a descarga da maneira mais rápida e direta possível, enquanto, no processo secundário, essa descarga é retardada de maneira a possibilitar um escoamento controlado. Isso faz com que no processo secundário as representações sejam investidas de forma mais estável, enquanto no processo primário há um deslizar contínuo do investimento, de uma representação para outra, o que lhe confere o caráter aparentemente absurdo que se manifesta, por exemplo, nos sonhos. Os processos primário e secundário são ainda respectivamente correlativos do princípio de prazer e do princípio de realidade; isto é, enquanto os processos Ics procuram a satisfação pelo caminho mais curto e direto, os processos Cs, regulados pelo princípio de realidade, são obrigados a desvios e adiamentos na procura de satisfação. Temos, portanto, a seguinte correlação:

Sistema Ics — Processo Primário — Energia livre — Princ. de Prazer.
Sist. Pcs/Cs — Processo Secund. — Energia ligada — Princ. de Realidade.

Freud assinala ainda como característica do sistema Ics a ausência de temporalidade. O inconsciente é intemporal, seus conteúdos não somente não estão ordenados no tempo, como não sofrem a ação desgastante do tempo. A temporalidade é exclusiva do sistema Pcs/Cs.

Já me referi algumas vezes ao fato de que um texto não deve ser lido de forma especular, numa pura duplicação inalterada do original, mas que a leitura implica uma produção que se faz a partir do texto. Uma coisa é a representação que o autor — no caso, Freud — faz de sua própria teoria; outra coisa é o discurso que vamos produzir tomando como referencial o texto dessa teoria. Assim é, por exemplo, que, a partir dos dois mecanismos básicos de funcionamento do Ics apontados por Freud — condensação e deslocamento —, Roman Jakobson (1969) e Jacques Lacan (1978) foram encontrar as duas figuras da linguística: a *metáfora* e a *metonímia*.

Ao estudar o problema da afasia, o linguista Roman Jakobson assinalou que todo distúrbio afásico se distribui em torno de dois tipos polares: o metafórico e o metonímico, isto é, ou são distúrbios da similaridade ou são distúrbios da contiguidade. Enquanto a metáfora é incompatível com o distúrbio da similaridade, a metonímia é incompatível com o distúrbio da contiguidade (Jakobson, 1969, p.55). E foi o próprio Jakobson quem relacionou os polos metafórico e metonímico descritos pela linguística com a condensação e o deslocamento apontados por Freud como mecanismo básicos da elaboração onírica.

Já sabemos, no entanto, que a condensação e o deslocamento não são apenas mecanismos da elaboração onírica, mas sim os "marcos distintivos do assim denominado *processo psíquico primário*" (Freud, ESB, vol.XII, p.213). É o próprio inconsciente que é estruturado seguindo os mecanismos da condensação e do deslocamento, mecanismos esses que Lacan, seguindo Jakobson, vai interpretar como análogos às figuras linguísticas da metáfora e da metonímia, para afirmar em seguida que "o inconsciente é estruturado como uma linguagem".

"O INCONSCIENTE É ESTRUTURADO COMO UMA LINGUAGEM"

O ponto central do pensamento de J. Lacan é o que concede ao simbólico o papel de constituinte do sujeito humano. Tomada nessa generalidade, a tese não pode ser apontada como original. Antes de Lacan, Ernst Cassirer (1945) já havia proposto que, em lugar de definirmos o homem como um animal racional, o definíssemos como um animal simbólico. Para Cassirer, a *função simbólica* é aquela através da qual o indivíduo constitui seus modos de objetivação, sua percepção, seu discurso. O simbólico é o mediador da realidade e ao mesmo tempo o que constitui o indivíduo como indivíduo humano. Seguindo a direção apontada por Cassirer, Susanne Langer (1970) vai não apenas reforçar a tese do simbólico como sendo o caráter diferencial do humano, como vai ainda render homenagem a Freud como um dos iniciadores dessa concepção do homem. Assim sendo, a originalidade de Lacan não está em afirmar o condicionamento simbólico do homem, mas a maneira como, a partir de contribuições retiradas da linguística e da antropologia estruturais, ele vai "reler" Freud e assinalar os vários níveis de estruturação do simbólico, assim como a formação do inconsciente pela linguagem.

Uma das fontes do pensamento de Lacan é a linguística de Ferdinand de Saussure tal como foi exposta postumamente por alguns de seus alunos sob o título de *Curso de linguística geral*. Uma das ideias centrais de Saussure é o conceito de signo linguístico como uma unidade composta de duas partes: o *significado* e o *significante*. O signo não é união de uma coisa e um nome, mas união de um conceito e uma imagem acústica (ou impressão psíquica do som). Como representação gráfica dessa relação temos:

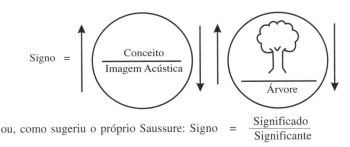

$$\text{Signo} \ = \ \frac{\text{Significado}}{\text{Significante}}$$

ou, como sugeriu o próprio Saussure:

O signo linguístico é portanto uma unidade composta de duas partes, tal como uma moeda é composta de cara e coroa. O que ele une é um significado a um significante. Saussure aponta dois princípios referentes ao signo linguístico: o primeiro afirma sua arbitrariedade; o segundo afirma a sua linearidade. Por arbitrariedade do signo, devemos entender a inexistência de relação necessária entre um significado e um significante; isto é, não há nada que una, de maneira necessária, o significado "árvore" à sequência de sons que lhe servem de significante. O mesmo significado "árvore" pode ser representado pelos significantes *arbor, arbre, tree* ou *Baum*. A arbitrariedade do signo não deve nos levar a supor que ele dependa da livre escolha de quem fala, mas sim que ele é imotivado, isto é, que não mantém nenhum laço natural com a realidade. Por arbitrário devemos entender, pois, "não natural". O segundo princípio diz respeito ao caráter linear do significante.

> Por oposição aos significantes visuais, que podem se organizar simultanea-mente em várias dimensões, os significantes acústicos dispõem apenas da linha do tempo; seus elementos se apresentam um após outro; formam uma cadeia. (Saussure, [s/d], p.84)

O que até agora foi dito sobre o signo linguístico refere-se à sua significação, isto é, à relação significado/significante constitutiva do signo considerado como uma entidade isolada. Mas a significação do signo não se esgota no isolamento dessa relação, ela também é função da relação que o signo mantém com os outros signos da língua. É a esse outro aspecto do signo que Saussure se refere quando coloca o conceito de *valor*. Com o conceito de valor, Saussure introduz uma nova dimensão no signo linguístico. Este deixa de ser visto apenas como uma relação entre significado e significante e passa a ser considerado também como um termo no interior de um sistema. Utilizando a representação gráfica feita acima, temos que a significação resulta da relação entre o significado e o significante, indicada pela flecha vertical:

O valor será representado por uma relação horizontal do signo com os demais signos do sistema. No lugar da representação anterior, teremos:

É a posição do signo no interior do sistema da linguagem que vai constituir o valor de um signo como um elemento de significação. Porém, ao introduzir a noção de valor, Saussure não faz dela o elemento constituinte central da significação, nem tampouco elimina a relação isolada entre o significado e o significante. Em sua opinião, apesar de a significação local de um elemento numa frase ser dada pela sua relação com os outros elementos da frase, a relação significado/significante continua a gozar de relativa autonomia, tal como é indicada pela elipse que cerca o algoritmo inicial.

A concepção lacaniana do signo difere em vários aspectos da que nos oferece Saussure. Em primeiro lugar, Lacan inverte a representação saussuriana do signo. Enquanto Saussure o representava por $\dfrac{significado}{significante}$, Lacan o representava por $\dfrac{significante}{significado}$. Em segundo lugar, a barra que separa um do outro indica para Lacan uma autonomia do significante com relação a um significado. Vejamos inicialmente esses dois pontos.

Em seu artigo *A instância da letra no inconsciente*, Lacan declara que o momento constituinte de uma ciência é assinalado por um algoritmo e que no caso da linguística esse algoritimo é $\dfrac{S}{s}$, onde S é o significante e s é o significado, ambos separados pela *barra*. Enquanto para Saussure o signo constituía uma unidade formada pelo significado e pelo significante, unidade essa que era marcada pelo caráter indissociável de suas partes componentes, para Lacan a barra indica duas ordens distintas, a do significante e a do significado, interpondo-se entre ambas uma barreira resistente à significação (Lacan, 1978, p.228). Fica, dessa maneira, quebrada a unidade do signo defendida por Saussure. A cadeia dos significantes (ou cadeia significante) é, ela própria, a produtora de significados. É essa cadeia que vai fornecer o substrato topológico ao signo lacaniano, impondo que nenhum significante possa ser pensado fora de sua relação com os demais.

Para ilustrar a função significante, Lacan substitui a imagem tornada clássica por Saussure — a do desenho de uma árvore sobre a palavra "árvore" — por uma outra que evidencia a maneira pela qual é a oposição diferencial entre significantes que produz o efeito de significado. As ilustrações seguintes são, respectivamente, a de Saussure e a de Lacan.

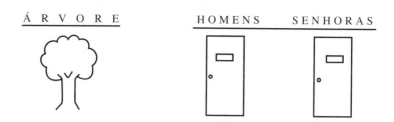

ÁRVORE HOMENS SENHORAS

A primeira ilustração, considerada por Lacan como defeituosa, privilegia o significado e impõe o isolamento do signo pela relação biunívoca que era indicada pelas setas verticais utilizadas originalmente por Saussure. A segunda ilustração, que Lacan considera mais correta, mostra, no lugar do significado, duas portas absolutamente idênticas separadas dos significantes "HOMENS" e "SENHORAS" por uma barra. Nesse exemplo, é a oposição entre os significantes que vai produzir a diferenciação entre os significados. O que Lacan nos diz, numa crítica a toda filosofia que procura o significado, é que o significante não tem por função representar o significado, mas que ele precede e determina o significado (ibid.). Faz-se necessário, portanto, determinar os princípios segundo os quais os significantes se articulam.

PROCESSOS METAFÓRICO E METONÍMICO

Em seu artigo *A instância da letra no inconsciente,* Lacan chama a atenção do leitor dos textos freudianos para a abundância de referências filológicas e lógicas feitas por Freud e o quanto essas referências aumentam à medida que o inconsciente vai sendo tematizado mais diretamente. O que *A interpretação de sonhos* coloca é o próprio sonho como uma linguagem. "O sonho", escreve Lacan (op.cit., p.240), "é um enigma em imagens" e "as imagens do sonho só devem ser consideradas pelo seu valor significante". A imagem não é ela mesma portadora de seu significado. Significante e significado são duas ordens distintas, constituindo duas redes de articulações paralelas. Há um deslizamento incessante do significado sob o significante e é a rede do significante, pelas suas relações de oposição, que vai constituir a significação do sonho.

O deslizamento do significado sob o significante, nós o encontramos no trabalho do sonho (*Traumarbeit*) em seu efeito de distorção (*Entstellung*). Essa distorção é produzida por dois mecanismos básicos: a *condensação* e o *deslocamento*. Já vimos como eles funcionam. O que Lacan faz é assimilar esses mecanismos à *metáfora* e à *metonímia*. Na condensação teríamos uma sobreimposição dos significantes dando origem à metáfora; no deslocamento, pela substituição dos significantes com base na contiguidade, teríamos o equivalente da metonímia. Condensação e deslocamento desempenhariam, no sonho, uma função homóloga à da metáfora e metonímia no discurso. Esses mecanismos funcionariam tendo em vista a consideração à figurabilidade.

O que fica evidente a partir do texto de *A interpretação de sonhos* é que os mecanismos apontados por Freud como responsáveis pela elaboração onírica não se restringem aos sonhos, mas vão ser apontados como mecanismos fundamentais do inconsciente em geral. Segundo Lacan (1978, p.245), a metáfora e a metonímia vão nos fornecer a tópica desse inconsciente, que é a mesma que é definida pelo algoritmo $\frac{S}{s}$. Devemos entender por isso não apenas que a metáfora e a metonímia regem o funcionamento do inconsciente, mas que eles são formadores do inconsciente no recalcamento original. Os processos metafórico e metonímico, nós os encontramos em funcionamento em todas as chamadas formações do inconsciente e são eles os responsáveis por uma das mais importantes características da linguagem: o seu duplo sentido; isto é, o fato de ela dizer outra coisa diferente daquilo que diz à letra. Do ponto de vista da linguística, esse efeito de alteração do sentido é obtido, na metáfora, pela substituição de significantes que apresentam entre si uma relação de similaridade, e, na metonímia, pela substituição de significantes que mantêm relações de contiguidade.

Do ponto de vista psicanalítico, a distinção entre os dois mecanismos não é tão clara. Apesar de assimilar a metáfora à condensação e a metonímia ao deslocamento, Lacan não os distingue claramente senão em casos muito precisos. Segundo Anika Lemaire, autora de um estudo sobre Lacan (Lemaire, 1979, p.250), as próprias afirmações do psicanalista francês, segundo as quais "o desejo é uma metonímia" e "o sintoma é uma metáfora", seriam apenas designativas de uma "orientação geral dos laços associativos num ou noutro sentido".

O importante a se destacar no emprego que Lacan faz desses dois mecanismos descritos pela linguística é o fato de que é por meio deles que se produz a ruptura entre o significante e o significado, fazendo com que, pela interposição de um novo significante, o significante original caia na categoria de significado, permanecendo como significante latente. Quanto mais extensa for a cadeia significante que surja nesse intervalo, maior será a distorção produzida. Se tomarmos o exemplo do sonho, teremos que ele resiste à significação porque uma série de novos significantes se interpõe entre o significante do sonho manifesto e o significado inconsciente portador do desejo.

No caso do recalcamento propriamente dito (*Verdrängung*), esse mecanismo de substituições de significantes não apresenta grandes dificuldades de compreensão. No caso, porém, do recalcamento originário (*Urverdrängung*), a questão é um pouco mais complexa, o que pode ser depreendido a partir da discordância entre Laplanche e Leclaire no interior do artigo que escreveram em conjunto e através do qual se apresentaram como porta-vozes de Lacan no Colóquio de Bonneval (1970). É de assinalar que a discordância não se deu apenas entre os dois discípulos, mas também entre mestre e discípulo. Em várias oportunidades, Lacan expressa seu descontentamento com respeito à interpretação dada por Laplanche à sua fórmula da metáfora, sobretudo ao desdobramento que Laplanche faz dela com base numa analogia com os desdobramentos possíveis de uma proposição aritmética.

No capítulo anterior, fiz uma exposição do recalcamento originário na qual procurei me manter o mais próximo possível do texto freudiano. Creio que agora já dispomos de elementos para tentar uma aproximação à abordagem lacaniana do recalque originário e da emergência do inconsciente.

A EMERGÊNCIA DO INCONSCIENTE

A descrição do recalque originário que Freud nos oferece em seu artigo *O recalcamento* (ESB, vol.XIV, p.171) é extremamente concisa e não esclarece como ele se produz. Diz-nos apenas que há uma primeira fase do recalcamento que consiste na recusa de um representante da pulsão pelo consciente e que a partir daí se estabelece uma "fixação", permanecendo o representante em questão inconsciente e ligado à pulsão. Devemos notar que os termos "consciente" e "inconsciente" aqui empregados não devem ser tomados no sentido dinâmico, posto que essa fase do recalcamento é anterior à distinção entre os dois sistemas psíquicos ou, pelo menos, é contemporânea a essa divisão. Laplanche nos fala numa etapa de indiferenciação primitiva mítica, anterior ao recalque originário, e aponta o processo de entrada do sujeito no simbólico como a origem do inconsciente.

Sobre esse ponto estão de acordo Laplanche, Leclaire e Lacan. O ingresso no universo simbólico é o momento de constituição do inconsciente. A discordância entre eles, sobretudo entre Lacan e Laplanche, diz respeito ao modo como se opera essa passagem.

Segundo Laplanche, esse processo — que marca o recalque originário — se dá em duas etapas: num primeiro nível de simbolização, uma rede de oposições significantes toma lugar no universo subjetivo, mas sem que nenhum significado particular fique preso a uma malha particular dessa rede. "O que se introduz simplesmente com esse sistema coextensivo ao vivido é a pura diferença, a escansão, a barra: no gesto do *Fort-Da,* a borda da cama" (1970, p.144). O segundo nível de simbolização é o que, segundo Laplanche, cria verdadeiramente o inconsciente segundo o mecanismo da metáfora. Isso ocorre quando, nesse conjunto de oposições significantes, o significado fica preso a certas malhas, em certos pontos privilegiados: o + e o –, o O e o A, o "bom" e o "mau", a direita e a esquerda. Essas oposições vão constituir os significantes elementares que fixam a pulsão.

Laplanche coloca a questão do status ontológico desse inconsciente. Ele possui o status de linguagem, mas não se identifica com a linguagem verbal. O que é nele alçado à categoria de significantes não são as palavras, mas elementos retirados do imaginário, sobretudo do imaginário visual. Laplanche recupera a palavra "imago" para designar esses significantes.

Serge Leclaire, parceiro de Laplanche no artigo citado, é de opinião que não há necessidade de se desdobrar o processo de recalcamento originário em duas etapas. Para ele, o primeiro nível de simbolização, que é caracterizado pelas primeiras oposições significantes, já seria produtor do inconsciente. A interpretação de Leclaire colocaria em questão a proposta de que o recalque originário se realiza segundo o mecanismo da metáfora. O inconsciente "resulta da captura da energia pulsional nas redes do significante" (1970, p.148). Ele é, pois, o que possibilita a metáfora mas não é ainda metáfora.

Não pretendo penetrar nos meandros da discordância entre Laplanche e Leclaire, o que seria cabível num estudo especializado sobre o tema do recalcamento, mas não numa exposição como esta, e me parece ainda que devemos permanecer o mais próximo possível da palavra de Lacan, deixando a discussão entre os discípulos para um outro momento.

Infelizmente, Lacan não nos oferece uma explicação detalhada do recalque originário. De fato, ele não faz senão algumas breves referências ao tema, que funcionam muito mais como indicações para investigações futuras do que como esclarecimentos propriamente ditos.

O que podemos admitir como sendo o ponto de vista do mestre da Escola Freudiana de Paris é que a fase descrita acima corresponderia a uma primeira divisão do sujeito: a que separa o *imaginário* do *inconsciente*. Poderíamos admitir uma divisão anterior a essa ainda — a que existiria entre o imaginário e a pulsão —, mas sobre ela quase nada temos que dizer. Segundo A. Lemaire (1979, p.163), Lacan estabelece uma barra separadora em três níveis do ser humano:

1. A que separa o imaginário do inconsciente.
2. A que separa o inconsciente como linguagem e a linguagem consciente.
3. Ao nível da própria linguagem consciente, a que separa o significante do significado.

O imaginário é o que nos introduz nos domínios da subjetividade. Vimos que, anteriormente ao imaginário, teríamos a pulsão, mas esta pertence ao impensável, nunca se dá por si mesma, mas se apresenta sempre pelos seus representantes psíquicos. O domínio do imaginário não é, porém, fácil de pensar. Anterior ao simbólico, o imaginário constituiria o primeiro corte com o exercício pleno da pulsão. À libido ilimitada da fase anterior ao imaginário corresponderia uma libido limitada no plano do imaginário. Essa limitação não é, porém, idêntica à que ocorre após o ingresso no simbólico. Ela teria sua origem na perda originária, que é a separação do recém-nascido de sua mãe. O que a criança perde com o corte do cordão umbilical — diz-nos Lacan — (*in Ey*, 1970, p.188s.) não é, como pensam os analistas, sua mãe, mas uma parte de si mesma, um complemento anatômico, a membrana que a protege. Lacan compara essa perda ao ovo que perde a sua casca. O vivente, ao romper o ovo, perde não a mãe, mas a sua casca, isto é, um pedaço de si mesmo.

Quebrado o ovo, diz Lacan, faz-se o homem, mas também o "homelette". Para evitar que essa massa informe, movida pelo puro instinto de vida e guiada pelo real, invada tudo, o homem lhe designa limites corporais. Daí por diante, a libido só poderá expandir-se através das zonas erógenas, e a pulsão ilimitada será transformada em "pulsão parcial". Constrangida pelas zonas erógenas, a libido nunca estará presente, inteira, na subjetividade. Ligada a um objeto imaginário, ela será marcada pela perda, pela insatisfação, pela incompletude. A falta ou "hiância" nos remete a essa incompletude fundamental do ser humano. Ela é anterior à pulsão, anterior ao desejo. Essa falta será, daí por diante, representada no imaginário pelo que Lacan e Leclaire chamam de "letra".

A letra é o significante tomado em sua materialidade. Como assinala Leclaire (1977, p.79), ela não nem a zona erógena nem o objeto, mas algo que necessariamente tem de ser referido a ambos. A letra não é a falta a que se refere Lacan, mas a representação da falta. As primeiras letras são inscritas numa fase da vida infantil muito anterior ao ingresso no simbólico e, portanto, à aquisição da linguagem. A letra é uma marca que fixa uma falta, um vazio; ela é um significante abstrato, inscrito no inconsciente (entendido aqui no sentido descritivo) e referido a uma experiência originária de prazer ou de desprazer. É de notar que esse inconsciente não é ainda o inconsciente sistemático a que Freud se refere a partir do capítulo VII de *Traumdeutung*. São precisamente essas letras ou esses significantes elementares que vão constituir propriamente a ordem do inconsciente a partir do recalcamento primário. A rigor, não se pode falar de inconsciente, no sentido sistemático, antes que esses significantes elementares sejam submetidos a uma rede ou malha de oposições capazes de produzirem significações. No capítulo seguinte, voltarei a abordar a questão do imaginário.

A primeira barra é, portanto, a que separa o *imaginário* do *inconsciente*. Vimos que poderíamos conceber uma outra separação anterior ainda a essa: a que distinguiria o imaginário da pulsão. Contudo, como estamos interessados na formação do inconsciente, convém não retrocedermos além do primeiro nível assinalado por Lacan. Importa, no momento, caracterizar essa *clivagem* da subjetividade em dois grandes sistemas: o inconsciente e o pré-consciente-

consciente. Apesar do emprego bastante amplo que Freud faz do termo, não vejo nenhum impedimento em designar esse momento como o da *Spaltung* original.

A CLIVAGEM ORIGINÁRIA

A divisão mais arcaica, a nível do indivíduo, é a que resulta do seu nascimento. Vimos com Lacan que, com o corte do cordão umbilical, o indivíduo não é apenas separado de sua mãe, mas também perde uma parte de si mesmo. Desse momento em diante, ele se caracteriza como um ser incompleto, fendido, tal como os andróginos do mito platônico. De fato, o que o ser humano experimenta com o nascimento é uma primeira castração, experiência essa que será revivida em vários momentos posteriores de sua vida. Mas esse ser fendido, esse ovo que perdeu a sua casca, transforma-se numa omelete que ameaça invadir tudo. É a libido em sua origem.

Sobre essa experiência, a psicanálise nada tem que dizer ou, se o faz, é apelando para o mito. É somente com a pulsão, com a pulsão parcial ligada a uma zona erógena, que a psicanálise dá o seu primeiro passo em direção à subjetividade.

Tendo perdido uma parte de si mesma, a criança vai procurar dentre os objetos exteriores os que poderão preencher essa falta. Aquele que primeiro se apresenta como capaz de substituir a parte perdida é o seio da mãe. Ele será o primeiro objeto da pulsão.

Vimos, no capítulo IV, que a constituição do seio como objeto da pulsão supõe um momento anterior no qual um primeiro objeto se caracteriza como objeto específico e que este não é o seio. De fato, quando Freud toma a amamentação do lactente como o protótipo da experiência de satisfação, ele deixa bem claro que o que satisfaz a criança não é o sugar o seio, mas a ingestão do leite. Dessa forma, teríamos um primeiro momento em que o objeto específico está ligado à autoconservação e não à pulsão sexual. O que temos aí é o *instinto* (*Instinkt*) e o objeto específico do instinto. A *pulsão* (*Trieb*) só surge quando, por apoio (*Anlehnung*) nessa função de autoconservação, surge uma satisfação ligada à excitação dos lábios e da língua pelo seio. Portanto, paralelamente à satisfação de uma necessidade (fome) produz-se um prazer no sugar. Ora, esse prazer, ao mesmo tempo que tem seu apoio no instinto, diferencia-se dele, posto que não tem mais por objetivo a autoconservação. É esse apoio-desvio o que marca a emergência da pulsão.

No entanto, os objetos que satisfazem a pulsão não continuam marcados pela exterioridade. "Na medida em que os objetos que lhe são apresentados constituem fontes de prazer", escreve Freud (ESB, vol.XIV, p.157), "ele (o ego) os toma para si próprio, os 'introjeta'; e, por outro lado, expele o que quer que dentro de si mesmo se torne causa de desprazer". Esse mecanismo faz com que o sujeito do ego coincida com o que é agradável, o que transforma o "ego de realidade" original, que distinguiu o interno do externo, em "ego do prazer" (ESB, vol.XIV, p.156, nota 2). Esse é o momento do autoerotismo.

Essa passagem do exterior para o interior se faz de modo fantasmático, o que nos remete ao imaginário.

É a nível do imaginário que vão ser fixados os primeiros significantes ("Letras", segundo Leclaire). Esses significantes passarão a ser os primeiros representantes da pulsão. Sobre a natureza desses significantes elementos recai, desde Freud, uma certa obscuridade, ou pelo menos o silêncio. O que de mais extenso encontramos sobre o tema é devido a Serge Leclaire (1977) e Laplanche e Leclaire (1970).

O que constitui fundamentalmente a natureza de uma "letra" é a experiência corporal de uma diferença erógena. Na medida em que Freud concebe o corpo todo como erógeno, qualquer parte do corpo é potencialmente uma letra, da mesma forma que qualquer parte do corpo pode tornar-se objeto. "No entanto, a letra não é uma zona erógena nem objeto, embora, parece, só possamos concebê-la em referência àqueles dois termos" (Leclaire, 1977, p.79).

> Mais geralmente ainda, proponho como termo essencial de todo elemento fantasmático inconsciente uma experiência sensorial da diferença, a distinção da emoção, a percepção de uma "diferença", a experiência dessa distinção diferencial enquanto tal. (Laplanche e Leclaire, 1970, p.201)

Completa ainda Leclaire, tomando como referência um caso analisado por ele (Philippe).

> (...) diferença entre a associação tranquilizante de um contato de pele e a irritação puntiforme do grão de areia, ou ainda a diferença percebida entre o peito liso dos homens e o colo que marca o coração maternal.

Paralelamente a essas impressões táteis, olfativas e cinestésicas da diferença, ocorreriam oposições entre fonemas (o O-A da experiência do *Fort-Da*). Esses elementos de linguagem, juntamente com os acima citados, formariam os primeiros representantes da pulsão.

Segundo Freud (ESB, vol.XIV, p.171), o recalque originário ocorreria quando a esses representantes da pulsão fosse negado o acesso ao consciente, estabelecendo-se a partir daí uma *fixação* do representante em questão à pulsão. Esse seria o momento da clivagem entre o inconsciente e o consciente. O momento a que Lacan se refere como sendo o da *Spaltung*.

Essa *Spaltung* original, marcada pela barra que separa o inconsciente do consciente e pela qual o sujeito tem barrado o seu acesso ao Real (o real pulsional), daria lugar a uma segunda: aquela pela qual o sujeito, mediatizado pela linguagem, destruiria a relação de si a si e se alienaria no significante. Essa segunda *Spaltung* é o que Lacan chama de *Refenda*, a impossível coincidência daí para a frente entre o *sujeito da enunciação* e o *sujeito do enunciado*. Essas duas clivagens não estariam numa relação genética uma com a outra, mas seriam ambas correlativas do recalque originário.

Referindo-se a Lacan, Anika Lemaire (1979, p.122) escreve:

> Assim como foi dito que a palavra engendra a morte da coisa e que é necessário que a coisa se perca para ser representada, da mesma maneira o sujeito, ao se nomear em seu discurso e para ser nomeado pela palavra do outro, se perde na sua realidade ou sua verdade.

A questão da clivagem original nos remete, dessa maneira, ao nosso último capítulo: a questão do sujeito.

CAPÍTULO IX

O SUJEITO E O EU

Após o longo percurso empreendido, eis-nos de volta à questão do *cogito*. Começamos com o *cogito* cartesiano e chegamos ao *cogito* freudiano. O primeiro, na sua formulação original, afirmava: "Penso, logo sou." O segundo, numa das formulações que lhe empresta Lacan, afirma: "Penso onde não sou, portanto sou onde não me penso."

Se o *cogito* cartesiano apresentava o Eu como o lugar da verdade, o *cogito* freudiano nos revela que ele é sobretudo o lugar do ocultamento. São duas concepções de subjetividade completamente diferentes. Não se trata, em Freud, de apontar uma nova dimensão da consciência, algo que pudesse ser entendido como a sua face oculta, mas de apontar um novo objeto — o inconsciente. Com isso, a questão do sujeito sofre um deslocamento radical.

Assim, enquanto Descartes pensava o eu como uma entidade original, Freud o pensa como engendrado; enquanto Descartes nos falava do sujeito da ciência, Freud nos fala do sujeito do desejo. Antes de Freud o sujeito se identificava com a consciência; a partir de Freud temos de nos perguntar por esse sujeito do inconsciente e por sua articulação com o sujeito consciente.

Não podemos mais identificar a história do Eu com a história do Sujeito; sujeito e eu não são termos que se recobrem. Tampouco se recobrem o Eu, objeto da psicologia e identificado com a totalidade da pessoa, e o Ego, conceito psicanalítico. Se recuarmos até o *Projeto* de 1895, verificaremos que nele o ego sequer é um sujeito.

Mas, se a distinção entre o ego cartesiano e o ego freudiano não apresenta grandes dificuldades, o mesmo não ocorre quando nos voltamos para os vários empregos que Freud faz do termo *Ich* dentro de sua obra. Assim sendo, começarei por tentar delimitar, nos textos freudianos, os vários registros da noção de ego, deixando para mais tarde a questão do sujeito.

A NOÇÃO DE EGO NOS TEXTOS METAPSICOLÓGICOS

Uma das preocupações de Freud no *Projeto* de 1895 é mostrar que o ego do qual ele está falando não é um sujeito; e não o é em qualquer que seja o sentido que queiramos atribuir ao termo "sujeito": seja sujeito entendido como sujeito perceptivo, como consciência ou como sujeito do desejo (cf. Laplanche, 1977). O ego, no *Projeto*, é uma formação do sistema ψ, cuja função é dificultar as passagens de Q (energia investida nos neurônios) que originalmente foram acompanhadas de satisfação ou de dor. O ego não é, aqui, em nada semelhante à noção de ego da segunda tópica. Ele é uma organização interna do sistema de neurônios ψ e não ao sistema ω, e possui uma função essencialmente inibidora. Também não deve ser entendido em termos de acesso à realidade; este acesso é função do sistema ω e não do ego. Utilizando-se da energia do aparelho, o ego tem por finalidade impedir o investimento da imagem mnêmica do primeiro objeto satisfatório, evitando dessa forma a alucinação. Ao invés de sujeito, o ego é concebido como um objeto interno ao aparelho psíquico, como uma rede de neurônios com função defensiva.

Em *A interpretação de sonhos*, o ego não é diretamente tematizado. Salvo algumas referências isoladas, nas quais Freud assinala seu papel como instância defensiva face ao recalcado, é sobre o sistema Pcs/Cs que ele fala. É ao Pcs que cabe a função de censura face ao material oriundo do Ics, sendo que Freud assinala ainda uma outra censura operando na fronteira do Pcs com o Cs e que seria uma espécie de extensão da primeira.

Num acréscimo feito ao capítulo VII, Freud (vols.IV-V, p.594) afirma que "o mecanismo da formação de sonhos seria grandemente esclarecido em geral se, em vez da oposição entre 'consciente' e 'inconsciente', devêssemos falar da oposição existente entre o 'ego' e o 'recalcado'". A afirmação foi feita a propósito dos sonhos de punição que, por sua natureza, pareciam contradizer a tese de que todo sonho é uma realização de desejo. Esses sonhos diferem de outros cujo conteúdo também é acompanhado de ansiedade. É que nele, ao invés de o desejo formador do sonho ser inconsciente e pertencer ao recalcado, é também inconsciente, mas pertence ao *ego* e não ao recalcado. Disso resulta que a formação dos sonhos não é devida apenas ao inconsciente recalcado, mas que o ego pode representar nela um papel maior do que havia sido suposto até então. Além do mais, é nele que Freud localiza o desejo de dormir, o que faz do sonho um guardião do sono (ESB, vol.V, p.718). A função do ego não se esgota, porém, em deflagrar o sonho, mas em mantê-lo, daí a necessidade de ele manter, mesmo durante o sono, uma cota disponível de investimento de modo a proteger o sono das perturbações externas.

É, porém, no artigo de 1914, *Sobre o narcisismo*, que a questão do ego toma corpo na teoria psicanalítica.

O estudo sobre o narcisismo reveste-se de dupla significação: por um lado, é um dos trabalhos teóricos mais importantes produzidos por Freud, sendo capital para a compreensão da evolução dos conceitos psicanalíticos; por outro lado, do ponto de vista histórico, marca o ponto de ruptura entre Freud e Jung. É verdade que essa ruptura já estava sendo prevista, se não preparada, por Freud já há algum tempo, mas é no artigo sobre o narcisismo que Freud oferece a mais forte resistência à dessexualização da libido operada por Jung. Embora o artigo contenha também uma crítica a Adler, este não era visto como uma ameaça significativa: o grande opositor era Jung, sobre quem Freud havia depositado grandes esperanças. Escrito nos primeiros meses de 1914, o artigo propõe o conceito de *narcisismo* como uma alternativa à libido não sexual de Jung, além de traçar a distinção entre "libido do ego" e "libido objetal" de introduzir o conceito de "ideal do ego".

Jean Laplanche (1973, p.94) condensa a tese de Freud sobre o narcisismo em três proposições:

1. O narcisismo é um investimento libidinal sobre a própria pessoa, um *amor de si*.
2. Esse investimento libidinal de si passa necessariamente, no homem, por um investimento libidinal do ego.
3. Esse investimento libidinal do ego é inseparável da própria constituição do ego humano.

Um dos pontos considerados críticos por Laplanche é a distinção entre *narcisismo primário* e *narcisismo secundário*. Para além das controvérsias que a distinção suscitou, podemos dizer que o narcisismo primário designa um estado precoce em que a criança investe toda a sua libido em si mesma, enquanto o narcisismo secundário designa um retorno *ao ego* da libido retirada dos seus investimentos objetais. O que é mais problemático aqui é a própria noção de narcisismo primário. Laplanche é de opinião que podemos distinguir nos textos freudianos duas maneiras de se conceber a noção: uma, representada pelo artigo *Sobre o narcisismo* e que seria apenas passageiramente dominante; outra, explicitada em *Formulações sobre os dois princípios do funcionamento psíquico*, texto datado de 1911 e que se torna cada vez mais prevalecente.

De acordo com essa segunda maneira, Freud conceberia um estado original do organismo humano no qual ele se caracterizaria como uma unidade fechada em relação ao meio. Esse estado, protótipo do sono e do sonho, seria anterior à diferenciação do ego e concebido como "anobjetal". A referência à vida intrauterina é, aqui, inevitável. O rompimento desse estado de equilíbrio, por decorrência de necessidades internas, encontraria solução através da satisfação alucinatória, sendo que apenas a ausência persistente de satisfação levaria o organismo a abandonar esse estado monadológico.

O próprio Freud reconhece, porém, que uma organização vital com essa forma não conseguiria manter-se em vida por um instante que fosse, e substitui o estado descrito por um outro que é o do recém-nascido entregue aos cuidados maternos (cf. 1973, p.97). Feita a substituição, o narcisismo primário, enquanto realidade psíquica, passaria a ser concebido como o mito primário do regresso ao seio materno. Essa é a conclusão provisória a que chega Laplanche. No entanto, o que fica óbvio a partir da afirmação freudiana de que o ego não é uma realidade originária é que tampouco o narcisismo pode ser originário. Daí a importância da noção de *autoerotismo* para designar uma fase anterior e preparatória do narcisismo.

Como já foi mostrado no capítulo IV, o autoerotismo implica um duplo movimento: em primeiro lugar, um apoio/desvio da pulsão sexual com respeito ao instinto. Na verdade, não se trata de dissociação *da* pulsão sexual em face do instinto, mas da própria emergência da pulsão. Ela não preexiste à dissociação, mas é constituída por ela, pois somente a partir daí é que ela pode ser caracterizada como *pulsão* sexual, isto é, como algo irredutível ao instinto. Assim, o "apoio" é ao mesmo tempo *apoio* e *desvio*.

Com a distinção feita, a partir de 1910, entre *pulsões sexuais* e *pulsões de autoconservação*, Freud define estas últimas como um conjunto de necessidades ligadas às funções corporais essenciais à conservação da vida do indivíduo. Se as pulsões de autoconservação designam *necessidades*, elas implicam a existência do *objeto real*, sendo portanto reguladas pelo princípio de realidade. Ocorre, porém, que, ao serem satisfeitas essas necessidades corporais (fome, por exemplo), verificamos que a satisfação é acompanhada de um prazer que, apesar de ter um apoio na necessidade, não é redutível a ela. Daí o segundo movimento a que me referi acima: após a dissociação com relação ao instinto, a atividade retorna sobre o próprio indivíduo, tendo a partir daí como objeto não mais um objeto real, mas um *fantasma* do objeto. Ao tomar como objeto não o objeto real, mas seus fantasmas, as pulsões sexuais passam a se contrapor às pulsões de autoconservação, estas últimas sendo regidas pelo princípio de realidade e as primeiras pelo princípio de prazer.

A oposição pulsões sexuais/pulsões de autoconservação é atenuada em *Sobre o narcisismo* pela introdução da oposição entre *libido do ego* (ou libido narcísica) e *libido objetal*. Em 1922, Freud vai se referir a essa substituição da seguinte maneira:

> A fórmula primitiva para as neuroses de transferência exigia ser modificada, embora não corrigida. Era melhor, em vez de falar de um conflito entre pulsões sexuais e pulsões do ego, falar de um conflito entre libido do objeto e libido do ego, de vez que era a mesma a natureza dessas pulsões. (*A teoria da libido*, 1922)

Afirmar que "era a mesma a natureza dessas pulsões" significava que para ele tanto as pulsões sexuais quanto as pulsões do ego eram libidinais, distinguindo-se portanto não pela natureza da energia, mas pelo objeto de investimento. Assim, por "libido do ego" devemos entender "libido investida no próprio ego" e por "libido objetal" devemos entender "libido investida sobre objetos externos".

Vimos já que o próprio Freud concordava que o ego não é uma realidade originária, que ele tem de ser desenvolvido. No entanto, as pulsões autoeróticas "ali se encontram desde o início". Se não há um ego originário, princípio de unidade individual, o autoerotismo só pode ser concebido como um estágio anárquico da sexualidade no qual as pulsões parciais estão ligadas ao funcionamento de um órgão ou à excitação de uma zona erógena, sem qualquer referência a uma imagem unificada do corpo ou ao ego. Daí a pergunta de Freud logo no início do artigo sobre o narcisismo: "Qual a relação entre o narcisismo de que ora tratamos e o autoerotismo que descrevemos como um estado inicial da libido?" (ESB, vol.XIV, p.92-3)

De início, somos obrigados a concluir que o "narcisismo primário" só é primário como princípio de unificação do autoerotismo, mas não no sentido de ser a primeira modalidade da sexualidade. Quando ele surge, já encontra uma pluralidade de pulsões parciais em atividade sem que lhes corresponda qualquer esboço de ego.

No narcisismo, é o ego que vai se colocar como objeto da libido narcísica. As pulsões autoeróticas que coexistiam de modo anárquico e sem um objeto específico reúnem-se numa unidade e dirigem-se para um objeto: *o ego*. Tal como um objeto externo, o ego passa a ser investido. Do ponto de vista econômico, estabelece-se a partir desse momento uma troca energética entre o ego, os objetos exteriores e os objetos fantasmáticos, de tal modo que, quando um é mais investido, o outro sofre um esvaziamento (Freud, ESB, vol.XIV, p.92).

A questão da *escolha do objeto* não surgiu, como já vimos, no artigo de 1914, mas nos *Três ensaios sobre a sexualidade*. É, porém, no artigo *Sobre o narcisismo* que Freud estabelece a distinção entre os tipos *anaclítico* e *narcísico* de escolha (distinção essa que foi anexada aos *Três ensaios*, em nota de rodapé na edição de 1915) (ver ESB, vol.VII, p.229).

O *tipo de escolha anaclítico* (*Anlehnungstypus*) caracteriza-se pelo fato de a escolha do objeto de amor recair sobre pessoas que reproduzam o modelo das figuras parentais, na medida em que estas forneciam à criança alimento e proteção. Voltamos aqui à noção de *apoio* (*Anlehnung*). O tipo de escolha anaclítico resultaria do apoio das pulsões sexuais sobre as pulsões de autoconservação. Escreve Freud:

> Em relação à escolha do objeto nas crianças de tenra idade (e nas crianças em crescimento) o que primeiro notamos foi que elas derivam seus objetos sexuais de suas experiências de satisfação. As primeiras satisfações sexuais autoeróticas são experimentadas em relação com funções vitais que servem à finalidade de autopreservação. As pulsões sexuais estão, de início, ligadas à satisfação das pulsões do ego; somente depois é que elas se tornam independentes destas, e mesmo então encontramos uma indicação dessa vinculação original no fato de que os primeiros objetos sexuais de uma criança são as pessoas que se preocupam com sua alimentação, cuidados e proteção: no primeiro caso, sua mãe ou quem quer que a substitua. (Freud, ESB, vol.XIV, p.104)

A escolha anaclítica ocorre, portanto, num duplo registro: no das pulsões, em que há um apoio das pulsões sexuais nas pulsões de autoconservação; e, no que se refere aos objetos, cuja escolha é feita segundo o modelo do seio materno que se constitui como primeiro objeto de satisfação sexual.

O *tipo de escolha narcísica* é aquele que toma como modelo a própria pessoa, isto é, o objeto é escolhido segundo a imagem e a semelhança do próprio indivíduo e não tomando como modelo a mãe. Freud foi levado a caracterizar esse tipo de escolha a partir sobretudo da observação de homossexuais. "Nessa observação", diz ele, "temos o mais forte dos motivos que nos levaram a adotar a hipótese do narcisismo". (ibid.)

Mas o tomar-se a si mesmo como modelo não é, segundo Freud, uma coisa simples. De acordo com o tipo narcisista de escolha, uma pessoa pode amar:

a)   o que ela própria é (isto é, ela mesma);
b)   o que ela própria foi;
c)   o que ela própria gostaria de ser;
d)   alguém que foi uma vez parte dela mesma (é o caso do amor que a mãe tem pelo filho).

Por oposição ao tipo de escolha narcísica, o tipo anaclítico pode incidir sobre:

a)   a mulher que alimenta;
b)   o homem que protege.

Esses dois tipos de escolha objetal não determinam dois grupos de pessoas nitidamente diferenciados. Os dois tipos, enquanto puros, seriam ideais. O que se verifica é uma mistura de ambos em cada indivíduo.

> Dizemos que um ser humano tem originalmente dois objetos sexuais — ele próprio e a mulher que cuida dele —, e ao fazê-lo estamos postulando a existência de um narcisismo primário em todos, o qual, em alguns casos, pode manifestar-se de forma dominante em sua escolha objetal. (Freud, ESB, vol.XIV, p.105)

Se esses dois tipos não são nitidamente diferenciáveis em cada um de nós, a diferença entre o tipo de escolha no homem e na mulher é, segundo Freud, muito bem marcada. Apenas o homem é capaz de um amor objetal completo. Nele ocorre uma transferência do narcisismo original infantil para o objeto sexual, enquanto na mulher o narcisismo original é intensificado na puberdade com o amadurecimento dos órgãos sexuais, impedindo, pelo menos parcialmente, uma verdadeira escolha objetal. Assim, enquanto o homem ama a mulher, esta ama a si mesma. Vale a pena transcrever o trecho em que Freud deixa transparecer sua representação misógina das escolhas objetais.

> As mulheres, especialmente se forem belas ao crescerem, desenvolvem certo autocontentamento que as recompensa pelas restrições sociais que lhes são impostas em sua escolha objetal. Rigorosamente falando, tais mulheres amam apenas a si mesmas, com uma intensidade comparável à do amor do homem por elas. Sua necessidade não se acha na direção de amar, mas de serem amadas; e o homem que preencher essa condição cairá em suas boas graças. (ibid.)

Há um caso, porém, em que a mulher, exatamente pelo seu tipo narcísico de escolha, pode estabelecer um amor objetal completo: é na sua relação com o filho. A criança por ela gerada, por ter sido parte de seu próprio corpo, pode dar lugar a um amor objetal completo, apesar de, uma vez gerada, passar a constituir um objeto externo.

Feita a distinção entre escolha anaclítica e escolha narcísica, podemos retomar a questão que estava sendo discutida, que era a da formação do ego a partir do narcisismo primário.

Na terceira parte do artigo *Sobre o narcisismo* (ESB, vol.XIV, p.110), Freud pergunta sobre o que foi feito do narcisismo infantil. A hipótese de ter sido ele inteiramente transformado em investimentos objetais é descartada e Freud aponta para a função normalizante do recalque como uma possível solução para o problema.

O recalque provém do ego, diz ele, tem sua fonte nas exigências éticas e culturais do indivíduo. Ocorre, porém, que nem todos os indivíduos reagem da mesma maneira a essas exigências. As mesmas impressões, experiências, impulsos e desejos podem ser bem recebidos por um indivíduo e rejeitados por outro com a maior indignação. A diferença entre ambos pode ser explicada pelo fato de que um indivíduo erigiu um ideal com o qual mede o seu ego, enquanto o outro não o possui ou o possui de forma diferente. A formação de um ideal é, pois, o fator condicionante do recalque (Freud, ESB, vol.XIV, p.111).

O narcisismo se desloca então do ego real para esse novo *ego ideal* (*Idealich*) que é dotado de todas as perfeições. Incapaz de renunciar à perfeição narcísica de sua infância, o homem procura recuperá-la sob a forma de um *ideal do ego* (*Ichideal*).

Temos aqui dois termos — ego ideal e ideal do ego — que são comumente confundidos ou, pelo menos, mal compreendidos. Ambos fazem sua aparição nesse texto e são empregados um em seguida ao outro, sem que Freud os distinga claramente. É difícil aceitar que um autor tão cuidadoso no emprego dos termos se tenha utilizado de termos simétricos e opostos, no mesmo parágrafo, sem que isso tivesse um sentido diferenciador.

A resposta encontra-se, em seguida, na distinção que Freud estabelece entre *sublimação* e *idealização*. A sublimação — diz ele — é um processo da libido objetal, e consiste num afastamento da pulsão de seu objetivo sexual para um outro objetivo; enquanto idealização é um processo que diz respeito ao objeto que é aumentado e exaltado sem que sua estrutura seja alterada. A idealização é possível tanto na esfera da libido do ego quanto na esfera da libido objetal.

É portanto a partir da idealização que vão se constituir as instâncias ideais da pessoa: o ego ideal e o ideal do ego. Ao tornar as exigências do ego mais intensas, ela se transforma no fator facilitador e condicionante do recalque.

Enquanto o ego ideal tem seu modelo no narcisismo primário, o ideal do ego aponta para uma instância diferenciada resultante da convergência do narcisismo e da identificação com a fonte parental. "Enquanto instância diferenciada", escreve Freud, "o ideal do ego constitui um modelo a que o indivíduo procura conformar-se". Temos, pois, duas identificações: a *identificação narcísica primária*, pré-edipiana e característica do ego ideal, e a *identificação narcísica secundária*, que é a identificação ao outro, característica do ideal do ego. Só podemos falar em ideal do ego a partir do momento em que se introduz o *outro*. Como diz Lacan, a partir do momento em que se dá a passagem do imaginário para o simbólico.

É no artigo *Luto e melancolia* (1915) que Freud vai explicar a identificação como uma reação à perda do objeto.

> Essa função aparece no contraste entre a melancolia e o luto. No trabalho do luto, a libido obedece à realidade que lhe ordena renunciar a todos os seus elos um a um, tornar-se livre por desinvestimento. Na melancolia ocorre algo inteiramente diferente. Uma identificação do ego com o objeto perdido permite à libido prosseguir seu investimento na interioridade. O ego se torna, assim, por identificação, o objeto ambivalente de seu amor e de seu ódio. A perda do objeto é transformada numa perda no ego, e o conflito entre o ego e a pessoa amada prossegue através de nova clivagem entre a faculdade crítica do ego e o próprio ego alterado pela identificação. (cit. p. Ricœur, 1977, p.176)

Com *Além do princípio de prazer*, tem início o que se costuma chamar de "viragem" dos anos 20. Essa viragem não representa propriamente uma ruptura com a primeira tópica. De fato, os conceitos fundamentais que constituíram a concepção freudiana do aparelho psíquico, formulados até aquela data, permanecem válidos. Assim, os conceitos de Ego, Id e Superego elaborados em 1923 não se propõem a substituir os conceitos de Consciente, Inconsciente e Pré-consciente da primeira tópica. O que ocorre a partir de 1920 é muito mais um deslocamento temático do que uma reestruturação teórica.

Vimos que em *Sobre o narcisismo* Freud já aponta o ideal do ego como uma instância diferenciada resultante da convergência do narcisismo com a fonte parental e que em *Luto e melancolia* a clivagem entre uma parte crítica do ego e o próprio ego já está bem caracterizada. No que se refere à questão do ego, o que resulta desses textos é que a antiga diferenciação entre o inconsciente e o ego terá de ser repensada, não cabendo mais a identificação do ego com a consciência ou com o sistema pré-consciente. Assim é que em *Além do princípio de prazer* (ESB, vol.XVIII, p.33), Freud declara que

> é certo que grande parte do ego é, ela própria, inconsciente, e notavelmente aquilo que podemos descrever como seu núcleo; apenas pequena parte dele se acha abrangida pelo termo "pré-consciente".

À oposição consciente/inconsciente, Freud contrapõe a oposição ego/recalcado, o que torna caduco o critério de consciência no que se refere à distinção entre o inconsciente e o ego. Portanto, além de uma parte do ego à qual se acha ligada a consciência, existe uma outra que é inconsciente, e isso não apenas no sentido descritivo, mas também no sentido dinâmico. A formulação mais completa dessas ideias, nós a encontramos no ensaio de 1923, *O ego e o id*, que assinala a emergência daquilo que é conhecido como a segunda tópica.

Logo nas primeiras páginas de *O ego e o id*, Freud reafirma a tese de que a distinção entre o que é consciente e o que é inconsciente constitui a premissa fundamental da psicanálise. Foi em torno dessa distinção que ele construiu a estrutura teórica da psicanálise, particularmente a que constituiu o que ficou conhecido como a primeira tópica. Em nenhum momento, a oposição consciente-inconsciente foi abandonada ou teve sua importância diminuída. Se em alguns escritos posteriores a 1915 ela não é suficientemente enfatizada, é porque Freud já a supõe esclarecida o bastante e definitivamente estabelecida.

Quando em *O ego e o id* ele afirma que essa distinção tornou-se insuficiente para fins práticos (ESB, vol.XIX, p.28), de modo algum ele está pretendendo eliminá-la ou substituí-la por outra; a nova tríade proposta — Ego, Id e Superego — não vem a substituir a antiga — Consciente, Inconsciente e Pré-consciente. A questão da segunda tópica não é a mesma da primeira tópica, ou pelo menos a ênfase não recai sobre o mesmo ponto. Para sermos precisos, a segunda tópica sequer é uma tópica, pois não é mais de "lugares" psíquicos que Freud está falando.

Em seu ensaio sobre Freud, Paul Ricœur (1977, parte II, capítulo II) caracteriza a passagem da primeira para a segunda tópica por um deslocamento temático: do recalcado para o recalcador. Trata-se de uma outra ordem de questões. Enquanto a primeira tópica voltava sua atenção para a economia libidinal, a segunda está voltada para o confronto da libido com algo que lhe é externo: a exigência de renúncia imposta pela cultura. Segundo Ricœur, o que é colocado em jogo na segunda tópica não é mais uma libido solipsista repartindo-se em sistemas psíquicos, "mas papéis — pessoal, impessoal e suprapes-soal — que são os de uma libido em situação de cultura" (op.cit., p.131). Não creio que o termo "solipsista" possa ser empregado adequadamente à primeira tópica e o próprio Ricœur se encarrega de fazer um reparo a essa afirmação (op.cit., p.155). Se entendermos que o inconsciente é produto do recalque e que não há recalque sem uma relação a algo que seja exterior ao psiquismo, temos de concordar que a libido sempre foi pensada por Freud "em situação de cultura". Podemos concordar com Ricœur, isso sim, é que a segunda tópica opera um deslocamento da atenção em direção à cultura, mas não que com ela a psicanálise tenha descoberto a exterioridade. Recalcado e recalcador são polos de uma mesma questão.

No que se refere ao ego, porém, dá-se de fato um deslocamento temático. A questão de ego não é a questão da consciência. Embora a consciência esteja ligada ao ego, este não se esgota nela;

> deparamos com algo no próprio ego que é também inconsciente, que se comporta exatamente como o reprimido — isto é, que produz efeitos poderosos sem ele próprio ser consciente e que exige um trabalho especial antes de poder ser tornado consciente. (Freud, ESB, vol.XIX, p.30)

Se continua sendo verdade que todo recalcado é inconsciente, não é menos verdade que Freud passa a considerar uma parte do ego como também sendo Ics, e isso não no sentido de um ego Pcs, mas no sentido de um inconsciente sistemático. Portanto, topologicamente falando, o ego pertence tanto ao Cs como ao Pcs e ao Ics, sem que a sua parte Ics coincida com o recalcado.

O ego tem sua origem no sistema Pcpt-Cs, sendo um efeito das sensações corporais e encarado, ele próprio, como uma projeção da superfície corporal. "O ego é, primeiro, e acima de tudo, um ego corporal", afirma Freud (op.cit., p.40). Do sistema Pcpt, que é o seu núcleo, o ego se estende pelo Pcs e pelo Ics. Assim sendo, a antiga oposição entre o ego e o Ics perde o sentido, uma vez que o próprio ego possui uma parte Ics. Para designar a região psíquica inconsciente que não se confunde com o ego e que se coloca em oposição a este, Freud foi buscar um termo empregado por Nietzsche: *Es* (Id em sua forma latina).

O id é a parte inacessível do nosso psiquismo e suas características são descritas como opostas às do ego. Apesar de topologicamente o ego não se achar nitidamente separado do id, pois uma parte dele está fundida com o id, funcionalmente eles são bem distintos. Em um de seus extremos, o id está aberto às influências somáticas e em seu interior abriga representantes pulsionais que buscam satisfação, regulados exclusivamente pelo princípio do prazer. No id não há negação, obediência à não contradição, vontade coletiva, juízo de valor, bem, mal, moralidade, assim como também não há temporalidade.

Sabemos que a parte mais superficial do aparelho psíquico é constituída pelo sistema Pcpt-Cs, parte essa que está voltada para o mundo externo e na qual emerge a consciência. Freud admite que "o ego é aquela parte do id que se modificou pela proximidade e influência do mundo externo" (ESB, vol.XXII, p.96), sendo, portanto, uma extensão diferenciada do próprio id de quem ele retira sua energia. Sua função é servir de mediador entre o id e o mundo externo, o que coloca em confrontação os dois princípios reguladores do aparelho psíquico: o princípio de prazer e o princípio de realidade.

Mas não é apenas contra o id que o ego tem de se confrontar. Já vimos que uma parte dele mesmo se diferencia e se constitui como uma instância autônoma e como agente crítico. Essa terceira região do psiquismo é o *Superego*. Se o ego é, em face do id, o representante da realidade externa, o superego deverá ser visto como o representante do mundo interno. Herdeiro do complexo de Édipo (como veremos mais adiante) e construído segundo o modelo do superego dos pais, o superego possui uma tríplice função: de auto-observação, de consciência moral e de ideal de ego (Freud, ESB, vol.XXII, p.86). Assinalar o ideal do ego como uma das funções do superego implica assinalar a diferença que existe entre ambos. De fato, o próprio Freud contribuiu para que se confundissem os dois termos, falando algumas vezes em "ideal do ego ou superego", mas na verdade os seus significados não são idênticos. Como salienta Ricœur (op.cit., p.157), *ideal do ego* é um termo descritivo, designa "uma manifestação sobre a qual se decifra o superego", enquanto este último de forma alguma é um conceito descritivo, mas "um conceito construído, uma entidade do mesmo nível que os conceitos tópicos e econômicos".

Como se coloca o ego em face das outras duas regiões do psiquismo? Ele é aquele que, ameaçado pelas pulsões do id e pelo superego, se defende. Mas, ao mesmo tempo que se defende, luta para não ser dominado e esmagado. Segundo a metáfora utilizada por Freud (ESB, vol.XIX, p.72-3), ele serve a três severos senhores e faz o possível para harmonizar entre si suas exigências quase sempre divergentes e frequentemente incompatíveis. Essa metáfora, utilizada no capítulo V de *O ego e o id* e nas *Novas conferências introdutórias* (Conferência XXXI), expressa bem a questão do ego na segunda tópica freudiana. A questão nada tem que ver com a questão da consciência, ou, se algum ponto em comum existe, este é secundário. A questão do ego é a de sua força e de suas fraquezas perante os "três senhores"; isto é, aquilo com o que o ego se defronta é com a possibilidade de ser dominador ou dominado. Como muito bem assinalou Ricœur, a questão do ego é a da dominação e não a das condições da exterioridade (esta é a questão da consciência). O capítulo V de *O ego e o id* é bastante claro a esse respeito.

O ego encontra-se, portanto, em contato com dois mundos. Pela sua posição em face do sistema perceptivo, ele é o responsável pelo "teste de realidade" e pelo controle da motilidade; pela sua relação com o id, ele funciona como mediador entre este último e o mundo externo, isto é, procura atender às exigências do id com um mínimo de conflito com a realidade e com o superego. De qualquer maneira, o ego permanece dependente do id, pois é do id que ele retira a libido necessária à sua própria manutenção. Ameaçado pela tirania do superego, o ego procura cada vez mais se apoderar de partes do id e, dessa maneira, se fortalecer e se ampliar. *Wo Es war, soll Ich werden*, é a frase famosa e enigmática com a qual Freud termina a Conferência XXXI (ESB, vol.XXII, p.102) e que podemos tomar como ponto de partida para a nossa análise da formação do ego.

"WO ES WAR, SOLL ICH WERDEN"[1]

A frase de Freud soa como um oráculo. E foi como um dito oracular que ela foi lida por Lacan. James Strachey, na *Standard Edition*, fez uma tradução que no entender de Lacan desvirtuou seu sentido. "Where the id was, there the ego shall be" não é sequer uma tradução literal da máxima freudiana. Em primeiro lugar, porque Freud não diz "*das* Es" ou "*das* ich", o que justificaria o emprego em inglês ou em português do artigo (*the* ego, *the* id ou *o* ego, *o* id). Freud não afirma: "wo *das* Es war soll *das* Ich werden", mas omite intencionalmente o artigo eliminando dessa maneira o caráter substantivo que "Es" e "Ich" poderiam ter na frase.

É bom nos protegermos aqui contra interpretações do tipo: "o que Freud verdadeiramente queria dizer". Lacan não se oferece como o portador de uma chave oculta que permitiria o desvelamento da verdade freudiana aos olhares dos iniciados. Trata-se justamente do contrário. Lacan lê Freud. Sabemos o quanto essa leitura não é literal, mas sabemos igualmente do respeito que o mestre da Escola Freudiana de Paris tem pelos textos freudianos. Se Freud não empregou "das Es" e "das Ich", tal fato não foi certamente devido a uma economia expositiva ou a um descuido, pois ele era extremamente cuidadoso em seus escritos. Essa é a razão pela qual, em seu artigo *A coisa freudiana* (1971b), Lacan se propõe a fazer uma análise da frase oracular contida na Conferência XXXI, que, para além de qualquer pedantismo, se propõe a recuperar se não o sentido verdadeiro e último que ela encerra, pelo menos o caminho correto de sua interpretação.

Dessa forma, a frase nos surge como uma máxima análoga ao imperativo moral de Kant. Não é de substâncias que Freud está falando. Não se trata de transformação ou substituição de uma substância (o id) por outra (o ego). Aquilo de que Freud nos fala é de *diferentes sujeitos* e do modo de ser da subjetividade; mais do que uma descrição tópica, Freud assinala com ela uma exigência: a exigência da verdade. Essa verdade é desconhecida pelo Eu, sujeito do enunciado que ao mesmo tempo que enuncia se renuncia. Tal como no exemplo do escravo-mensageiro que trazia sob sua cabeleira o decreto que o condenava à morte, gravado em seu couro cabeludo

---

1 "Ali onde se estava, ali como sujeito devo vir a ser."

enquanto dormia, cujo texto ele desconhecia, assim também o eu desconhece os desejos do sujeito.

Mas "o que quer dizer 'Eu'?", pergunta Lacan (1979a, p.192), "será a mesma coisa que o *ego*, conceito psicanalítico?"

O ego psicanalítico nada tem a ver com o eu da psicologia clássica. Não designa a unidade do sujeito nem tampouco se identifica com o lugar cartesiano da verdade. O que Lacan faz, a partir dos textos de Freud, é deslocar o eu do lugar central que ele ocupava na filosofia clássica. Quando Descartes, exercendo a dúvida metódica, chega ao *Cogito ergo sum* (que na verdade é "Je pense donc je suis"), ele identifica o sujeito e o eu, ele torna coextensivos o sujeito do enunciado, o sujeito da enunciação e o eu. Desse momento em diante, o saber ocidental afirmou esse eu como a nova morada da verdade. Esta não habita mais o céu platônico (pelo menos declaradamente), mas a interioridade do eu concebido como sujeito único da verdade. Sabemos o quanto na fórmula cartesiana "Je pense donc je suis" o "donc" não é indicativo de uma dedução. O *cogito* não é uma fórmula silogística, mas uma intuição na qual o fundamental é o sujeito. O "penso" não necessita de mediação, ele é direta e imediatamente dado no próprio ato de pensar. Sem entrarmos aqui na discussão sobre a natureza reflexiva (e portanto secundária) do *cogito* cartesiano, o que nos interessa reter é a identificação que Descartes faz do *cogito* com a consciência e com o sujeito. Já vimos isso anteriormente.

Ora, o que nos dizem Freud e Lacan é que esse sujeito, até então absoluto, é atropelado por um outro sujeito que ele desconhece e que lhe impõe uma fala que é vivida pelo sujeito consciente como estranha, lacunar e sem sentido. O que é indicado por essas formações lacunares é o lugar do Outro (com *O* maiúsculo) onde, segundo Lacan, se situa a cadeia do significante e onde o sujeito aparece. Esse Outro é a ordem inconsciente, ordem simbólica, que se distingue do outro (com *o* minúsculo) que é o semelhante, o outro sujeito. É a partir do Outro entendido como um lugar simbólico, de certa maneira externo ao sujeito, que podemos entender a diferença entre o ego e o eu.

O que é, portanto, esse Outro? Será um outro ego contra o qual se bate o ego consciente? Estaria Freud defendendo a teoria do duplo ego, algo semelhante a uma teoria da dupla personalidade? Seria esse Outro uma espécie de Gênio Maligno cartesiano que impele o ego para o erro? "Qual é, pois, esse Outro a quem sou mais ligado que a mim, visto que, no seio mais consentido de minha identidade a mim mesmo, é ele quem me agita?" (Lacan, 1978, p.255)

Esse Outro não é uma instância mas a ordem simbólica, constituída pela linguagem e composta de elementos significantes formadores do inconsciente. O Outro é ainda a lei do desejo, razão pela qual toda relação a um outro é relação ao Outro, o que significa dizer que ela é regulada pela ordem inconsciente (cf. Clément, 1975).

O ego, ao contrário do que se supunha, não é o lugar da verdade do sujeito, mas imagem que o sujeito tem de si mesmo. Na situação de análise, o ego se manifesta como defesa, o que lhe confere uma função fundamental: a função de desconhecimento. Em sua origem, o ego (*moi*) é anterior ao eu (*je*), e tem seu primeiro esboço constituído no imaginário. O eu, por seu lado,

> é um termo verbal cujo uso é aprendido numa certa referência ao outro, que é uma realidade falada (...) constitui-se inicialmente numa experiência de linguagem, em referência ao tu (...). (Lacan, 1979a, p.193)

O ego se esboça anteriormente à linguagem, no plano da relação imaginária do estado especular. Esse momento é exemplarmente descrito por Lacan em sua teoria do estágio do espelho, que será o item seguinte dessa nossa caminhada em direção ao sujeito.

O ESTÁGIO DO ESPELHO E O IMAGINÁRIO

A primeira formulação da teoria do estágio do espelho foi feita em 1936 por ocasião do Congresso de Marienbad. Essa data é importante porque assinala também a presença de Lacan nos seminários dados por A. Kojève sobre a *Fenomenologia do espírito* de Hegel. Embora possamos discutir a extensão da influência que a leitura dos textos hegelianos provocou em Lacan, o fato de que essa influência se deu é indiscutível. Hegel é uma presença constante nos textos lacanianos e o início dessa presença é, sem dúvida, o trabalho *O estágio do espelho como formador da função do eu*. Esse trabalho é retomado 13 anos mais tarde e apresentado no Congresso Internacional de Psicanálise em Zurique. É o texto da exposição feita em 1949, que encontramos publicado nos *Écrits I* em 1966.

A fase do espelho designa um momento na história do indivíduo que tem início por volta dos seis meses de idade e que termina em torno dos 18 meses, na qual a criança forma uma representação de sua unidade corporal por identificação com a imagem do outro. Esse momento é concretizado de forma exemplar pela experiência que a criança tem ao perceber sua própria imagem num espelho, experiência essa que é fundamental para o indivíduo e na qual Lacan identifica a matriz a partir da qual se formará um primeiro esboço do ego. Essa experiência deve ser entendida, segundo ele, "como uma identificação no sentido pleno que a análise dá a esse termo: a saber, a transformação produzida no sujeito quando esse assume uma imagem (...)" (Lacan, 1971a, p.12). Não devemos, porém, ver na fase do espelho o momento da constituição do sujeito. Essa fase é ainda dominada pelo *imaginário* e o que aí se produz é apenas um ego especular. O sujeito será produzido somente quando da passagem do imaginário ao simbólico, isto é, através da linguagem.

Logo no início do pequeno texto *O estágio do espelho* (...), Lacan faz referência aos trabalhos realizados por W. Köhler sobre psicologia comparada. A criança, antes de completar um ano de idade, é superada por um chimpanzé no que se refere à inteligência instrumental, mas, por sua vez, a criança, ao contrário do animal, é capaz de reconhecer sua imagem num espelho, reconhecimento que é seguido de um estado de euforia (*Aha-Erlebnis*) e de uma série de gestos que são percebidos como redobrados na imagem especular. Não devemos nos iludir quanto à importância dessa referência à psicologia comparada ou mesmo quanto à experiência vivida pelo *infans*. Se elas são apontadas pelo próprio Lacan como um ponto de partida, não devemos nos esquecer de que são apenas o referencial empírico sobre o qual Lacan lança sua topologia psicanalítica. A experiência do espelho, enquanto fato empírico, não é capaz de gerar a conceitualização teórica de Lacan sobre o narcisismo primário. Se essa topologia, que permite a passagem da experiência ao discurso conceitual, não está explícita no texto, isso não significa que ela não exista ou que a experiência por si só seja responsável pela inteligência dos fenômenos psicanalíticos em questão (cf. Vallejo, 1979).

Apesar do nome, o estágio do espelho não se refere necessaria-mente à experiência concreta da criança frente a um espelho. O que ela assinala é um tipo de relação da criança com seu semelhante através da qual ela constitui uma demarcação da totalidade do seu corpo. Essa experiência pode-se dar tanto em face de um espelho como em face de uma outra pessoa. O que o *infans* tem devolvido pelo espelho, pela mãe ou pelo outro é uma *Gestalt* cuja função primeira é ser estruturante do sujeito, mas ainda a nível do Imaginário. A vivência do corpo como despedaçado (*morcelé*), anterior à fase do espelho, cede lugar a uma primeira demarcação de si por um processo de identificação ao outro. Esse si não pode ainda ser considerado como uma subjetividade ou pelo menos não pode ainda ser considerado como uma subjetividade humana; ele estaria mais próximo do "sentimento de si" de que nos fala Hegel ao caracterizar a consciência (*Bewusstsein* e não *Selbstbewusstsein*). Quando muito poderíamos falar aqui numa "subjetividade" animal, ainda não humana.

Esse tipo de relação que caracteriza o imaginário, Lacan o chama de *dual*. O termo expressa a natureza especular da relação que consiste numa oposição imediata entre a consciência e o outro. O que sobretudo é demarcado aqui é a distinção entre o interior e o exterior (entre o *Innenwelt* e o *Umwelt*). Contudo, essa relação, por ser imediata, isto é, por não se fazer pela mediação da linguagem, se esgota nesse jogo especular no qual a primeira consciência se perde ou se aliena. Ao procurar a realidade de si, ela encontra apenas a imagem do outro com a qual se identifica e na qual se aliena. O outro, no caso, é a Mãe. Volto a lembrar que estamos tratando aqui com uma concepção topológica, onde o termo "Mãe" designa não uma pessoa concreta, mas um lugar (o *a* minúsculo do esquema lacaniano). Vejamos mais detalhadamente a natureza desse lugar.

Quando dizemos que a fase dual que caracteriza o imaginário é anterior ao acesso ao simbólico por parte do *infans*, isso não quer dizer que o simbólico esteja ausente. Apesar de a criança não ter ainda acesso à sua própria fala, ela é falada pelos outros, ela já surge num lugar marcado simbolicamente. Ela mesma não dispõe ainda de uma função simbólica própria, no entanto é, desde o seu nascimento e mesmo antes dele, "simbolizada" pelos outros. O imaginário não é, pois, autônomo em relação ao simbólico, mas um momento subordinado à Ordem Simbólica. Dos três registros a que Lacan se refere — o imaginário, o real e o simbólico —, este último é o que deve ser tomado como determinante. O real não deve ser entendido aqui como o equivalente ao lado externo ou à coisa em si de Kant; o real é o barrado, o impossível de ser definido, o que não é passível de simbolização, mas que só é apreendido por intermédio do simbólico. É a *pulsão* freudiana. O simbólico, por sua vez, é a Ordem, a Lei, o que distingue o homem do animal e funda o Inconsciente. A Ordem Simbólica é a ordem humana, é transindividual na medida em que precede o sujeito e é a condição de sua constituição como sujeito humano. É no interior do Simbólico, e por intermédio dele, que o imaginário pode constituir-se.

No texto *Questão preliminar a todo tratamento possível da psicose*, referente aos seminários do ano de 1955-56, Lacan (1971a) apresenta um esquema que nos permite compreender a distinção entre o imaginário, o simbólico e o real. Na sua forma mais simplificada, o esquema representa a estrutura do sujeito numa figura em Z da seguinte forma:

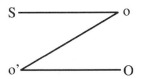

Onde: *S* é o sujeito; *O* é o Outro, a ordem simbólica, lugar do Pai; *o* representa os objetos do sujeito, originalmente, a Mãe; *o'* é a imagem que o sujeito tem de si mesmo, lugar do Ego. A relação imaginária seria representada pela linha que une *o* a *o'*.

Mesmo sem procedermos a um desdobramento detalhado das possibilidades oferecidas pelo esquema, podemos ver o quanto o *imaginário* da psicologia não se confunde com o *imaginário* lacaniano. Se tomarmos como referencial a psicologia clássica, encontraremos o imaginário sendo concebido como um produto da faculdade de imaginação, a qual, ao contrário da percepção, não se restringe a reproduzir o mundo externo, mas implica uma atividade criadora que se exerce ao nível da fantasia. Dito de outra maneira: enquanto a percepção reproduz o exterior, a imaginação reproduz o interior, o próprio eu. Sob esse aspecto, podemos até admitir uma semelhança entre o imaginário da psicologia e o imaginário psicanalítico. Ambos são marcados por essa função irrealizante produtora de fantasias e tendo como referencial privilegiado o sujeito. As diferenças entre ambas as concepções são, porém, mais importantes e decisivas do que as semelhanças. A começar pelo fato de que a psicologia considera o imaginário como o correlato de uma faculdade pertencente a um sujeito já constituído, enquanto para a psicanálise o imaginário não define uma faculdade nem tampouco supõe um sujeito prévio.

O imaginário para Lacan não é um produto da imaginação, nem pertence a um sujeito já existente, mas designa "um dos três registros essenciais do campo psicanalítico" (cf. Laplanche e Pontalis, 1970). É, pois, um conceito pertencente ao "campo psicanalítico" e não uma categoria retirada da psicologia. Vejamos o que isso significa.

Pertinência ao *campo psicanalítico* e não ao *indivíduo*.[2] O imaginário, assim como os outros dois registros, não é uma característica ou uma propriedade do indivíduo, mas sim algo que pertence à teoria psicanalítica e que se refere à *tópica* do desejo. O campo psicanalítico é o campo do circuito do desejo humano e é esse campo que a teoria psicanalítica cinde em três registros: o do real, o do simbólico e o do imaginário. A cada um desses registros corresponde uma *ordem* de distribuição do desejo. Assim sendo, ele não se refere a uma fase biológica do desenvolvimento, mas a um tipo de relação que se pode dar tanto entre os seis e os 18 meses, como em qualquer outra idade. O imaginário não é um momento que, ao ser superado pelo simbólico, desapareça. Paralelamente ao registro do simbólico, o imaginário permanecerá sendo essencial no jogo do desejo humano.

Já vimos que para Lacan esse registro é caracterizado por uma relação à imagem do outro. Essa relação à imagem do semelhante é considerada por ele "como uma identificação", no sentido psicanalítico do termo. O que resulta, pois, dessa identificação é um eu especular (*moi* e não *je*) que corresponde ao narcisismo primário. O narcisismo não é, portanto, estritamente falando, uma relação com o si mesmo senão através de um outro com o qual o indivíduo se identifica e no qual se aliena. A identificação é a assunção de uma imagem que, ao mesmo tempo que se constitui um esboço de eu (*moi*), marca também a perda de si mesmo, a primeira de uma série de alienações: ao procurar a si mesmo, o que o indivíduo encontra é a imagem do outro. O caráter *dual* dessa relação não diz respeito, portanto, a uma dualidade de indivíduos ou de sujeitos que, exteriores um ao outro, mantenham uma determinada relação. O *infans* não dispõe ainda de uma individualidade psíquica, de uma subjetividade no sentido estrito do termo, o que torna problemático falarmos em "intersubjetividade" ao nos referirmos à fase do espelho. O que caracteriza esse modo dual de relação é, acima de tudo, a indistinção entre o si e o outro, e, se alguma individualidade surge nesse momento, ela é muito mais uma demarcação do próprio corpo do que uma individualidade em termos de sujeito. Esse corpo, é bom que nos lembremos, também não é um corpo biológico, natural, suporte do desejo, mas, ao contrário, um corpo imaginário, formado pelas inscrições maternas. Ser o desejo do desejo do outro é o que caracteriza a criança nesse início de vida.

---

2 Para o que se segue, ver Vallejo, 1979.

É através da linguagem que a criança ingressa na Cultura, na ordem das trocas simbólicas, rompendo o tipo de relação dual que mantinha com a mãe. Esse momento corresponde também à entrada do pai em cena e consequentemente à formação da família: é o momento do Édipo.

O FENÔMENO EDÍPICO

O que o momento do Édipo demarca é, por um lado, uma *passagem* — a do Imaginário ao Simbólico — e por outro lado, uma divisão, uma *clivagem* da subjetividade em dois grandes sistemas — o Inconsciente e o Pré-consciente/Consciente. A concepção da passagem do imaginário ao simbólico como correlativo da constituição do Inconsciente pertence também a J. Lacan.

Em termos antropológicos, a passagem da Natureza à Cultura é marcada pelo *interdito*. Enquanto o natural é aquilo que é constante e universal em todos os homens, o cultural é caracterizado pela regra, pela norma, e pertence ao domínio dos costumes, das técnicas e das instituições (cf. Lévi-Strauss, 1949, p.9). Há, no entanto, um tipo de interdito que, segundo Lévi-Strauss, possui a universalidade do que é natural, mas que enquanto regra é estritamente social: é a *proibição do incesto*. Por essa característica, ela é vista não somente como uma espécie de síntese da natureza e da cultura, mas também como o lugar da passagem de uma a outra. A razão do privilégio concedido a um interdito que incide sobre o sexual é apontada por Lévi-Strauss como sendo a de que, entre todos os instintos que fazem parte do homem, o instinto sexual é o único que implica um parceiro para se completar. Sem entrarmos na discussão do valor do argumento, o fato é que não houve, até hoje, nenhuma sociedade conhecida na qual não houvesse regras de regulamentação das relações entre os sexos (op.cit., p.28). O que a natureza nos diz é que os filhos somente podem ser produto da relação entre pais de sexos opostos, mas não estabelece nenhuma lei quanto a quem serão os pais ou que eles devam estabelecer uma aliança. Uma coisa é, portanto, o fato natural da consanguinidade; outra coisa é o fato cultural da aliança. A proibição do incesto vai articular esses dois fatos: o que é interdito é fazer coincidir a relação de consanguinidade com a relação de aliança.

Para muitos autores, o Édipo, enquanto drama individual, ganharia sua inteligibilidade com a simples transposição da concepção antropológica da interdição do incesto para o plano psicanalítico. Assim sendo, o complexo de Édipo nada mais seria do que a inscrição a nível do indivíduo daquilo que é constituinte do social. Ocorre, porém, que os dois interditos não são idênticos. Enquanto a interdição do incesto é uma regra que diz respeito às alianças e às trocas no interior do grupo social, o completo de Édipo diz respeito ao *desejo*. O que a regra exogâmica impõe é uma restrição a que se estabeleçam alianças no interior da família biológica; seu objetivo é garantir a sobrevivência do grupo. Tomemos aqui um texto de *As estruturas elementares do parentesco*:

> Quer nos encontremos no caso técnico do chamado casamento "de troca" ou em presença de qualquer outro sistema matrimonial, o fenômeno fundamental que resulta da proibição do incesto é o mesmo: é que a partir do momento em que me proíbo o uso de uma mulher, que se torna assim disponível para outro homem, há, em qualquer parte, um homem que renuncia a uma mulher, que se torna, por esse fato, disponível para mim. O conteúdo da proibição do incesto não se esgota na proibição: ela não é instaurada *senão para garantir e fundar*, direta ou indiretamente, imediata ou imediatamente, *uma troca*. (Op.cit., p.64)

É muito claro que a regra exogâmica da qual a proibição do incesto é o registro individual é uma regra que diz respeito aos fenômenos de reciprocidade e de troca. Uma coisa, porém, é a mulher entendida como *objeto de troca* e outra coisa é a mulher entendida como *objeto de desejo*.

Quando salientei acima que o Complexo de Édipo e a Interdição do Incesto não se identificam, não o fiz com o sentido de negar qualquer relação entre ambos, mas sim com o sentido de evitar que se proceda a uma redução da explicação psicanalítica do Édipo à explicação antropológica das relações de parentesco. Ambos dizem respeito às relações de sexo, mas, enquanto a antropologia pensa essas relações segundo regras de aliança matrimonial, a psicanálise pensa a sexualidade enquanto desejo. Por mais que aproximemos as duas concepções, fica o desejo como o diferencial entre ambas.

Não há, nos textos freudianos, uma concepção unitária do Édipo, sendo que a própria expressão "Complexo de Édipo" aparece apenas em 1910, 13 anos depois de Freud ter comunicado a Fliess o resultado de sua autoanálise e portanto seu próprio drama edipiano. No entanto, podemos discriminar para efeito dessa exposição dois aspectos importantes da teoria freudiana: um, que diz respeito à localização do

Édipo no sujeito ou fora dele; outro, que diz respeito à importância concedida ao período pré-edipiano.

Em relação à primeira questão, o ponto principal está em considerarmos o Édipo como algo do qual o sujeito é portador ou de o considerarmos como algo externo ao sujeito e que o determina. As duas concepções podem ser encontradas nos textos freudianos e representam diferentes maneiras de se pensar a questão.

Se tomarmos como exemplo o texto das *Cinco lições de psicanálise* (Freud, ESB, vol.XI), encontraremos o autor às voltas com uma concepção do Édipo ainda demasiadamente centrada no sujeito, apesar do caráter de interdependência dinâmica que ela implica. Poderíamos dizer que o Édipo é aqui pensado como uma estrutura, mas que essa estrutura não é vista ainda como uma estrutura estruturante senão aproximadamente. Freud refere-o à escolha de objeto feita pela criança. Inicialmente a criança toma ambos os pais ou preferencialmente a mãe como objeto de seus desejos eróticos. Essa relação erótica é feita de amor e de ódio: amor à mãe e ódio ao pai. Apesar de Freud fazer uma referência explícita ao mito de Édipo e de apontá-lo como uma expressão desse desejo infantil, ele ainda não emprega o termo "complexo de Édipo", mas sim o termo "complexo nuclear". É num artigo publicado pouco tempo depois de ter ele proferido as *Cinco lições* na Clark University, que Freud vai empregar pela primeira vez o termo *Complexo de Édipo* (op.cit., p.154). O fundamental a se destacar nessa concepção inicial é que o Complexo de Édipo é visto como um conjunto ou uma estrutura ideativa que vai sinalizar a conduta da criança como, por exemplo, nas suas futuras escolhas de objeto. Ela não é uma lei, mas sim um complexo ideativo (e aqui o termo "complexo" é perfeitamente adequado). Esse é o ponto em relação ao qual podemos distinguir as duas concepções acima mencionadas. Uma coisa é pensarmos o Édipo como um conjunto ou um complexo de ideias que, uma vez recalcadas, passa a funcionar, ao mesmo tempo, como "complexo nuclear" de cada neurose e orientador da vida mental em geral; outra coisa é pensarmos o Édipo como uma "estrutura estruturante" (o termo não é de Freud) externa ao sujeito e que o determina enquanto tal. Uma coisa, pois, é o Édipo como *complexo*; outra coisa é o Édipo como *lei*. É no estabelecimento dessa diferença que a contribuição de Lacan é decisiva.

A segunda questão a que fiz referência acima diz respeito à importância concedida ao período pré-edipiano. É somente muito tardiamente que essa questão vai delinear-se de maneira mais clara para Freud. Sem dúvida, ele sempre admitiu a existência de um período anterior ao Édipo, mas é a partir de seu estudo sobre a sexualidade feminina, que se completa com o artigo de 1931 (Freud, ESB, vol.XXI), que o problema toma contornos mais precisos. O que a análise da sexualidade feminina revelou a Freud foi, em linhas gerais, o seguinte: o primeiro objeto amoroso tanto do menino como da menina foi a mãe. Para o menino esse objeto continua sendo o mesmo, tornando-se o pai seu rival e, por consequência, objeto de hostilidade (essa é chamada "forma positiva" do Complexo de Édipo, segundo Freud). Para a menina, no entanto, a situação é bem diferente, pois ela tem de proceder a uma mudança de objeto: a substituição da mãe pelo pai. Dois fatos chamaram a atenção de Freud com relação a essa mudança nas meninas. O primeiro foi o da riqueza e complexidade da relação primária com a mãe; o segundo foi o da duração dessa fase que, com frequência, se prolongava até os quatro ou cinco anos de idade. Esse período pré-edipiano, caracterizado por uma relação dual da criança com a mãe, conduz Lacan a conceber o Édipo como um processo que se desenvolve em três tempos: o primeiro, consistindo precisamente nessa relação dual criança-mãe; o segundo, sendo caracterizado pela entrada do pai em cena e pelo acesso ao simbólico; e o terceiro, que é marcado pela identificação com o pai e o início do declínio do Édipo.

O primeiro momento do Édipo, segundo Lacan, seria ainda o do imaginário. Apesar de o imaginário estar submetido ao simbólico, não há ainda, por parte da criança, um acesso direto a ele. Já vimos de que maneira o *infans* mantém uma relação dual especular com a mãe, tornando-se o desejo do desejo da mãe. A ausência de uma subjetividade, no sentido de uma individualidade psíquica, é indicada claramente pelo fato de a criança, ao se referir a si própria nessa fase, usar o verbo na terceira pessoa. Ela não diz: "Eu quero água", mas: "Neném quer água", ou então se refere a si mesma pelo nome: "Pedro quer água." Um outro comportamento característico dessa fase é o da identificação com o outro: ela bate e diz que o outro bateu nela. Essa identificação alienante termina somente quando a relação dual é substituída por um tipo de relação triádica, isto é, com a entrada do pai em cena, marcando uma distância entre a criança e seu duplo.

Nunca é demais recordarmos que a entrada do pai em cena não diz respeito à presença do pai singular no cenário familiar. Evidentemente esse "pai" biológico já fez seu aparecimento há muito tempo, auxiliando inclusive no cumprimento de funções vitais para a criança.

Mas, de fato, o pai que carrega, que alimenta, que protege e que acaricia o filho, não é visto por este como algo distinto da mãe e, portanto, como algo distinto da própria criança. Tal como a mãe, o pai, nessa fase dual da relação da criança com o mundo, funciona como um espelho. A questão que se pode levantar é a seguinte: se esse momento é dominado pela relação dual criança-mãe, sendo o pai apenas uma cópia ou simulacro da mãe, por que Lacan o considera o primeiro momento do Édipo? A resposta está no que Lacan chama de ternário imaginário.

Nesse momento não temos a criança, a mãe e o pai; mas a criança, a mãe e o falo. Na verdade, não se trata de três elementos, mas de dois — a criança e mãe —, e da relação entre ambos que é marcada pela falta. Façamos um parêntese para tentar um esclarecimento sobre a questão do *falo* dentro da teoria lacaniana.

Nas sociedades patriarcais do Ocidente, o falo foi transformado em símbolo de poder e de completude. Entendamos bem: o fato de cada homem singular possuir um pênis não faz dele o possuidor do falo. Este é de ordem simbólica, não redutível ao órgão sexual masculino considerado na sua singularidade concreta. Ninguém é possuidor do falo. Já vimos como Freud concebe o ser humano como sendo marcado por uma incompletude fundamental que o lança numa procura infindável. O símbolo dessa falta e, portanto, do preenchimento do vazio que ela produz é o falo. Ele é aquilo que a nível simbólico vem preencher o vazio e organizar as relações entre os sexos.

É dessa concepção do ser humano como um ser incompleto que nos fala Freud ao nos apresentar sua teoria do Complexo de Castração. O complexo de castração — masculino e feminino — é o efeito dessa eleição do pênis como órgão cuja função simbólica é o preenchimento da falta. De fato, a criança pequena acredita que todo adulto possui um pênis, até que descobre que sua irmã e sua mãe não o possuem. Essa descoberta faz com que ela as veja como castradas, já que o pênis é considerado como essencial; e, mais ainda, essa castração passa a pesar sobre a própria criança como uma ameaça e o agente dessa ameaça é o pai. É essa representação imaginária da falta que vai ser completada com o falo imaginário. O falo vem a ser, pois, qualquer coisa que preencha essa falta a nível do imaginário.

Para que este parêntese ficasse um pouco menos incompleto, teríamos ainda de distinguir entre o falo tal como é vivido subjetivamente e o falo como significante articulador da teoria do Édipo (cf.

Bleichmar, 1980). Quando Lacan nos diz que o falo na teoria psi-canalítica não é representável, ele está se referindo ao papel desempenhado por este significante na estrutura edípica, isto é, como um conceito teórico, e não ao falo vivido subjetivamente, o qual pode ser identificado com uma parte do corpo, com um objeto externo ou com uma outra pessoa. Uma coisa é, pois, o falo como conceito teórico e outra coisa é o "falo-representação". Feito o parêntese, voltemos à questão do Édipo.

Nesse primeiro momento do Édipo, a criança é, pois, o falo, isto é, o desejo do desejo da mãe; ela se identifica com a mãe identificando-se com o objeto do seu desejo. É nesse sentido que a criança não pode ainda ser vista como um sujeito, mas como falta, ou, melhor ainda, como o complemento da falta da mãe. Esse é ainda o momento da perfeição narcísica que vai ser superado somente com o advento do simbólico. Mas, se o simbólico ainda está por vir, nem por isso ele está excluído do imaginário. De fato, ele já está presente desde o início através do discurso da mãe e dos adultos que cercam a criança. Se esta não é ainda possuidora da linguagem, se ainda não fala, é, porém, "falada" pelos outros. As próprias necessidades do *infans* são por ele captadas e ganham sentido através do discurso da mãe, que nos seus cuidados maternos lhe diz: "neném está chorando", "neném quer mamar?", "mamãe está aqui" etc. É portanto a mãe que lhe oferece o código no interior do qual suas necessidades vão ser estruturadas e receber um sentido. Estritamente falando, o código é constituinte dessas próprias necessidades. É a esse lugar do código, da linguagem (que o *infans* ainda não possui), que Lacan denomina o *Outro* (com *O* maiúsculo, para diferenciar de o outro com *o* minúsculo, que designa o semelhante). Assim sendo, o imaginário está desde o início submetido ao simbólico e não apenas a partir do momento de aquisição da linguagem pela criança.

O segundo momento do Édipo é marcado pelo advento do simbólico e pela intervenção do pai como privador tanto da criança como da mãe. Vejamos como ele se desenvolve.

O pai desse segundo momento é o pai descrito por Freud em *Totem e tabu*, esse pai violento e ciumento que guarda todas as fêmeas para si próprio e expulsa os filhos à medida que crescem (ESB, vol.XIII, p.169). Tal como no mito da horda primordial, o pai desse segundo momento do Édipo é o "pai terrível", o "pai interditor" de que nos fala Lacan em *As formações do inconsciente*. Ele é duplamente privador: priva a criança do objeto do seu desejo e priva a mãe do objeto fálico (Lacan, 1958, p.89). É essa dupla privação que vai permitir à criança superar o momento de perfeição narcisista anterior e ter acesso à Lei do Pai. No entanto, esse pai não é ainda inteiramente revelado, seu aparecimento se faz através do discurso da mãe, que o reconhece como homem e como representante da Lei. É mediado pelo discurso da mãe que o pai exerce sua dupla proibição: 1) ao filho: "Não dormirás com tua mãe"; 2) à mãe: "Não reintegrarás o teu produto" (ibid.). É a essa função paterna que Lacan denomina "Nome do Pai" ou "metáfora paterna".

Esse movimento em direção ao Nome do Pai é correlativo do recalque originário. De fato, pelo acesso à linguagem a criança é capaz de produzir um afastamento com relação à sua própria vivência, substituindo o registro de ser (ser o falo) pelo registro do ter (ter um desejo não mais onipotente, mas limitado). A castração exercida pelo pai é o recalque desse desejo de união com a mãe. Com a linguagem, o desejo é nomeado, isto é, em seu lugar surge o símbolo; e, ao realizar a função de simbolizar o desejo, o Nome do Pai produz ao mesmo tempo a clivagem da subjetividade infantil em Consciente e Inconsciente. A castração (simbólica) incide, pois, sobre um objeto imaginário, o falo. A criança deixa de ser o falo e a mãe deixa de ser a lei.

Por esse movimento, o pai passa a ser para a criança o falo. Tal como a mãe do primeiro momento do Édipo, o pai não é visto aqui como representante da lei, mas como a própria lei, como aquele que interdita e desloca o desejo da mãe. Dito de outra maneira: o pai é vivido pela criança como uma pessoa singular, como um outro (e não como o Outro) e, portanto, sendo representado pela criança ao nível do imaginário. Essa seria a diferença entre o "pai imaginário" desse segundo momento e o "pai simbólico" do terceiro tempo do Édipo.

O segundo tempo do Édipo, transitório por excelência, é o que vai permitir a passagem do imaginário ao simbólico. Ao ser mediado pelo discurso da mãe e portanto reconhecido e aceito por ela como homem e como representante da lei, o pai passa a ser aquele que limita o poder da mãe, produzindo a disjunção mãe-fálica/criança-falo. É somente através dessa castração simbólica que a criança pode constituir-se como um Eu. E já estamos no terceiro momento do Édipo.

Nele, o pai deixa de ser a lei e passa a ser o representante dela. A castração não é portanto apenas dupla (da criança e da mãe) mas também do pai. Ninguém é mais o falo, assim como também ninguém é mais a Lei. Tanto um como outro estão para além de qualquer pessoa singular.

O que ocorre nesse momento é a substituição da identificação da criança com o *eu ideal* para uma identificação com o *ideal do eu* (cf. Bleichmar, 1980, p.85). O eu ideal, enquanto imagem de perfeição narcísica, identificava-se com o falo, isto é, com a imagem que a criança fazia de si mesma. Ao ser produzida a disjunção criança-falo, o pai passa a encarnar o ideal de perfeição. Mais precisamente: o pai passa a ser o representante desse ideal com o qual a criança passa a se identificar. A identificação da criança não é, pois, uma identificação com o pai, mas com o que o pai representa, com o pai enquanto uma "constelação de insígnias", como diz Lacan (ibid.). Usando a terminologia da segunda tópica freudiana, podemos dizer que a criança se identifica com o superego do pai, sendo o superego da criança o efeito dessa identificação com o ideal do eu.

É essa interiorização da lei que possibilita à criança constituir-se como *sujeito*. É o momento em que a criança, ao ser separada da mãe pelo interdito paterno, toma consciência de si mesma como uma entidade distinta e como sujeito e é introduzida na ordem da Cultura. Esse é também o momento inaugural da família simbólica.

Em relação ao que foi dito anteriormente sobre o papel da linguagem nessa passagem, faz-se necessário um esclarecimento. Afirmei repetidas vezes que o fenômeno edípico se dava em função da aquisição da linguagem por parte da criança. A afirmação continua verdadeira, contanto que precisemos melhor o seu alcance. De fato, a aquisição da linguagem é anterior a esse terceiro momento do Édipo. Quando o pai surge como figura interditora e castradora, a criança já dispõe há algum tempo da linguagem, e isso não apenas no sentido de que ela já dispõe de algumas palavras que funcionam como sinais das coisas, mas no sentido de que ela já é capaz de uma comunicação linguística bastante complexa. Logo, apontar o complexo de Édipo como o produtor do recalque originário e, portanto, instaurador da linguagem, é algo que parece contraditório.

É em relação a essa questão que se faz necessária a distinção (já apontada anteriormente) entre o Édipo entendido como *complexo*, isto é, como algo que diz respeito à história singular de um indivíduo, e o Édipo entendido como uma estrutura que ultrapassa qualquer indivíduo singular e à qual esse indivíduo é submetido.

O que é correlativo do aparecimento da linguagem é o recalque originário, que corresponde, segundo Lacan, não ao Complexo de

Édipo tal como foi pensado inicialmente por Freud, mas ao primeiro momento do Édipo tal como descrevemos acima. Por outro lado, é através da linguagem que a resolução do Édipo vai se dar. Dito de outra maneira: o Édipo entendido como passagem ao simbólico é um processo que se desenvolve em três tempos e que tem seu início e seu fim em momentos não datáveis da vida de uma criança. É uma estrutura-estruturante e não um estágio da psicologia infantil. Muito antes da aquisição da linguagem, a criança já é capaz de constituir oposições significantes (como no exemplo do *Fort-Da*) que vão produzir o recalque originário. Por outro lado, é através da linguagem já aprendida que a criança constituirá, no interior dessa estrutura, sua subjetividade própria. É a linguagem que veicula a herança ancestral possibilitando à criança romper com o estado de natureza e ingressar na ordem simbólica da família, estabelecer seus limites e a natureza de suas articulações.

Se o Ego é o efeito da dialética das diversas identificações da criança — primeiro com as imagos exteriores e finalmente com o superego paterno —, ele é, ao mesmo tempo, o lugar do ocultamento desse drama vivido pelo sujeito em seu caminho em direção à Cultura. Essa é a razão pela qual dissemos que Sujeito e Ego não se identificam, ou melhor, que a questão do ego não se identifica com a questão do sujeito. A própria impossibilidade de se fazer coincidir o sujeito do ego com o sujeito do inconsciente já é um indicador dessa diferença. Se podemos falar de um ego inicial, esse ego tem muito pouco que ver com o eu (*je*), que surge a partir do ingresso no simbólico, e menos ainda com o sujeito do desejo. Esse primeiro esboço do ego (*moi*), característico do imaginário, é quando muito um ego corporal, reflexo especular do desejo da mãe. É um ego *sujeitado* e não sujeito. Nesse momento há apenas um sujeito: a mãe; o infante é, rigorosamente falando, objeto e não sujeito; objeto do desejo da mãe. Como já foi dito anteriormente, o *infans* é capaz de um "sentimento de si", sendo que este "si" não remete a um eu ou a um sujeito já constituídos, mas apenas indica a diferença que a criança começa a operar entre um "interior" e um "exterior".

Com o aparecimento do pai funcionando como interditor e produzindo a disjunção criança-mãe, cria-se a condição necessária à experiência da criança por si mesma como uma entidade separada e, portanto, à representação de si mesma como um eu.

Surgido do encontro com a palavra, o eu passa a ser, através da própria palavra, o lugar da não vivência, lugar da mentira, lugar do ocultamento e, portanto, lugar da morte do sujeito. Se pela palavra sou capaz de superar o desejo de morte que tenho para com o outro, pela palavra produzo minha própria morte. Contradição insuperável da condição humana: se a palavra é o que garante a sobrevivência do social, ela é por isso mesma a produtora da morte de cada sujeito. Dito de outra maneira: é o sujeito do ego — sujeito do enunciado — produzindo a morte do sujeito do inconsciente — sujeito da enunciação — pela palavra. Pela palavra eu me encontro (como sujeito do enunciado); nela me perco (como sujeito da enunciação).

PSICANÁLISE E SUBJETIVIDADE

Pensar a subjetividade do ponto de vista psicanalítico implica o esclarecimento de certos limites teóricos no interior dos quais a questão possui uma inteligibilidade própria. Se esses limites não forem respeitados, a questão deixa de ter sentido ou, pelo menos, deixa de ter sentido para a psicanálise.

Podemos dizer que esse limite é determinado pelo Édipo (entendido aqui como conceito estrutural e não como acontecimento individual). Ele é o estruturador fundamental, o "determinante em última instância" do fato psicanalítico, de tal modo que podemos dizer que os domínios da psicanálise se estendem até os limites de validade do Édipo. Assim sendo, a questão da subjetividade ganha sentido apenas enquanto referenciada ao Édipo ou, se quisermos, ao inconsciente. É esse referencial que impede que essa questão receba um tratamento semelhante — ou que se coloque em franca continuidade — ao que lhe é dado pela psicologia ou pela filosofia.

Só há psicanálise, e portanto só há fato psicanalítico, a partir da clivagem da subjetividade em dois grandes sistemas, clivagem essa que foi produzida pelo próprio discurso psicanalítico. Essa é a razão pela qual o capítulo VII da *Traumdeutung* é apontado como o momento inaugural da psicanálise, sendo os trabalhos anteriores a esse momento considerados como psicanalíticos apenas recorrentemente.

Analogamente, podemos dizer que no plano individual, antes de se constituir o inconsciente, isto é, antes da clivagem da subjetividade produzida pelo recalque, o termo "subjetividade" só pode ser aplicado com restrições. Sem dúvida alguma, antes dessa clivagem o psiquismo infantil é dotado de representações que têm sua fonte na pulsão, mas essa subjetividade só ganha realidade psicanalítica retroativamente, isto é, a partir da entrada da criança no simbólico. Não foi sem razão que Freud, ao falar do recalque originário, referiu-se a ele como significativo apenas em função de uma retroatividade causal. O caso do Homem dos Lobos é exemplar a esse respeito. A *fixação* ou *inscrição* não possui em si mesma nenhum caráter traumático; este só se dá retroativamente em função da entrada no simbólico. O fato de Freud se referir ao recalcamento propriamente dito como sendo um recalcamento *posterior* (*Nachdrängen*) é bastante significativo. Isso quer dizer, por exemplo, que a cena primária só é cena primária se referida ao Édipo. Em si mesma, não só não é primária como sequer é uma cena.

Poderia parecer, então, que a importância concedida por Lacan ao imaginário, concebido como um momento anterior à instalação do complexo de Édipo, seria um contrassenso. Tal, porém, não ocorre por uma dupla razão: primeiro, porque Lacan distingue o Édipo como princípio estrutural do Édipo como complexo; segundo, porque ele subordina o imaginário ao simbólico. Se, do ponto de vista do desenvolvimento individual, o imaginário e o simbólico são sequenciais, em termos lógicos o simbólico é primeiro. É referido ao simbólico que o imaginário possui inteligibilidade psicanalítica.

O que caracteriza a abordagem lacaniana é exatamente essa disjunção entre o que pertence ao domínio do imaginário e o que pertence ao domínio do simbólico, distinção essa que é correlativa da distinção ou disjunção entre o *eu* em sua dimensão imaginária e o *sujeito* como termo simbólico. Embora essa questão já tenha sido tratada em capítulos anteriores, creio que sua retomada aqui não será excessiva.

Nem sempre, quando fazemos a distinção entre o imaginário e o simbólico, assinalamos suficientemente a dupla vertente do simbólico: a da *palavra* e a da *linguagem*.[3] A palavra, como já vimos, é o que vai permitir ao indivíduo superar (no sentido hegeliano do termo) a disputa mortal que caracteriza a relação dual imaginária. É a palavra, como mediadora, o que vai possibilitar o reconhecimento do outro e a superação do simples desejo de sua destruição. É também pela palavra que o psicanalista intervém sobre o sintoma (e nisso reside o essencial

---

3 Sirvo-me, para o que se segue, das conferências pronunciadas por Jacques-Alain Miller sobre Lacan na Universidade Central de Venezuela, em 1979, das quais possuo apenas a transcrição das gravações.

da prática psicanalítica). O sintoma é aquilo que está no lugar da palavra; ele é uma falha no mecanismo de simbolização e, como tal, é o responsável pela descontinuidade na história do sujeito. A função do psicanalista é restaurar ou instaurar essa continuidade através da interpretação. Interpretar um sintoma é preencher um vazio. De novo recorremos aqui à velha mas ainda não desgastada imagem agostiniana: a da presença de uma ausência. O sintoma, como presença, assinala a ausência da palavra. Será, portanto, pela palavra que sua cura poderá ocorrer. A interpretação tem por objetivo fornecer uma *significação retroativa* a uma experiência que permaneceu opaca para o sujeito, produzindo-se, em decorrência desse preenchimento, a cura.

A linguagem, como a outra vertente do simbólico, é o que vai se colocar numa relação de exterioridade em relação ao sujeito, isto é, como um conjunto estrutural independente do indivíduo que fala. Essa exterioridade da estrutura em relação ao sujeito foi o que Lacan chamou de *o Outro*. Ela é constituinte da ordem do inconsciente.

Se em termos da criança podemos traçar uma gênese da fala — a isso se dedica a psicologia do desenvolvimento —, o mesmo não acontece com a ordem simbólica. Ela não tem origem; a criança está, desde o seu nascimento, imersa na linguagem e submetida à estrutura do simbólico. É esse grande Outro, concebido como um sistema de elementos significantes, o que permite ao indivíduo falar ao *outro* (seu semelhante). É a "outra cena" à qual se refere Fechner ao falar do sonho, lugar do desejo como inconsciente, lugar opaco ao sujeito do discurso, lugar da articulação inconsciente, lugar também do analista, pois é dessa posição excêntrica que ele pode interpretar, caso contrário permanecerá imerso na relação imaginária.

A concepção da subjetividade como clivada não é, portanto, secundária para a psicanálise. Também não está em continuidade com a concepção da subjetividade da psicologia ou da filosofia. O que Freud fez não foi tomar a subjetividade tal como era pensada desde Descartes e dividi-la em duas partes; nada que se pareça com uma teoria da dupla personalidade. É somente a partir do lugar do Outro, dessa ordem simbólica inconsciente, que se pode falar em sujeito e em subjetividade segundo Freud. O próprio conceito de *intersubjetividade* é inteiramente distinto em Freud e no cartesianismo. Para este, assim como para a psicologia, a consciência é o lugar da intersubjetividade (e da Verdade); para a psicanálise, é do lugar do outro que a intersubjetividade pode se dar. Se para o cartesianismo — aqui eu incluo a psicologia — o inconsciente é aquilo que impede a comunicação e portanto a intersubjetividade, para a psicanálise ele é a precondição necessária. Cada subjetividade, considerada em si mesma, é uma mônada e portanto incomunicável. O que permite a comunicação entre elas é o inconsciente, concebido como esse Outro, como Ordem simbólica, articulador das subjetividades individuais.

Voltemos aqui à questão do desejo e de sua relação com o outro.

Vimos, nos *Seminários* de Lacan, que é no outro e pelo outro que a criança aprende a se reconhecer; que seu desejo, tal como seu corpo, não é vivido inicialmente como seu, mas projetado e alienado no outro. A única saída para esse desejo alienado no outro é a destruição desse outro. No plano da relação imaginária, o desejo alienado só pode libertar-se na medida em que desapareça o outro como suporte do desejo do sujeito. Se essa relação fosse mantida, não somente seria impossível a constituição do sujeito como sujeito autônomo, como também não seria possível falarmos em subjetividade individual. A coexistência entre duas subjetividades autônomas seria impossível. É exatamente através do simbólico, da linguagem, que o desejo vai entrar numa relação de reconhecimento recíproco, na troca simbólica do *eu* e do *tu* (Lacan, 1979a, p.206).

Tal como na concepção hegeliana da dialética do Senhor e do Escravo, tão cara a Lacan, na relação imaginária o desejo também permanece marcado pela sua função "negatriz". Nesse tipo de relação, só há lugar para o Senhor ou para o Escravo, isto é, o desejo de um necessariamente se aliena no desejo do outro. O reconhecimento de um pelo outro não é o reconhecimento de dois desejos, mas apenas do desejo do senhor. Não há, pois, o reconhecimento de dois sujeitos, e a intersubjetividade aqui é ilusória. Primeiro, porque apenas um dos contendores se afirma como sujeito; segundo, porque seu reconhecimento como sujeito é feito por um indivíduo que, por ter sido reduzido à condição de escravo, desqualifica o próprio reconhecimento. Essa relação, tal como a do imaginário, é marcada por um impasse que não tem solução no mesmo nível em que se apresenta. A relação senhor-escravo, assim como a relação dual imaginária, só encontra uma saída em outro registro: o do simbólico.

O que garante, portanto, a intersubjetividade não é da ordem da experiência — o medo do escravo ou a fascinação da criança — mas da ordem do simbólico. Este simbólico, de fato, já estava presente na própria relação imaginária, estruturando-a, mas ao mesmo tempo sendo marcado pelo desconhecimento. O que caracteriza o imaginário não é, pois, a ausência do simbólico, mas o desconhecimento em relação a este. Assim como o escravo é o desejo do desejo do senhor, a criança é o desejo do desejo da mãe e a relação entre ambos é determinada estruturalmente. Se o Senhor é senhor face ao escravo que o reconhece, e isso não por exigência de uma necessidade natural, mas por motivos de puro prestígio; a relação imaginária mãe-filho também ultrapassa o plano do puro vivido. Se a criança é o falo da mãe e a mãe "tem" o falo, não podemos nos esquecer de que esse falo imaginário, vivido subjetivamente pelo sujeito, remete ao falo simbólico como um estruturador externo ao sujeito. Portanto, em termos da subjetividade de cada indivíduo submetido a essa articulação, o falo pode ser representado segundo a sintaxe do imaginário ou segundo a sintaxe do simbólico. Para a criança, o falo é a representação que ela faz de si mesma, isto é, ela é o próprio falo, ao passo que para a mãe — que já teve acesso ao seu Édipo e ao simbólico — a criança é um símbolo do falo. Na mesma relação temos, pois, dois registros, o do imaginário e o do simbólico, funcionando simultaneamente e determinando a própria natureza da relação. O que é fundamental, porém, é que o simbólico é o determinante em última instância das subjetividades implicadas nessa relação. O essencial da intersubjetividade não é, portanto, o que se oferece ao nosso olhar, mas o que estrutura o próprio olhar: o simbólico.

"Sujeito", "subjetividade", "intersubjetividade" são termos que, no interior da teoria psicanalítica, perdem a significação que possuíam antes de Freud, para perceberem uma nova que os torna irredutíveis a qualquer espaço teórico que não seja o psicanalítico. Assim como a intersubjetividade psicanalítica não tem seu fundamento no sujeito do enunciado, o próprio sujeito não se esgota em ser sujeito do enunciado. Se a subjetividade cartesiana (psicológica) é uma subjetividade unificada, identificada com a consciência e pertencente a um sujeito psicofísico, a subjetividade psicanalítica é fundamental e essencialmente uma subjetividade clivada, sujeita a duas sintaxes distintas e marcadas por uma excentricidade essencial. O inconsciente não é um acidente incômodo dessa subjetividade, mas o que a constitui fundamentalmente. Com ela, não estamos apenas longe da psicologia, mas em outro espaço de questões.

Isso em nada implica o reconhecimento de uma superioridade, mas a constatação de uma diferença.

BIBLIOGRAFIA

I. OBRAS DE SIGMUND FREUD

A edição de referência utilizada neste trabalho foi a *Edição Standard Brasileira* (*ESB*) *das Obras Psicológicas Completas de Sigmund Freud* (Rio de Janeiro, Imago, 1970-1977). A decisão de utilizar a tradução brasileira e não a *Standard Edition* inglesa ou as *Gesammelte Werke* foi devida ao fato de que este livro destina-se sobretudo a um público universitário brasileiro que se vale, em sua quase-totalidade, da citada tradução. Sempre que julguei necessário, introduzi, no próprio corpo do trabalho, comentários que visavam evitar possíveis confusões terminológicas e conceituais decorrentes da tradução (o que de resto aconteceria também como leitor da *Standard Edition*).

vol.I, 1977:	*Histeria* (1888)
	Um caso de cura pelo hipnotismo (1892)
	Extratos de documentos dirigidos a Fliess (1950)
	Projeto para uma psicologia científica (1895-1950)
vol.II, 1974:	*Estudos sobre a histeria* (1893-5)
vol.III, 1976:	*As neuropsicoses de defesa* (1894)
	O mecanismo psíquico do esquecimento (1898)
vols.IV e V, 1972:	*A interpretação de sonhos* (1900)
vol.V, 1972:	*Sobre os sonhos* (1901)
vol.VI, 1976:	*As psicopatologia da vida cotidiana* (1901)
vol.VII, 1972:	*Fragmento de análise de um caso de histeria* (1905)
	Três ensaios sobre a sexualidade (1905)
vol.X, [s/d]:	*Notas sobre um caso de neurose obsessiva* (1909)
vol.XI, 1970:	*Cinco lições de psicanálise* (1910)
	Um tipo especial de escolha de objeto feita pelos homens (1910)
	A concepção psicanalítica da perturbação psicogênica da visão (1910)

vol.XII, [s/d]:	*Notas psicanalíticas sobre um relato autobiográfico de um caso de paranoia* (1911)
	Formulações sobre os dois principios do funcionamento mental (1911)
	A disposição à neurose obsessiva (1913)
vol.XIII, 1974:	*Totem e tabu* (1913)
vol.XIV, 1974:	*A história do movimento psicanalítico* (1914)
	Sobre o narcisismo: uma introdução (1914)
	Os instintos e suas vicissitudes (1915)
	Repressão (1915)
	O inconsciente (1915)
	Luto e melancolia (1917)
	Suplemento metapsicológico à teoria dos sonhos (1917)
vols.XV e XVI, 1976:	*Conferências introdutórias sobre psicanálise* (1916-17)
vol.XVII, 1976:	*História de uma neurose infantil* (1918)
vol.XVIII, 1976:	*Além do princípio de prazer* (1920)
vol.XVIII, 1976:	*A psicanálise* (1923)
	A teoria da libido (1923)
vol.XIX, 1976:	*O ego e o id* (1923)
	O problema econômico do masoquismo (1924)
vol.XX, 1976:	*Inibições, sintomas e ansiedade* (1926)
vol.XXI, 1974:	*A sexualidade feminina* (1931)
vol.XXII, 1976:	*Novas conferências introdutórias sobre psicanálise* (1933)
vol.XXIII, 1975:	*Moisés e o monoteísmo: três ensaios* (1939)
	Esboço de psicanálise (1940)

II. *OBRAS DE OUTROS AUTORES*

ALTHUSSER, L.

1965   "Freud et Lacan", *La Nouvelle Critique*, n.161-2, Paris.

BALINT, M.

1935   *Critical Notes on Theory of Pregenital Organizations of the Libido*, cit. in Laplanche e Pontalis, *Vocabulário da psicanálise*. Lisboa, Martins Fontes, 1970.

BARROS, C.P.

1970   "Thermodynamics and evolutionary concepts in the formal structure of Freud's metapsychology", in S. Arieti, *The World Biennial of Psychiatry and Psychotherapy*. Nova York, Basic Books.

BARTHES, R.

1980   *Aula*. São Paulo, Cultrix.

BEYSSADE, J.M.
1974   "Descartes", in F. Chatelet, *História da Filosofia*. Rio de Janeiro, Zahar.

BLEICHMAR, H.
1980   *Introducción al estudio de las perversiones*. Buenos Aires, Nueva Visión.

BORING, E.G.
1979   *História de la psicologia experimental*. Cidade do México, Trillas.

BOURDIEU, P.
1974   *A economia das trocas simbólicas*. São Paulo, Perspectiva.

BREHIER, E.
1956   *Historia de la filosofía*. Buenos Aires, Sudamericana.
1970   *La théorie des incorporels dans l'ancien stoïcisme*. Paris, Vrin.

BRETT, G.S.
1963   *Historia de la psicología*. Buenos Aires, Paidos.

CANGUILHEM, G.
1966   "Qu'est-ce que la psychologie?", in *Les Cahiers pour l'Analyse*. Paris.
1970   *Etudes d'histoire et de philosophie des sciences*. Paris, Vrin.

CASSIRER, E.
1945a   *Filosofía de las formas simbolicas*. Cidade do México, Fondo de Cultura Económica.
1945b   *Antropología filosofica*. Cidade do México, Fondo de Cultura Económica.
1953   *El problema del conocimiento*. Cidade do México, Fondo de Cultura Económica.

CHÂTELET, F.
1968   *Hegel*. Rio de Janeiro, Zahar.
1973   *História da filosofia*. Rio de Janeiro, Zahar.
1977   *Platão*. Porto, Rés.

CLÉMENT, C.B.
1975   "Lacan ou o porta-voz", *Lugar 5*, Rio de Janeiro.

DELEUZE, G.
1953   *Empirisme et subjectivité*. Paris, PUF.
1970   *Spinoza*. Paris, PUF.
1974a   "Hume", in F. Châtelet, *História da filosofia*. Rio de Janeiro, Zahar.
1974b   *Lógica do sentido*. São Paulo, Perspectiva.
1976   *Kant*. Rio de Janeiro, Francisco Alves.
1979   "Quatro proposições a respeito da psicanálise", in *Psicanálise, poder e desejo*. Rio de Janeiro, C. Katz.

DELEUZE, G. e PARNET, C.
1980   *Diálogos.* Valência, Pré-textos.
DESCARTES, R.
1638   *La Diptrique.* Leiden.
1935   *Los principios de la filosofía.* Madri, Reus.
1962a   *Discurso do método.* São Paulo, Difel.
1962b   *Meditações.* São Paulo, Difel.
1962c   *Objeções e respostas.* São Paulo, Difel.
1962d   *As paixões da alma.* São Paulo, Difel.
ECO, U.
1977   *O signo.* Lisboa, Presença.
EY, H.
1970   *El Inconsciente* (Colóquio de Bonneval). Cidade do México, Siglo XXI.
FOUCAULT, M.
1968   *As palavras e as coisas.* Lisboa, Portugália. (Ed. brasileira: *As palavras
          e as coisas.* São Paulo, Martins Fontes, 1981.)
1971   *Arqueologia do saber.* Petrópolis, Vozes.
1973   *El orden del discurso.* Barcelona, Tusquets.
1973-4   *Anotações do curso de 1973-74 no Collège de France* (mimeog.).
1977   *História da sexualidade.* Rio de Janeiro, Graal.
1978   *História da loucura.* São Paulo, Perspectiva.
1979a   *A verdade e as formas jurídicas.* Rio de Janeiro, PUC.
1979b   "A casa dos loucos", in *Microfísica do poder.* Rio de Janeiro, Graal.
1979c   *Microfísica do poder.* Rio de Janeiro, Graal.
FOULQUIÉ, P.
1960   *A psicologia contemporânea.* São Paulo, Cia. Editora Nacional.
GURVITSCH, A.
1957   *Théorie du champ de la conscience.* Bruges, Desclée de Brouwer.
HAMELIN, O.
1949   *El sistema de Descartes.* Buenos Aires, Losada.
HARTMANN, N.
1976   *A filosofia do idealismo alemão.* Lisboa, Gulbenkian.
HEGEL, G.W.F.
1936   *Enciclopédia das ciências filosóficas.* Rio de Janeiro, Atena.
1956   *Ciência da lógica.* Buenos Aires, Hachette.
1966   *Fenomenología del espíritu.* Cidade do México, Fondo de Cultura
          Económica.
HUME, D.
1741   *Essays. Moral and Political.* Londres, Routledge.

1972   *Investigação acerca do entendimento humano.* São Paulo, Cia. Editora Nacional.

1976   *Tratado de la naturaleza humana.* Buenos Aires, Paidos.

HUSSERL, E.

1953   *Méditations cartésiennes.* Paris, Vrin.

HYPPOLITE, J.

1948   *Introduction à la philosophie de l'histoire de Hegel.* Paris.

JAKOBSON, R.

1969   "Dois aspectos da linguagem e dois tipos de afasia", in *Linguística e comunicação.* São Paulo, Cultrix.

JONES, E.

1960   *Vida y obra de S. Freud.* Buenos Aires, Paidos.

1979   *Vida e obra de S. Freud.* Rio de Janeiro, Zahar.

KOJÈVE, A.

1947   *Introduction à la lecture de Hegel.* Paris, Gallimard.

KOYRÉ, A.

1977   *Estudios de historia del pensamiento científico.* Cidade do México, Siglo XXI.

1979a   *Introdução à leitura de Platão.* Lisboa, Presença.

1979b   *Do mundo fechado ao universo infinito.* São Paulo, USP.

1980   *Considerações sobre Descartes.* Lisboa, Presença.

KREMER-MARIETTI, A.

1977   *Introdução ao pensamento de Foucault.* Rio de Janeiro, Zahar.

LACAN, J.

1958   "Les formations de l'inconscient", *Bulletin de Psychologie,* XII/2-3, Groupe d'Études de Psychologie, Universidade de Paris.

1960   "Le désir et son interprétation", *Bulletin de Psychologie*, XII/5, Groupe d'Études de Psychologie, Universidade de Paris.

1971a   *Escritos.* México, Siglo XXI.

1971b   "La cosa freudiana", in *Escritos.* Cidade do México, Siglo XXI.

1978   *Escritos.* São Paulo, Perspectiva.

1979a   *Seminário,* Livro 1. Rio de Janeiro, Zahar.

1979b   *Seminário*, Livro 11. Rio de Janeiro, Zahar.

LALANDE, A.

1968   *Vocabulaire technique et critique de la philosophie.* Paris, PUF.

LANGER, S.

1970   *Filosofia em nova chave.* São Paulo, Perspectiva.

LAPLANCHE, J.

1973   *Vida y muerte en psicoanálisis.* Buenos Aires, Amorrortu.

1977   "O ego e o narcisismo", in *O sujeito, o corpo e a letra*. Lisboa, Arcádia.

LAPLANCHE, J. e LECLAIRE, S.
1970   "El inconsciente: un estudio psicoanalítico", in *El inconsciente — Coloquio de Bonneval*. Cidade do México, Siglo XXI.

LAPLANCHE, J. e PONTALIS, J.B.
1970   *Vocabulário da psicanálise*. Lisboa, Martins Fontes.

LECLAIRE, S.
1977   *Psicanalisar*. São Paulo, Perspectiva.
1979   *O corpo erógeno*. Rio de Janeiro, C. Katz.

LEMAIRE, A.
1979   *Jacques Lacan: uma introdução*. Rio de Janeiro, Campus.

LEVIN, K.
1980   *Freud: a primeira psicologia das neuroses*. Rio de Janeiro, Zahar.

LÉVI-STRAUSS, Cl.
1949   *Les structures élémentaires de la parenté*. Paris, PUF.
1957   *Tristes Trópicos*. São Paulo, Anhembi.
1967   *Antropologia estrutural*. Rio de Janeiro, Tempo Brasileiro.

LORENZER, A.
1976   *Crítica del concepto psicoanalítico de símbolo*. Buenos Aires, Amorrortu.

MANNONI, O.
1976   *Freud e a psicanálise*. Rio de Janeiro, Editora Rio.

MAUSS, M.
1969   "Les civilisations: éléments et formes", in *Essais de sociologie*. Paris, Minuit.

NIETZSCHE, F.
1932   *Obras completas*. Madri, Aguillar.

PEIRCE, C.S.
1977   *Semiótica*. São Paulo, Perspectiva.

PENNA, A.G.
1978   *Introdução à história da psicologia contemporânea*. Rio de Janeiro, Zahar.
1981   *História das ideias psicológicas*. Rio de Janeiro, Zahar.

PIVIDAL, R.
1974   "Leibniz ou o radicalismo levado ao paradoxo", in F. Châtelet — *História da filosofia*. Rio de Janeiro, Zahar.

RICŒUR, P.
1977   *Da interpretação: ensaio sobre Freud*. Rio de Janeiro, Imago.

ROUANET, P.S.
1971   "A gramática do homicídio", *Comunicação 3*. Rio de Janeiro, Tempo Brasileiro.

RUSSELL, B.
1957   *História da filosofia ocidental.* São Paulo, Cia. Editora Nacional.
SAFOUAN, M.
1979   *Estudos sobre o Édipo.* Rio de Janeiro, Zahar.
SAUSSURE, F.
[s/d]   *Curso de linguística geral.* São Paulo, Cultrix.
SPITZ, R.
1970   "La première année de la vie de l'enfant" (1958), cit. in Laplanche e
        Pontalis, *Vocabulário da psicanálise.* Lisboa, Martins Fontes.
STEGMULLER, W.
1977   A filosofia contemporânea. São Paulo, USP.
VALEJO, A.
1979   *Topología de J. Lacan.* Buenos Aires, Helguero.
VALEJO, A. e MAGALHÃES, L.
1981   *Lacan: operadores de leitura.* São Paulo, Perspectiva.
WAHL, J.
1929   *Le malheur de la consciente dans la philosophie de Hegel.* Paris.

1ª EDIÇÃO [1984, Zahar Editores]
2ª EDIÇÃO [1985] 38 reimpressões

ESTA OBRA FOI COMPOSTA POR TOPTEXTOS EDIÇÕES GRÁFICAS
EM TIMES E IMPRESSA EM OFSETE PELA GRÁFICA BARTIRA
SOBRE PAPEL ALTA ALVURA DA SUZANO S.A. PARA A
EDITORA SCHWARCZ EM MARÇO DE 2025